JN411230

이탈리아 채권법

ISTITUZIONI DI DIRITTO PRIVATO

Delle obbligazioni

이탈리아 채권법

김민동

책머리에

최근 민법 개정의 국제적 동향에 맞추어 우리나라에서도 민법의 세계화와 선진화를 목표로 민법 개정 작업에 착수하였다. 민법 연구의 토대가 되는 시민경제사회가 제정 당시와는 많은 변화가 있었고 시장이 글로벌화하면서 관련된 법적 상황에 적합하도록 민법을 개정하고자 하는 움직임, 특히 채권법을 개정하고자 하는 것은 공통적인 현상이라고 할 수 있다.

선진화된 민법을 만들기 위해서는 외국 입법례를 참조하지 않을 수 없다. 법무부가 주관하는 민법 개정 작업에서 주된 참조가 되는 외국 문헌들은 독일법, 일본법, 프랑스법, 영미법계의 연구물들이다. 이탈리아 민법을 연구하고자 노력해 온 저자로서는 학문연구의 보편성의 관점에서 다소간 불만이 아닐 수 없었다. 이탈리아 민법의 내용들도 이 학문적 역사의 좌표에 하나의 몫을 차지해야 할 의의가 충분히 있기 때문이다. 어떤 문제점에 대한 이해와 그 해결 방법이 학자에 따라 다를 수 있음은 수많은 연구 문헌들이 보여 주고 있는 표증이며 이것이 또한 학문의 역사성이라는 것을 다시 확인할 필요는 없을 것이다.

이탈리아 민법전은 1804년 프랑스 민법전이 입법화되면서 이 영향을 받아 1865년에 제정되었지만, 이탈리아 민법전의 현대화에는 그 밖에 독일법이나 영미법이 기여한 바도 적지 않다. 19세기 말에서 20세기 중반까지는 로마법상의 판덱텐시스템을 계수한 독일 민법의 영향을 받았고, 20세기 중반부터는 영미법상의 헌법상 통제와 상법의 영향을 받았다. 그러고 보면 1942년에 민법과 상법을 통합한 이탈리아 민법전은 이미 6세기에 있었던 동로마 제국의 유스티니아누스 대제의 법전 편찬 사업의 사상 및 원리와 무관하지 않다.

이탈리아 민법전은 이렇게 프랑스법이나 독일법, 영미법의 영향을 많이 받았지만 어느 면에서는 이들 민법전들을 합리적으로 종합 편찬한 법전의 성격을 갖고 있다. 로마법의 전통이 각 조문의 내부에 도도히 흐르고 있는 이탈리아 민법전은 시대적 필요성에 의한 단순한 집합물이 아니다. 이탈리아 민법을 연구하기 위해서는 로마법, 독일법이나 프랑스법, 영미법까지도 깊이 있게 이해할 수 있는 실력이 있어야 할 텐데 천학비재의 저자가 과연 이 연구를 감당해 낼 수 있을지 의구심이 든다. 하지만 학문하는 자의 자세는 후학이 연구할 수 있도록 징검다리 돌멩이 하나를 올려놓는 것으로 족하다는 선친의 말씀으로 위안을 삼고자 한다.

이탈리아 민법전은 민상법 통일법전으로서 총 6권으로 되어 있다(1권 '인과 가족', 2권 '상속', 제3권 '재산', 제4권 '채권', 제5권 '노동', 제6권 '권리의 보호'). 본서는 시민사회가 확장되어 가는 만큼 그 내용도 가장 방대한 양을 갖고 있는 채권법을 연구대상으로 하였다. 그중 채권법 총칙이라고 볼 수 있는 '채권'편과 '계약'편을 내용으로 담았다.

본 책을 집필할 때 논문과 판례들은 가능한 한 배제하려고 하였다. 이탈리아 민법에 대한 연구실적이 거의 전무한 우리나라의 학문적 토양에서는 먼저 체계적으로 그 내용을 소개하는 것이 우선일 수밖에 없고, 과거 법무부에서 번역한 이탈리아 민법전 이외에는 특별히 소개할 문헌이 없는 독서계의 실정도 고려해야 하기 때문이다. 사회과학으로서의 법학의 연구도 정치학이나 경제학, 사회학 등 다른 사회과학과 마찬가지로 변증법적으로 진화한다는 생각을 가지고 있다. 외국의 채권법 전체의 내용들을 체계적으로 설명하면서도 각 쟁점별 깊이 있는 논문들과 판례들을 한 권의 책에 담아 내는 이른바 대가들의 책을 쓰기에는 저자의 능력이 너무 부족하다. 이탈리아 민법에서 그동안 정치하게 연구되어 온 쟁점들과 주요 판례들의 해설은 매년 개정되어 나오는 주석서에 자세히 정리되어 있으니 그것을 참조하기 바란다.

본서는 빈첸초 로포 교수의 서술 체계를 기초로 프란체스코 갈가노 교수, 그리고 프란체스코 마초체 교수의 책을 주로 참조하였다. 책도 체계와 내용을 갖추고 있는 일종의 유기체이므로 함부로 자세히 읽어 보지도 않은 책들을 나열하는 현란함보다는 이들 저서의 내용들을 충실하게 정확히 전달하고자 노력하였다. 그리고 되도록 간결한 문체를 선호하였다. 외국 법의 내용을 소개할 때 미사여구는 물론이고 애매모호한 용어나 개념을 사용하지 않는 것이 저자나 독자에게도 도움이 되기 때문이다.

졸저를 출간할 수 있도록 적극적인 권유와 조언을 아끼지 않으신 고려대학교 법학전문대학원 안효질 교수님과, 편집과 교정에 애써 주신 고려대학교출판부 여러분께 깊은 감사의 말씀을 드린다.

차례

제1장 채권

I. 채권관계

IV. 채무불이행

V. 채권의 보장

제2장 계약

I. 계약의 의의와 계약의 유형

II. 계약의 성립

III. 대리

IV. 계약의 요소

제1장
채권

I. 채권관계

1. '채권'과 '채권관계'

이탈리아 법에서는 채권법을 'diritto obbligazione'라고 한다. 'obbligazione'는 채권자(creditore)가 채무자(devitore)에 대하여 일정한 급부를 청구하는 법률관계를 말한다. '물권'(diritti reali)은 물건에 관한 권리로서 사람에 대한 '채권'(diritti personali)과 다르다. 물권과 대비되는 용어로 사용되는 'diritti di credito'보다는 'diritti di obbligazione'라는 용어를 일차적으로 사용하지만,[1] '채무'와 '채권'은 동전의 양면과 같고, '채무'는 곧 '채권'을 말한다.[2]

'물권'은 물건에 대한 직접적이고 배타적인 권리이지만, '채권'은 간접적이고 협조적이다. 즉 물권은 권리주체의 물건에 대한 독자적인 지배관계이지만, 채권은 채무자를 통해서 실현하고 주체들 간의 상호 간 협조가 필요하다. 이렇게 채권자와 채무자가 법적 구속력에 의하여 엮여 있다는 점에서 '채권관계'(il rapporto obbligazione)라는 용어가 더 적합한 경우도 있다. 채권관계에서는 다수의 채권자 또는 채무자가 관여할 수 있지만, 각각의 상대방은 특정되

---

1 Francesco Galgano, ISTITUZIONI DI DIRITTO PRIVATO, CEDAM, quinta ed., 2008, p. 137.

2 의무(dovere), 책무(onere)와의 관계에 대해서는 Cian Trabucchi, COMMENTARIO BREVE AL CODICE CIVILE, CEDAN, 2009, p. 1220.

거나 특정할 수 있어야 한다.

채권은 물권보다 우위를 점해 가는 경제적으로 매우 중요한 실체이다. 또한 채권은 비물질적인 재산으로서 각종의 새로운 재산형태로도 창조되고 있다. 기업도 매일매일의 경제적 활동으로 인하여 채권과 채무가 서로 복잡하게 계속해서 얽혀들어가는 하나의 실체라고 할 수 있다.

이탈리아 민법 1편부터 6편 중 제4편인 채권법은 위와 같은 내용을 900여 개의 조문으로 담고 있으며 이탈리아 민법전 중에서 가장 넓은 영역을 차지하고 있다.[3]

2. 급부의 의의, 분류, 재산적 가치

(1) 급부의 의의

물권의 객체는 물건이지만, 채권(또는 채권관계)의 목적인 '급부'(prestazione)란 채무자가 채권자의 이익을 위하여 행하여야 할 행위를 말한다. 급부가 물건을 지칭하는 경우도 있지만 물건은 급부의 목적물이므로 구별해서 사용하여야 할 것이다.

급부는 다양하고 서로 이질적인 내용을 가질 수 있다. 물권법정주의에 의해 물권의 종류와 내용이 한정되는 물권과 달리 비전형적이다.

(2) 급부의 분류

급부의 내용에 따라서는 크게 3가지로 나눌 수 있다.

첫째, '주는 채무'(obbligazione di dare)이다. 물건을 주는 것을 내용으로 하는 급부로서, 매매에서 물권을 인도해 주거나 금전을 주는 채무를 말한다. 또한 빌린 돈이나 물건을 반환하는 경우도 이에 해당된다. 주는 채무는 금전채무나

3 Vincenzo Roppo, ISTITUZIONI DI DIRITTO PRIVATO, Monduzzi Editore, sesta ed., 2008, pp. 259-260.

종류물채무에서 야기된다. 종류물채무인 경우에는 중등품보다 열등하지 않은 물건을 급부하여야 하고(제1178조), 특정물채무에서는 인도할 때까지 보존해야 할 채무가 포함된다(제1177조).

둘째, '하는 채무'(obbligazione di fare)이다. 예컨대 노동을 하는 것처럼 채무자가 물건을 인도해 주는 것과 달리 어떤 행위를 할 채무를 말한다. 이 채무는 예컨대 그림을 그리거나 건물을 짓는 것처럼 물건에 관계될 수도 있지만, 치료한다든지, 축구를 한다든지처럼 물건과 관계되지 않을 수도 있다. 또한 물건을 실제로 채권자에게 가져다주는 것이 아니고, 재산권을 이전하는 행위 즉 재산권을 이전하는 데 필요한 법적 행위도 '하는 채무'에 속한다.

여기에는 '수단채무'(obbligazione di mezzi)와 '결과채무'(obbligazione di risultato)가 있다. 전자는 채권자를 위하여 특정한 행위를 하여야 할 채무를 말하고 후자는 결과가 있어야 하는 채무를 말한다. 양자는 결과가 없는 경우에 위험분배에서 차이가 있게 된다. 결과가 없는 경우, 전자는 채권자가 후자는 채무자가 각각 위험을 부담하게 된다. 수단채무로서는 의사나 변호사 채무(제2230조), 근로자 채무(제2094조)가 해당되고, 결과채무로는 수급인(제1655조)이나 운송인(제1678조)의 채무가 이에 해당된다.[4]

셋째, '부작위채무'(obbligazione di non fare)이다. 채무자가 특정된 행위를 해서는 안 되는 채무를 말한다. 예컨대 경업을 해서는 안 된다, 특정한 물건을 양도해서는 안 된다, 경쟁 회사에 근무해서는 안 된다는 등의 채무를 말한다. 예컨대 대리상(agenzie)은 동일한 지역 내에서 서로 경쟁관계에 있는 기업을 위하여 동일한 사업부문에 속하는 업무를 수행하지 못하도록 규정하고 있다(제1743조).

채권 중에는 임차권(제1571조), 사용대차권(제1803조)과 같이 물건에 대한 용익권의 성격(민법 제1380조)을 가지고 있는 것이 있다. 물건에 대한 수익을 향

---

4 Francesco Galgano, pp. 143-144.

유한다는 점에서 용익물권과 유사하지만 대인적 채권에 속한다. 이런 점에서 물권은 '절대권'이고 채권은 '상대권'이라는 분류가 의미가 있게 된다.[5]

(3) 급부의 재산적 가치

우리나라 채권법에서는 급부의 특별한 요건으로서 제373조를 규정하여, 금전적 가치를 평가하기 어려운 급부에 대해서도 법률적 구속을 발생하게 할 수 있다는 소극적 원칙을 밝히고 있다. 원래 로마법에서는 금전을 산정할 수 있어야 했고 재산적 가치가 없는 급부는 문답계약의 형태로 강제되었다.[6]

이탈리아 민법은 급부의 재산적 성격에 대하여, "채권의 목적을 형성하는 급부는 경제적 평가를 할 수 있어야 하며, 비재산적이라도 채권자(제1256조 이하와 1411조 이하)의 이익에 일치되는 것이어야 한다"(제1174조)고 규정하고 있다. 급부는 경제적 평가를 할 수 있을 때 재산적 성질을 갖는 것이므로 총 얼마라는 식으로 금전적인 가치로 평가될 수 있어야 한다는 것이다. 채무자의 급부 자체가 재산성이 있어야 한다고 하더라도 채권자에게는 비재산적 이익이 될 수도 있다. 그렇다고 양자가 모순관계에 있는 것은 아니다. 예컨대 영화 티켓을 구입하는 것은 경제적 가치를 발생시킬 수 있는 것이지만 영화를 감상하도록 하는 급부로 인하여 채권자가 받고자 하는 이익은 취미나 문화적 이익이기 때문이다. 채권자의 이익을 실현하는 것이 급부의 본질적인 요건이므로, 비록 비재산적이라도 채권자의 이익에 일치하면 급부로서 인정된다.

이렇게 재산성을 요구하는 이유로는 두 가지를 들 수 있다. 첫째, 감각적이거나 교육적인 것들, 사회적 합의의 범주에 속하는 이익들은 그 성질을 고려하여 법적 구속력이나 법적 강제에 종속시키지 않도록 하기 위한 것이다. 둘째, 금전적인 평가가 가능하지 않은 것들은 손해배상을 결정하기가 불가능하

5 Francesco Galgano, pp. 138-140.
6 현승종 · 조규창, 《로마법》, 법문사, 2004, 735면; 송덕수, 《민법주해 VIII》, 박영사, 1997, 93면.

거나 매우 곤란해지기 때문이다.

물권과 채권은 '재산권'으로 분류된다. 물권과 같은 절대권이지만 재산권이 아닌 것으로는 '인격권'이 있고, 채권과 같이 사람에 대한 권리이지만 재산권이 아닌 것으로는 '가족권'이 있다.[7]

3. 급부의 요건

채권자의 이익을 위한 급부는 다음과 같은 요건을 갖추어야 한다.

첫째, 실현 가능할 것. 채무자가 실현할 수 있는 행위이거나 결과여야 한다.

둘째, 적법할 것. 예컨대 A가 B의 처를 살해할 채무를 B에게 부담하는 것과 같이 법률이 금지하는 채무는 허용되지 않는다. 마찬가지로 예컨대 A가 B의 딸과 혼인할 채무를 B에게 부담하는 경우와 같이 혼인한다는 것은 적법한 것이지만 법적 의무를 부과할 수 없는 경우도 이에 해당된다.

셋째, 확정되었거나 확정할 수 있을 것. 예컨대 A가 B에게 B를 부유하고 즐겁게 해 주겠다는 채무를 부담하는 경우와 같이, 채무자가 무엇을 해야 하는지 채권자에게 어떠한 특정한 이익이 있는지를 알 수 없는 채무를 인정하는 것은 불합리하기 때문이다.

넷째, 재산성을 갖출 것. 재산적 가치가 있어야 한다(제1174조).

이러한 급부의 요건, 즉 채무의 요건은 주지하듯이 채무를 발생시키는 행위의 요건으로서 검토되어진다.

4. 호의관계

재산적 급부성은 있으면서도 이를 위반했을 때 채무불이행으로 인한 손해배상이 인정되지 않는 것들도 있다. 법적 의무가 아닌 단순히 예의상, 의리상, 호의로 행위한 급부들이 그것이다(prestazioni di cortesia).

7 Francesco Galgano, p. 142.

예컨대 A가 X 시로 가는 도중에 히치하이크를 하는 B를 태우고 Y 시까지 바래다 주기로 하였는데 중간에 A의 마음이 바뀌어 Z 시에서 내려 준 경우에, A는 B를 Y 시까지 바래다 줄 법적 의무가 없다. 따라서 B는 Y 시까지 바래다 줄 것을 강제집행하거나 손해배상을 청구할 수는 없다.

호의관계는 무상이지만, 무상이라고 모두 호의관계인 것은 아니다. 증여와 같은 법적 의무도 있기 때문이다. 예컨대 어떤 호텔에서 비행장까지의 무료이송을 제공하겠다고 한 경우, 이것은 단순한 호의관계는 아니고 법적 의무로서 손님들은 이에 대한 채권을 가지게 된다.[8]

5. 자연채무

(1) 채권의 두 가지 효력

채권은 첫째, 재산적 지출의 정당한 원인이 된다. 급부를 이행한 채무자가 반환을 청구할 수 없는 것은 채권이 재산이전에 대한 법적 정당성을 가지고 있기 때문이다. 따라서 정당성이 없는 상태에서 채무이행의 결과로 금원을 받았다면 부당이득반환채무를 부담한다(제2033조). 둘째, 소송상 청구의 정당한 기초가 된다. 만약 채무자가 이행을 하지 않으면 채권자는 법원에 청구하여 자기의 권리를 실현할 수 있다.

(2) 자연채무

가. 의의 '자연채무'(obbligazioni naturali)란 채권자가 소송을 제기할 수는 없어도 도덕적, 사회적, 종교적 구속력에 의해 이행하는 채무를 말한다.[9] 자연채

8 무상계약과의 구별에 대해서는, Cian Trabucchi, COMMENTARIO, p. 1220(특히 제1681조 3항).

9 Francesco Macioce, L'OBBLIGAZIONE E IL CONTRATTO, seconda ed., G. Giappichelli Editore, Torino, 2007, p. 9; Guido Alpa, Vincenzo Zeno-Zencovich, ITALIAN PRIVATE LAW, p. 21; 현승종 · 조규창, 전게서, 670-675면.

무란 원래 로마법에서 유래하는 것으로서 소권(*actio*)를 수반하지 않는 채무를 자연채무로 보았다. 로마법에서는 일정한 형식을 밟은 계약만이 유효한 채권을 발생하게 하였으며 법에서 정한 일정한 형식을 갖춘 채권이 소권으로서 보호되었다. 개개의 생활이익을 중심으로 개별적 소권법 체계를 취하는 로마법에서는 소권이 없는 자연채무의 발생이 적지 않았다.

로마법상의 자연채무의 개념은 근대법에 계수되어 프랑스 민법전(제1235조)과 구이탈리아 민법전(제1237조)을 거쳐 현행 이탈리아 민법전 제2034조에 명문화되어 있다.[10] 프랑스 민법은 "자연채무를 임의로 변제한 때에는 그 반환을 청구하지 못한다"(제1235조 2항)고 규정하고 있다. 일본이나 우리나라에서는 자연채무에 대한 규정은 없으나 자연채무를 법적 채무에 한정하는 것이 일반적이다. 그러나 이것은 도덕적 또는 사회적 채무를 자연채무로 인정하는 로마법이나 프랑스, 이탈리아 법규정보다 자연채무의 개념을 상당히 좁게 파악하고 있음을 알 수 있다.[11]

이탈리아 민법은 자연채무에 대하여 "도덕적 또는 사회적 의무의 이행을 위하여 자발적으로 제공한 것은 회수하지 못한다"라고 규정하고 있다(제2034조). 채무자에게 법적 의무가 없으므로 채권자에게 급부를 얻어 내기 위한 소권을 인정하지 않지만, 채무자가 자발적으로 제공한 것은 비채변제가 아니므로 회수하지 못한다(제2034조 1항). 자연채무는 법적인 강제수단보다는 채무자의 양심의 가책이나 사회적, 종교적 의식에 의해 지급될 것을 신뢰하는 것이다.

나. 도덕적 또는 사회적 의무 대표적인 예가 도박채무이다. 도박에서 패한 자

10 현승종, 〈민법상 자연채무에 관한 소고〉, 《법률행정논집》, 10집(1972년), 고려대 행정문제연구소, 301면.

11 2005년 프랑스 민법 개정시안 제1151조에서는 '도의적 의무'(devoir de conscience)를 포함시켰다.

가 지급을 거부하는 경우에 승자가 이 지급을 강제하기 위한 법적 수단은 없다. 그러나 만약 패자가 임의로 지급한 것은 반환받지 못한다(제1933조). 또한 소멸시효가 완성된 채무도 마찬가지다(제2940조: '시효가 완성된 채무의 변제로서 임의로 지급한 것은 회수하지 못한다').

(3) 효력

자연채무의 법적 효과는 비록 법적 의무 없이 이행한 것이더라도 이행한 급부의 반환을 청구하지 못하도록 하는 데에 있다. 그러기 위해서는 첫째, 자발적 이행이어야 하고, 둘째, 무능력자가 아니어야 한다(제2034조 1항 단서).[12] 자발적으로 지급한 것의 회수를 금지하는 것은 보상 등과 같은 다른 효과를 가지지 아니한다(제2034조 2항).

6. 주체의 복합성에 의한 복합채권관계

(1) 의의

채권관계에서는 1인의 채무자에 대한 1인의 채권자처럼 단순한 구조 이외에도 주체(soggetti)와 목적(oggetti)이 복수가 되는 '복합채권관계'(obbligazioni complesse)가 있다.[13] '주체적 복합채권관계'(obbligazioni soggettivamente complesse)로는, 한 명의 채권자에 수 명의 채무자가 있는 경우(parte passiva)와 수 명의 채권자가 있는 경우(parte attiva)가 있다. 이에 비해 '목적적 복합채권관계'(obbligazioni oggettivamente complesse)는 선택채무처럼 급부가 여러 개가 있는 경우와 임의채무처럼 한 개의 급부에 서로 다른 급부들이 있는 경우가 있다.

---

12 Cian Trabucchi, COMMENTARIO, p. 2123.

13 Obbligazioni con pluralità di soggetti o di oggetti; 山口俊夫, フランス債權法, 東京大学出版会, 1986, 245-6頁(obligations complexes).

(2) 분할채무와 연대채무

가. 의의 채무자가 복수인 경우로는 분할채무(obbligazione parziaria)와 연대채무(obbligazione solidale)가 있다. 분할채무에서는 급부가 채무자 수만큼 분할된다. 예컨대 4명이 총 1천만 원을 지급해야 한다면 각자 2백50만 원씩 지급할 의무를 부담하는 경우다. 분할채권관계에서는 각 채권자는 자기의 지분만큼만 채권의 만족을 청구할 수 있고, 각 채무자는 자기 부담 부분만큼만 채무를 변제할 의무를 부담한다(제1314조).

나. 연대채무의 기능 연대채무는 채권자의 이익을 위하여 채권을 강화한 것이다. 민법은 연대의 개념에 대하여 "수인의 채무자가 동일한 급부의무를 지며 각자가 채무 전부를 이행할 의무를 부담할 수 있고 그중 1인에 의한 이행이 다른 채무자의 채무를 면하게 하거나, 수인의 채권자 각자가 채무 전부의 이행을 청구할 수 있고 그중 1인에게 한 이행이 전 채권자에 대한 채무를 면하게 하는 때는 연대채무(채권)관계에 있다"(제1292조)고 규정하고 있다. 연대채무의 채권자에게는 두 가지의 이익이 있다. 첫째, 채무자 어느 1인만을 상대로 전액을 청구할 수 있으므로, 개별적으로 청구할 필요가 없는 이익을 얻는다. 둘째, 연대채무자 중 어느 1인이 지급을 하지 않았더라도 다른 채무자에게 전액을 청구할 수 있기 때문에 완전한 변제를 받을 수 있다.

다. 원칙 유형 법률이 명시적으로 달리 정한 바가 없으면 연대채무가 원칙 유형이다. 예컨대 두 사람이 함께 한 개의 물건을 매수한 경우에 그 지급의무는 달리 정한 바가 없으면 연대채무가 된다. 그러나 당사자의 '의사'나 '법률'(예컨대 제752조[14])에 의하여 특별히 분할채무로 할 수 있다(제1294조). 상속인

14 "상속인은 유언자가 달리 정한 경우를 제외하고, 상속재산에 대한 채무 및 부담의 변제를 그 상속분에 비례하여 분담한다"(제752조); 제2560조.

사이에서는 반대의 약정이 있는 경우를 제외하고는, 복수 채무자 중 1인 또는 채권자들 중의 1인 사이에는 각자의 상속분에 비례하여 분할된다(제1294조).

라. 연대채무의 효력 ㄱ) 대외적 효력: 채권자가 급부의 전부를 얻기 위하여 채무자를 어떻게 선택할 것인지가 문제되는데, 여기에는 어떤 기준이 있는 것이 아니다. 채권자가 다수 채무자 중의 어느 채무자에게 먼저 청구하여야 하는 특별한 경우도 있다.

ㄴ) 1인에게 발생한 사유가 타인에게 미치는 영향: 다수 채무자 중의 어느 1인에게 이익이 되는 효과는 다른 채무자들에게도 영향을 주지만, 불리한 효과는 오직 그 채무자에게만 발생하는 것이 원칙이다.

① 채권자가 연대채무자 중의 1인의 이익을 위하여 면제를 한 경우에는 다른 채무자의 채무도 면한다(제1301조 1항).

② 채권자에 의한 연대채무자 중 1인과의 화해는 다른 채무자가 이것으로 이익을 받고자 하는 의사를 표시하지 않은 경우에는 다른 채무자에 대하여 그 효력이 발생하지 않는다(제1304조 1항).

③ 연대채무자 중 1인에 의한 시효의 포기는 다른 자에게 효력이 생기지 않는다(제1310조 3항).

다만 연대채무자 중 어느 1인에 대해 불리한 효과가 다른 채무자들에게도 영향을 미치는 예외가 있다. 즉 채권자가 연대채무자 중 1인에 대하여 시효를 중단시키는 행위는 다른 채무자에 대하여도 그 효력이 생긴다(제1310조 1항).[15]

ㄷ) 내부적 구상관계: 연대채무의 내부관계는 각 채무자들 사이에 특별히 정함이 없는 한 균등하게 분담된다(제1298조). 따라서 채무 전부를 지급한 연대채무자는 다른 연대채무자에 대하여 각자의 부담 부분만큼 구상(azione di regresso)할 수 있다(제1299조 1항). 예컨대 A와 B가 C로부터 2천만 원짜리 물건

15 착오 등 인적항변사유에 대해서는 제1297조 참조.

을 구입하고 이들 사이에 각각 75%와 25%로 소유하기로 하였다면, 이 중 A가 전액을 변제하였을 때, A는 B에게 5백만 원을 구상할 수 있다. 그러나 연대채무자 중 어느 1인의 배타적인 이익과 관련된 채무라면 그러하지 아니한다(제1298조 1항).

(3) 불가분채무

'불가분채무'(obbligazioni indivisibili)에는 예컨대 자동차를 구입하거나 경마용 말을 양도하는 경우와 같이 '성질상' 불가분인 경우와 일련의 우표를 구매하는 것과 같이 당사자 사이에서만 '의사표시에 의한' 불가분인 경우가 있다.

불가분채무는 적용이 가능한 한 연대채무에 관한 규정에 의하여 규율된다(제1317조). 복수 채권자 사이에도 연대채권으로 규율된다.

(4) 연대채권

가. 의의 '연대채권'(solidarietà attiva)은 로마법 시대에서는 실질적인 의의를 가졌지만 현재 그 적용의 시례는 거의 없다.[16] 우리 민법은 연대채권에 관한 독립된 조문을 가지고 있지 않지만, 이탈리아 민법은 독일 민법(제428조-제430조)이나 프랑스 민법(제1197조-제1199조)처럼 연대채권에 관한 규정을 두고 있다. 채권자가 복수인 경우에 수인의 채권자 중 각자가 채무 전부의 이행을 청구할 수 있고 그중 1인에게 한 이행이 전 채권자에 대한 채무를 면하게 하는 때는 '연대채권관계'에 있다(제1292조). 다만 독일이나 프랑스 민법처럼 독립적으로 규정하고 있지 않고, 연대채무자와 동일하게 규율하려는 취지 때문에 연대채무와 동일 조문에서 규정하고 있다(제1292조, 1293조). 예컨대 제1296조(지불시 채권자의 선택권), 제1298조 2항(내부관계), 제1300조 2항(경개), 제1301조 2항(면제), 제1302조 2항(상계), 제1303조 2항(혼동), 제1304조 2항(화해),

16 山口俊夫, 전게서, 248頁; 문답계약으로 발생(현승종 · 조규창, 전게서, 713면).

제1305조(선서), 제1306조(판결), 제1308조 2항(이행지체), 제1309조(채무승인), 제1310조 3항(소멸시효)에서 규정하고 있다.

나. 원칙 유형 연대채무자와 동일하게 규율하려고 동일 조문에 규정하고 있지만, 연대채무와는 반대로 수인의 채권자 사이에서는 분할채권관계가 원칙이고 연대채권관계는 예외라고 보아야 한다.[17]

실제로 연대채권은 당사자의 '합의'나 '법률'에 의해서만 예외로서 인정되고 있다. 예컨대 개인용 대여금고의 개방(제1840조)[18]이 그것이다. 물론 자동차 매매처럼 급부가 불가분(제1317조)인 경우에는 연대채권에 관한 규정이 적용된다.

다. 효과 연대채권의 경우는 연대채무처럼 각 채권자는 공동의 이익이 되는 행위는 단독으로 할 수 있으나 불이익한 행위를 할 권한은 없다.

ㄱ) 대외적 효력: ① 수인의 채권자 중 각자가 채무 전부의 이행을 청구할 수 있다. 그중 1인에게 한 이행은 전 채권자에 대한 채무를 면하게 한다(제1292조). 그러나 연대적인 경우가 아니면 분할채권이 되어 각자의 부분만 청구할 수 있을 뿐이다(제1314조). ② 채무자는 연대채권자 중 1인으로부터 미리 재판상 청구를 받은 때가 아니라면 연대채권자 중 누구에게 지불할 것인지에 대한 선택권을 가진다(제1296조).

ㄴ) 1인에게 발생한 사유가 타인에게 미치는 영향: ① 연대채권자 중 1인과 채무자 사이에 경개가 합의된 경우라면 경개는 그 채권자의 부담 부분에 한해

---

17 Francesco Galgano, p. 146 ; Vincenzo Roppo, p. 265.

18 제1840조(개인용 대여금고의 개방): ① 개인용 대여금고가 수인의 명의로 등록되어 있는 때에는 각자는 이를 개방할 권리가 있다. 다만 반대의 약정이 있는 때에는 그러하지 아니하다. ② 권리자 또는 권리자 중 1인이 사망한 때에는 이 사실을 통지받은 은행은 권리자 전원의 합의에 의하거나 법원이 정하는 방법에 의한 경우가 아닌 한, 개인용 대여금고를 개방하게 하지 못한다. 우리나라에서 '공동명의 예금채권의 법적 성질'에 대한 논의와 결부하여 연구해 볼 가치가 있다; 제1850조.

서만 다른 채권자에 대하여 효력을 가진다(제1300조 2항).

② 마찬가지로 연대채권자 중 1인에 의해 채무면제가 행해진 경우에는 이 면제는 다른 채권자에게 그 채권자의 지분에 대해서만 채무를 면한다(제1301조 2항).

③ 상계에서도 연대채권자 중 1인에 대하여 채무자는 다른 채권자에 의해 자기에게 부담된 것을 상계할 것을 주장할 수 있으나, 이 채권자의 지분에 한정된다(제1302조 2항).

④ 채무자와 연대채권자의 자격이 동일인에게 귀속되는 혼동에서도 채무는 이 채권자의 지분에 대하여서 소멸한다(제1303조 2항).

⑤ 연대채무와 마찬가지로 연대채권자 중 1인과 채무자 사이에 화해가 생긴 경우에 다른 채권자가 이로부터 이익을 받고자 하는 의사를 표시하지 않은 경우에는 이 채권자에 대하여 그 효력이 생기지 않는다(제1304조 2항).

⑥ 연대의 구속이 없다는 선서가 연대채권자에 의해 제공된 경우는 다른 채권자에 대하여 효력을 가지지만, 연대채권자에 의해 거부된 선서는 선서를 받은 자에게만 구속된다(제1305조).

⑦ 연대채권자 중 1인 사이에 선고된 판결은 다른 채권자에 대하여 효력이 없다(제1306조).

⑧ 연대채권자 중 1인에 대한 채무자의 지체는 다른 자에 대하여도 그 효력이 생긴다(제1308조 2항).

⑨ 연대채권자 중 1인에 대하여 행한 채무의 승인은 다른 자에 대하여도 그 효력이 생긴다(제1309조).

⑩ 연대채권자 중 1인이 그 공동채무자에 대하여 시효를 중단시키는 행위는 다른 채권자에 대하여도 그 효력이 생긴다(제1310조 1항). 연대채권자 중 1인에 관한 시효의 정지는 다른 채무자 또는 채권자에 대하여 효력이 생기지 아니한다(제1310조 2항). 연대채권자 중 1인과의 관계에서 시효의 포기는 다른

채권자에 대하여 효력이 생긴다(제1310조 3항).

ㄷ) 내부적 구상관계: 연대채무자처럼 연대채권자 사이의 지분은 균등하다(제1298조). 따라서 채권 전부를 수령한 채권자는 원칙적으로 수령한 전부를 보유할 권리는 없고 각자의 지분에 따라 다른 채권자에게 평등하게 분할하여야 한다.[19]

7. 목적적 복합채권관계

(1) 선택채무

가. 의의 '선택채무'(obbligazione alternativa)란 각 채무자가 채무관계에서 정한 두 개의 완전한 급부 중 하나를 실행함으로써 그 채무를 면하지만 각 이행의 일부만을 수령하도록 채권자에게 요구하지 못하는 채무를 말한다(제1285조).[20] 예컨대 여관 주인이 손님들에게 이 방이나 저 방 중에 어느 방을 줄 것인지, 공연장의 지배인이 프로그램된 공연스케줄을 예약 신청자들에게 어떻게 배분할 것인지, 안내원이 어느 도시의 관광안내를 할 때 미술관을 갈 것인지 성곽을 갈 것인지에 대하여 선택하여야 하는 채무를 말한다.[21]

나. 선택권자과 선택권의 이전 ㄱ) 선택권자: 급부의 선택은 원칙적으로 채무자에게 속한다. 위 예에서 여관 주인, 극장 지배인, 안내원이 선택하여야 한다. 그러나 당사자의 의사나 법률의 규정에 의하여 채권자나 제3자가 선택할 수도 있다(제1286조 1항).

ㄴ) 선택권의 상실: 두 개의 급부 중 택일적으로 실행하라는 판결을 받은 채무자가 판사가 정한 기간 내에 이행을 하지 아니한 때에는 선택권은 채권자에게 귀속한다(제1287조 1항). 선택권이 채권자에게 속한 경우에 소정의 기간 내

---

19 주체의 변경에 대해서는, Francesco Macioce, pp.12-13; Cian Trabucchi, p. 1292.

20 Guido Alpa, p. 22.

21 Francesco Galgano, pp. 146-147.

에 또는 채무자에 의해 정해진 기간 내에 이를 행사하지 아니한 때에는 선택권은 채무자에게 이전된다(제1287조 2항).

선택이 제3자에게 위탁된 경우에 소정의 기간 내에 선택권을 행사하지 아니한 때에는 선택은 판사(giudice)에 의해 행해진다(제1287조 3항).

다. 선택권의 행사 선택은 두 개의 급부 중 하나를 실현하거나 선택의 의사표시를 한 때 또는 상대방에게 통지되거나 선택이 제3자에 의해 행해져 당사자 쌍방에게 통지된 때는 취소할 수 없다(제1286조 2항).

선택이 수인에 의해 행해져야 하는 경우에는 판사가 기한을 정할 수 있다. 정해진 기한 내에 행해지지 아니한 때에는 판사에 의해 행해진다(제1286조 3항).

라. 선택의 효과 ㄱ) 단일채권화: 선택을 하면 더 이상 복수채무가 되지 않고 선택된 채무만 이행하여야 한다.

ㄴ) 급부불능: 두 개의 급부 중 하나가 채무의 목적을 달성할 수 없거나 당사자에게 귀책시킬 수 없는 사유로 인하여 불능으로 된 때에는 선택채무는 나머지 채무로 단일한 것이 된다(제1288조). 선택을 하기 전에 채무자의 급부가 불능이 되면, 예컨대 오케스트라의 지휘자가 병에 걸렸다면 이 부분의 공연스케줄은 취소하고 나머지 채무로 단일한 것이 된다.

선택을 한 후에 귀책사유 없는 후발적 불능이 되면 채무는 소멸한다. 예컨대 미술관을 갈 것을 선택하였는데 예상치 못한 쟁의행위로 미술관이 폐쇄되어 있다면 선택된 채무는 귀책사유 없는 불능이 되어서 채무는 소멸하게 된다.[22]

22 귀책사유에 의한 불능의 경우에는 제1289조.

(2) 임의채무

가. 의의 '임의채무'(obbligazione facoltativa)란 채무의 목적인 급부는 한 개이지만 채무자가 원래의 급부를 대체하는 보충적인 다른 급부를 이행함으로써 채무를 면할 수 있는 채무를 말한다. 예컨대 '내가 당신에게 이 집을 유증하지만 만약 상속인이 이 집을 보유하고자 한다면 대신 상속인이 1천만 원을 지급한다'는 약정이다.

나. 선택채무와의 차이점 선택채무는 두 개의 완전 대등한 급부 중의 하나를 선택하는 것이지만 임의채무는 보충적으로 부가된 채무이다. 따라서 선택채무 중 하나의 급부가 원시적 불능이 되면 잔존하는 것으로 단일채무가 되지만, 임의채무에서는 원래의 채무가 불능이 되면 채무는 소멸하고 채권자는 다른 대체급부를 청구할 수 없는 점이 다르다.[23]

8. 채권의 발생원인

(1) 의의

채권의 발생원인, 즉 채권의 권원(fonti; titolo)이란 어디에서 채권이 발생하는가에 관한 것이다.

민법은 채권의 발생원인으로서 크게 세 가지를 규정하고 있다. '계약', '불법행위', '기타 법률의 규정에 따라 채무를 발생시키는 데 적합한 모든 행위 또는 사실'이다(제1173조).

가. 계약 당사자들의 청약과 승낙의 의사표시가 합치되어 계약이 성립되면(제1325조), 당사자들의 '의사'(volontaria)대로 원하는 채권의 내용이 형성된다(제1321조; 제1323조).[24]

---

23 Francesco Macioce, pp. 24-25.

나. 불법행위 고의 또는 과실로 타인에게 부당한 손해를 가한 자는 불법행위로 인한 손해배상채무를 부담한다(제2043조). 이것은 계약과 달리 당사자의 의사와는 관련이 없이(non volontaria) 불법행위의 결과로 발생하는 것이다.

다. 그 밖의 발생원인 그 밖의 포괄적 영역으로서, 계약상 의사와는 다른 '공중에 대한 약속'(제1989조)이나,[25] 불법행위로 분류되지는 않지만 당사자의 의사와는 관계없는 예컨대 악의 점유자의 과실반환채무 등 다양하다.

이렇게 발생한 채무는 소멸할 때까지 형태를 바꾸어 가면서 존재한다. 채무의 내용대로 이행된 경우 채권자가 수령하면 소멸하지만, 만약 채무불이행의 경우에는 손해배상채무로 변경된다.[26]

(2) 신의성실의 원칙

가. 의의 채권법의 서두에는 채권관계 전체를 규율하는 신의성실의 원칙에 관한 규정이 있다. "채무자와 채권자는 신의성실의 원칙(regole della correttezza)에 따라 행동하여야 한다"(제1175조; 제1337조; 제1358)는 것이다. 동 규정은 이른바 '일반조항'(clausola generale)으로서 구체화된 내용이 있는 것은 아니지만, 채무자는 채권자가 급부를 수령하여 그 효용을 최대화할 수 있도록 합리적으로 행위할 의무가 있고, 채권자 역시 채무자가 급부로 인한 희생을 최소화할 수 있도록 합리적인 행위를 할 의무가 있다는 것을 의미한다.

구체적으로 두 가지 의미로 나누어 볼 수 있다. 첫째, '주관적 신뢰'(buona fede soggettiva)로서 주체의 심리적인 조건을 말한다. 예컨대 선의점유나 선의

---

24 '물권'(제1376조)도 마찬가지다(Francesco Galgano, pp. 147-148); Francesco Macioce, p. 8.

25 Francesco Macioce, p. 31.

26 '법률상 채무'(*ex lege*)라는 용어의 문제점에 대해서는 Francesco Galgano, p. 148; 'legal obligations'와 'statutory obligations'의 관계에 대해서는 Guido Alpa, p. 21.

취득, 선의 제3자처럼 다른 사람의 권리를 침해하는 행위인 것을 모르는 것을 말한다. 둘째, '객관적 신의칙'(buona fede oggettiva)으로서, 주체에게 부과된 하나의 규율로서 적절하고 충실하게 행위할 의무를 부담하는 것을 말한다. 이것은 일반적이고 추상적인 의미가 아니라 개별적 사건별로 구체적 상황에 알맞게 구체적 타당성을 모색하고 특수한 유형을 검토하는 것이다. 신의성실의 원칙에서는 두 가지 중요한 특징을 기억할 필요가 있다. 하나는 제2장에서 설명할 계약의 일체성에 대한 원천이 된다는 점이다(fonte di integrazione del contratto). 둘째는 법적 평가단계에서 최종적인 필터가 되는 일반조항으로서의 성격을 가진다는 점이다.

나. 채권관계에서의 신의칙 앞으로 등장할 '객관적 신의칙'을 정리해 보면 다음과 같다.

첫째, 채무관계에서 "채무자와 채권자는 신의성실의 원칙(regole della correttezza)에 따라 행동하여야 한다"(제1175조).

둘째, 계약교섭단계에서, "당사자는 계약의 교섭단계 및 계약의 체결과정에서 성실하게 행위하여야 한다"(제1337조).

셋째, 계약의 해석에서, "계약은 신의성실하게 해석되어야 한다"(제1366조).

넷째, 계약의 이행 단계에서, "계약은 신의성실의 원칙에 따라 이행되어야 한다"(제1375조). 조건(제1358-1359조), 동시이행의 항변권(제1460조 제2항)에서의 신의성실의 원칙도 여기에 포함된다.

다섯째, 그 이외에 비록 민법에 규정되어 있지 않았지만 구체적 사안의 전제로 작용하여 법적 효과를 발생시키는 경우도 있다. 예컨대 '부수의무'(obblighi di protezione)라든가 계약해제의 원인이 되는 '전제'(presupposizione)와 같은 것이 그것이다.[27]

---

27 Francesco Galgano, pp. 283-290; 후술할 제2장 IX 참조.

다. 부수의무 신의칙에 의하여 채권자 또는 채무자를 위한 여러 가지 구체적인 채무가 발생하지만, 특히 주된 급부의무를 실현시키기 위한 '부수의무'를 검토할 필요가 있다. 주된 급부의무를 부담하는 채무자는 채권자의 효용을 극대화하기 위하여 주된 급부의무를 확실히 보장하기 위한 부수의무를 부담하여야 한다. 예컨대 특정한 물건을 인도하기까지 선량한 관리자의 주의로 보존할 의무(obbligo di custodia)가 있고(제1177조), 필요한 지시(istruzioni)를 하거나(제1686조 1항)[28] 고지(informazioni)를 할 의무가 있다(1686조 2항).[29] 일종의 정보제공의무로서의 고지의무는 매도인이나 임대인이 계약을 체결할 때 우발적인 위험요소에 대하여 알려줄 의무가 이에 해당된다.[30]

그런데 신의칙이 구체적인 사례에 따라 특수하게 구체화되지 않았음에도 불구하고 법률의 규정도 없이 일반화하는 것은 채무자에게 지나친 부담이 될 수 있다. 따라서 특별한 근거도 없이 함부로 신의칙을 적용하여 의무를 발생시키는 것은 감소되고 있다.[31]

신의성실원칙의 기능은 현대적인 권리의 일반적인 경향이라고 할 수 있는 '계약의 객관화'와 관련된다.[32]

---

28 제1686조 1항: "운송의 개시 또는 계속이 운송인에게 귀책시킬 수 없는 사유로 인하여 방해를 받거나 현저히 지연되는 때에는 운송인은 즉시 하송인에 대하여 지시를 요구하고 수탁물을 보관하여야 한다."

29 제1686조 2항: "운송인은 이러한 공탁 또는 매각을 즉시 하송인에게 고지하여야 한다."

30 Francesco Galgano, p. 145.

31 Vincenzo Roppo, p. 267.

32 제2장 I.1. 참조.

II. 채무이행과 변제

1. 채무이행

(1) 의의

'채무이행'(adempimento)이란 채무의 목적인 급부를 이행하는 행위이며, 이로써 채권이 만족된 상태를 변제(pagamento)라고 한다. 채무의 이행으로 변제가 되면 채권자의 이익이 실현되었으므로 채무는 소멸(estinzione)하고 채무자는 채무에서 해방된다(liberazione).

채권을 만족시키기 위한 제2절(CAPO II)에서의 '채무이행' 요건을 갖추지 못하면, 제3절(CAPO III)의 '채무불이행'(inadempimento)이 된다(제1218조). 실제로 급부로 인한 만족 여부는 현실적으로 볼 때 채무이행 이전단계에서 문제되는 것이 아니라, 예컨대 채무이행을 한 이후에 채권자가 하자 있는 급부를 받았다고 주장하는 경우와 같이 오히려 채무이행 이후의 단계에서 발생된다. 즉 급부만족의 문제는 구체적으로는 채무불이행책임의 문제로 나타난다.

채권을 만족시키는 변제가 되었는지 여부는 다양한 관점에서 검토된다. 변제가 되기 위해서는, 변제의 당사자('행위자'와 '수령자'), 변제의 방법('방법', '시간', '장소')이 채무내용에 적합하여야 한다. 변제방법에서는 본래 변제와 동일시되는 '대물변제'와 '금전채무'를 검토하고, 아울러 변제제공과 관련해서

'채권자지체'를 함께 검토하기로 한다.

(2) 선량한 관리자의 주의

민법은 채무이행에 대한 일반적 규정을 두고 있다. 채무자는 채무이행을 할 때 '선량한 관리자의 주의'(diligenza del buon padre di famiglia)를 하여야 한다는 것이다(제1176조 1항).[33]

선량한 관리자의 주의의무란 로마법에서 유래된 이른바 양가부(良家父)의 주의의무(*pater familias*)로서 민법상 과실(colpa)을 구성하는 주의의무의 원칙이다.[34] 선량한 관리자의 주의란 평균적인 사람(uomo medio)의 주의를 의미하는데, 직업적 활동을 수행하는 데에 내재되어 있는 채무를 이행할 때에는 수행되는 활동의 성질(natura)을 고려하여 보다 높게 평가되어야 한다(제1176조 2항).[35] 예컨대 의사의 의료행위, 엔지니어의 기술적 급부행위에서는 일반인으로서의 평균인이 아니라 이 특별한 영역에서의 의사나, 엔지니어의 평균적 수준을 기준으로 한다는 것이다. 이런 직업적 사안들에서는 숙달이나 기술적 능력을 요구하게 되기 때문이다. 다만 이런 전문적 작업에 예컨대 아주 세밀하고 어려운 수술처럼 특별히 곤란한 기술적 문제가 포함되어 있는 때에는 고의나 중대한 과실에 의한 손해가 아니면 손해배상책임을 지지 않도록 책임을 완화해 주고 있다(제2236조).

선량한 관리자의 주의의무를 채무이행 할 때의 일반적 기준으로서 인정하고 있지만 실제로는 특별한 영역에서 그 가치를 갖는다. 즉 '하는 채무', 특히 '수단채무'에서 적절한 평가기준이 된다. '주는 채무'나 '결과채무'에서는 적절한 평가기준이 되지 않을 수 있다.[36]

33 관련된 조문으로는, 제703, 1001, 1228, 1587, 1710-2, 1768, 2148, 2167조.

34 현승종 · 조규창, 전게서, 679-682면.

35 관련된 조문으로는 제1838조, 2104-1, 2174-2, 2236조; Francesco Macioce, p. 46.

36 Francesco Galgano, p. 150.

2. 변제의 당사자

(1) 의의

변제의 당사자에서는, 첫째 채무자나 채권자가 '무능력자'인 경우와, 둘째 '변제충당'의 문제를 검토하기로 한다.

(2) 행위무능력자

가. 행위무능력자에 의한 변제 '행위무능력자'(incapacità di agire)에 의한 이행도 효력 있는 이행이 된다. 따라서 '채무자'는 자기의 무능력을 이유로 자신의 변제를 취소할 수 없다(제1191조).[37] 변제는 사적 자치의 원칙이 적용되지 않는 영역이다. 채무소멸은 변제의 결과로 법률상 당연히 발생되는 효과이므로 변제가 되었는지가 문제이지 채무자의 의사에 반했는지 여부는 중요하지 않기 때문이다.[38]

그러나 무능력자에 의한 자연채무의 변제에서는 이행한 것을 반환받기 위하여 취소할 수 있다. 왜냐하면 이것은 법률에 의한 결과가 아니고 자발적으로 행위한 결과이기 때문이다.[39]

나. 행위무능력자에 의한 변제수령 행위무능력자에 의한 변제와 달리, 변제를 수령한 '채권자'가 변제수령할 능력이 없는 행위무능력자인 경우에는 변제의 효과가 발생하지 않고 채무자는 면책되지 않는다. 변제의 수령행위는 채권자의 평가와 의사에 의해 이루어지는 것이다. 그 결과 채무자가 변제를 수령한 채권자에게 채무자의 비용으로 영수증(quietanza)을 교부할 것을 청구하면(제1199조), 특정 채권에 대한 변제를 수령하였다는 것을 채권자가 확인하고 증명하는 서류를 교부하도록 한 것이다. 영수증 교부행위는 거래행위나 의사

37 Francesco Macioce, p. 42.

38 법률행위를 하는 채무에 대해서는, Cian Trabucchi, p. 1238.

39 Vincenzo Roppo, p. 270.

표시가 아니라 '관념의 표시'(dichiarazione di scienza)라고 보아야 한다.

변제를 수령하는 무능력자는 스스로의 평가와 의사에 의해 수령할 수 있는 능력이 부족하고, 무엇보다 수령한 물건을 잘 못 사용할 위험성도 크다. 따라서 민법은 무능력자에 대한 변제는 채무자가 그 변제된 것이 무능력자의 이익에 향해진 것임을 입증하지 못하는 한 채무를 면하지 못하는 것으로 규정하고 있다(제1190조). 무능력자의 이익에 향해졌다는 것, 즉 채권자에게 이 급부가 아직 남아 있다는 것을 입증할 때만 면책된다는 것이다.

(3) 제3자에 의한 변제

가. 원칙 급부를 해야 할 자는 채무자이지만 채무자 이외의 자가 채무를 이행하는 경우가 있다. 예컨대 자동차 수리를 맡은 채무자가 자신의 조수에게 수리를 시키는 경우처럼 채무자가 직접적으로 이행하지 않고 '보조자'(ausiliari) 등을 사용하여 실현할 수 있다. 이런 채무자 조직 내부의 보조자의 행위에 대하여 당사자의 다른 의사가 없는 한 채무자는 이들의 고의나 과실 있는 행위에 대하여도 책임을 진다(제1228조). 다만 대체가 불가능한 급부(infungibile), 예컨대 극장에서 연기를 해야 하는 연기자의 급부 등에는 인정되지 않는다.

제3자가 이행을 하여도 결과에 차이가 없는 경우에는 채무자의 보조자가 아닌 제3자에 의한 변제도 가능하다. 급부의 목적물이 대체 가능한 것이라면 예컨대 채무액이 5천만 원일 때 채무자 A의 5천만 원이건 제3자 B의 5천만 원이건 채권자 입장에서는 차이가 없는 것이다. 따라서 이와 같은 제3자의 변제는 채권자가 반대한다고 하더라도 채무는 소멸하게 된다(제1180조 1항). 제3자가 변제를 하는 이유는 채무자와의 관계에 따라서 다양하다. 자식의 채무를 갚아 주는 것처럼 애정이나 도덕적 심정에 의한 경우뿐만 아니라 회사가 파산되는 것을 막기 위한 것처럼 경제적 이익을 위한 경우 등을 생각해 볼 수 있다.[40]

---

40 Francesco Galgano, p. 152.

나. 제한 다만 제3자가 변제할 때 채권자가 거부할 수 있는 예외사유가 두 가지 있다.

첫째, 채무자가 직접 이행하는 것에 대하여 채권자에게 이익이 있는 경우이다. 대체 불가능한 물건을 주는 채무이거나 하는 채무가 이에 해당된다(제1180조 1항). 예컨대 A 건설회사와 맺은 건물건축도급계약에서 B 건설회사가 이행을 하거나, A와 고용계약을 맺었는데 B가 채무를 이행하는 경우 등이다.

둘째, 채무자가 제3자에 의한 변제를 반대하는 경우이다(제1180조 2항). 주의할 것은 채권자에게 거절을 할 수 있는 권한을 주는 것이지 거절을 해야 할 의무를 부과하는 것이 아니라는 점이다. 이것도 첫째 경우처럼 채권자의 이익을 위한 규정이다. 따라서 채무자가 반대를 하였다고 하더라도 채권자가 일단 수령을 한 경우에는 채권자의 이익이 우선되기 때문에 채무자의 반대는 아무런 영향을 미치지 않는다.

다. 효과 제3자에 의한 변제로 채무는 소멸한다. 채무이행은 의무이행행위이지 재산의 처분행위가 아니므로 인식과 의사능력을 갖춘 행위능력자일 필요는 없다. 그러나 채무자가 아니라 제3자에 의한 이행은 의무이행행위가 아니고 자발적으로 이행하는 것이므로 행위능력을 갖추어야 한다.

라. 대위변제 ㄱ) 의의: 제3자에 의한 변제는 대위변제(pagamento con surrogazione)의 효과를 받는다. 즉 제3자에 의한 변제로 이미 만족을 한 채권자를 대위하여 채무자에 대한 채권을 갖는다(제1201조). 대위는 채권 자체의 변경은 없으면서 채권양도가 되어 주체만 변경하는 것이다. 채권 자체의 변경이 없으므로 담보는 그대로 남아 있게 된다.

ㄴ) 종류: 대위변제에는 당사자의 의사에 의한 '임의대위'(surrogazione volontaria)와 '법정대위'(surrogazione legale) 두 가지가 있다.

① 임의대위: 첫째, 채권자 의사에 의한 대위다. 채권자가 제3자로부터 변제받은 때에는 그를 자기의 채권에 대위시킬 수 있다. 명시적 방법으로 그리고 변제와 동시에 행하여야 한다(제1201조).

둘째, 채무자 의사에 의한 대위다. 채무를 변제할 목적으로 일정액의 금전 또는 기타 대체물을 빌린 채무자는 채권자의 동의가 없더라도 일정한 요건을 갖춘 경우에는 대주(mutuante)를 채권자의 권리에 대위시킬 수 있다(제1202조).

② 법정대위: 다음 각 호의 경우에 해당되면 법률상 당연히 대위된다. "1. 채권자가 비록 우선적인 채권자가 아니라도 선취특권(privilegi), 질권, 저당권에 의하여 자기보다 우선권을 가진 다른 채권자에게 변제한 자의 이익을 위한 경우, 2. 취득가격의 한도까지 그 채권자의 이익을 위하여 부동산에 저당권을 갖고 있는 1인 또는 수인의 채권자에게 변제를 한 부동산취득자를 위한 경우, 3. 채무의 변제에 대하여 타인과 함께 또는 타인을 위하여 의무를 지게 되어 그 채무를 변제를 하여야 할 이익이 있는 자를 위한 경우, 4. 한정승인을 한 상속인으로서 상속채무를 자기 고유의 금전을 가지고 변제를 한 자의 이익을 위한 경우, 5. 기타 법률에 정하여진 경우"(제1203조)이다.[41]

(4) 변제의 상대방

가. 변제수령권자 민법은 원칙적인 수령권자인 채권자 이외에, "그 대리인, 채권자에 의해 지정된 자, 법률 또는 법원에 의하여 변제수령 권한을 받은 자"(제1188조 1항)를 규정하고 있다.

변제를 수령할 수 없는 자에게 한 변제라도 채무자를 채무에서 해방시킬 수 있는 사유로는, 첫째, 채권자가 이를 추인하거나, 이것에 의하여 이익을 얻은 때이다(제1188조 2항). 예컨대 변제를 수령한 채권자의 아내가 남편에게 이를

41 Vincenzo Roppo, p. 271.

전달한 경우다. 둘째, 표현수령권자에 대한 변제이다.

나. 표현수령권자 ㄱ) 의의: 예컨대 상점의 손님이 계산기 뒤에 있는 사람을 주인인 줄 알고 계산을 하거나, 은행직원인 줄 알고 그에게 예금을 하거나, 철도직원인 줄 알고 철도티켓값을 계산해 준 경우들이 종종 발생한다. 이렇게 변제수령권한이 없음에도 주변 사정에 근거하여 수령할 정당한 외관을 갖고 있는 자를 이른바 '표현수령권자'(creditore apparente)라고 한다. 민법은 이런 표현수령권자에게 선의로 변제한 자를 보호하고 있다. '신뢰보호'(tutela dell'affidamento)의 원칙에서 인정되는 것이다.

ㄴ) 요건: 첫째, 명백한 주위 사정에 의하거나 객관적으로 정당한 외관성을 갖춘 표현수령권자이어야 한다. 둘째, 채무자는 선의였음을 입증하여야 한다(제1189조 1항). 그러나 우리 민법과 달리 과실 여부는 묻지 않는다. 예컨대 상점의 손님이 계산기 뒤에 있는 사람을 주인인 줄 알고 계산해 주었는데, 이 금전을 계산기에 넣지 않고 자기 주머니에 넣은 경우처럼 한 번 조사를 하였더라면 막을 수 있는 과실이 있었더라도 선의이면 족한 것이다.

ㄷ) 효과: 물론 변제를 수령한 자는 '비채변제'(pagamento indebito)의 반환 규정(제2033조 이하)에 따라 진정한 채권자에게 반환하여야 할 의무를 부담한다(제1189조 2항).

3. 변제의 방법

(1) 의의

급부는 채무이행에 필요한 행위를 만족시키지 않으면 안 된다. 구체적인 '변제방법'(modalità dell'adempimento)으로서, 변제의 '양'(quantitative)이나 '질'(qualitative), 변제 '시기'(tempo)와 '장소'(luogo)를 충족시키는 행위를 하여야 한다.

(2) 일부이행

양적 '일부이행'(adempimento parziale)의 경우는 비록 그 급부가 분할할 수 있는 경우라도, 채권자는 법률이나 관습상 달리 정함이 없는 한 이를 거절할 수 있다(1181조). 예컨대 5천만 원의 금액채무인 경우에도 채권자는 분할적으로 받을 수도 있지만, 이를 거절하고 전액에 대한 채무불이행 책임을 물을 수도 있다.

질적인 면에서는 채무의 목적인 그 급부 자체를 이행하지 않으면 안 된다. 비록 동일하거나 좀더 많은 이익을 주는 것이라도 다른 급부의 제공으로 채무를 면하지는 못한다.[42]

(3) 급부의 시기

가. 이행기 급부의 시기(termine dell'adempimento)로는, 확정기한을 정한 경우와 급부가 실행되어야 할 시기가 정해지지 않은 경우가 있다. 전자의 경우는 확정기한이 도래했을 때 비로소 채권자의 청구가 유효하게 되고, 후자의 경우는 즉시 이행을 청구할 수 있다. 그러나 관습 또는 급부의 성질,[43] 실행의 태양(態樣)이나 장소에 의하여 기한를 필요로 하는 경우임에도 불구하고 당사자 사이에 합의가 없는 때에는 판사에 의해 정해진다(제1183조).

나. 이행지체와 소멸시효 기산점 이행기는 이행지체(mora del debitore)의 발생시점이 되고, 소멸시효(prescrizione)의 기산점이 된다. 채무자는 채권이 소멸할 때까지 이행지체로 인한 지연배상을 물어야 하지만, 법률에 달리 규정된 경우를 제외하고는[44] 10년이 경과하면 시효에 의하여 소멸한다(제2946조: 일반적 시효기간).

---

42 Vincenzo Roppo, p. 272.

43 예컨대 복잡한 건축설계를 작성하는 작업 등이 이에 해당된다.

44 이탈리아 민법에서는 5년, 3년, 18개월, 1년, 6개월의 단기소멸시효제도가 있다(제2947조-제2961조)

다. 기한의 이익 기한이 정해진 경우에는 채권자 또는 쌍방을 위하여 정해진 것이 아니면, 원칙적으로 채무자를 위한 것으로 추정한다(제1184조). 이것은 채권자는 기한이 도래하기 전에 미리 청구하지 못하고, 채무자는 기한 도래 전의 채권자의 청구를 거절할 수 있다는 것을 의미한다.[45]

기한이 채권자만을 위하여 정해진 경우에는 채무자가 미리 이행을 하여 채무를 면할 수는 없으나, 채권자는 기한이 도래하기 전에 채무의 이행을 미리 청구할 수 있다(제1185조 1항).

그런데 채무자만을 위한 기한이더라도 채무자가 파산하거나 자기의 행위에 의하여 제공한 담보를 감소시키거나 약정한 담보를 제공하지 아니한 때에는 즉시 채무의 이행을 청구할 수 있다(제1186조)(기한이익의 상실: decadenza dal termine).

다. 계산 기간의 계산 규정(제2963조)은 급부기간의 계산(computo del termini)에도 그대로 적용된다(제1187조 1항). 예컨대 이행기를 2011년 6월 30일로 정하거나 일 년 후로 정하는 등 일정 기간을 정한 경우에는 역(曆)에 의해 계산한다(제2963조 1항). 기간의 최초시각에 해당하는 날은 계산하지 아니하며, 시효는 기간의 최종일 중 최종시각이 경과한 때에 실현된다(동 제2항). 기간의 최종일이 공휴일에 해당하는 때에는 기간은 법률상 당연히 그 다음 근무일로 연기된다(동 제3항).

기간은 상사채무(debiti commerciali)에서 사회경제적으로 특별한 의미가 있는 경우가 있다. 예컨대 회사의 물건이나 서비스거래에서 급부가 너무 오래 지연되면 그 회사와 사회에 미치는 사회경제적 파급효과가 크므로, 입법부는 합리적으로 단기(물건이나 서비스를 수령한 날로부터 30일)의 기한을 입법한 바가 있다(n. 231/2002).[46]

45 Francesco Galgano, pp. 150–151.
46 Vincenzo Roppo, p. 273.

(4) 급부장소

급부가 실행되어야 할 장소는 합의, 관습, 급부의 성질이나 기타 사정으로 미루어 추측할 수 있는 장소로 정한다(제1182조 1항). 예컨대 건축을 해야 할 채무는 급부의 성질상 건설현장이 이행장소가 될 것이다. 이런 기준이 없는 경우에는 다음과 같이 두 가지로 규율된다(제1181조 2항-4항).

첫째, 일반적인 이행장소는 만기에서의 채무자 주소지이다(제1181조 4항). 다만 확정된 특정물을 인도할 채무는 그 채무가 발생하였을 때 그 물건이 존재했던 장소에서 이행되어야 한다(제1182조 2항). 둘째 일정한 금액의 지급을 목적으로 하는 채무는 채권자 주소지에서 이행되어야 한다. 만약 이 주소지가 채무 발생 당시의 채권자 주소지와 달라서 채무이행의 부담을 가중하게 하는 경우에는 채무자는 미리 채권자에게 통지한 후 그 지급을 자기의 주소지에서 실행할 권리를 갖는다(제1182조 3항).

(5) 변제의 충당

가. 의의 채무자가 동일 종류의 다수 채무를 부담하고 있는 경우에 지급이 채무 전액을 변제하기에 부족한 경우라면 어느 채무에 우선적으로 충당할 것인지를 결정하여야 한다. 이것을 '변제의 충당'(imputazione del pagamento)이라고 한다. 채무에 따라 담보가 있거나 없는 경우도 있고, 이자율이 높거나 낮은 경우도 있기 때문이나.

변제의 충당이란 이렇게 지급이 충당되는 채무를 개별화하는 작업을 말한다.

나. 변제충당의 방법 변제충당의 기준으로는, 첫째, 동일인에게 다수의 동종채무를 지고 있는 자가 변제를 할 때 어느 채무에 변제하겠다는 표시를 하여야 한다(제1193조 1항). 다만 채권자에게서 이 중 어느 하나에 변제충당하였음을 표시한 증명서(quietanza)를 받은 때에는 채권자 측의 고의 또는 의외의

경우가 아닌 한 이것과 다른 충당을 주장할 수 없다(제1195조).

둘째, 채무자나 채권자의 이런 표시가 없는 경우에는 법정 충당이 된다. 즉 기한이 먼저 도래한 채무에 충당하여야 한다. 기한이 도래한 채무들 사이에서는 독일 민법 제366조 3항이나 스위스 민법 제87조처럼 담보가 보다 적은 채무에 충당한다. 동등하게 담보된 채무들 사이에서는 채무자에게 부담이 가장 무거운 채무에, 동등하게 부담이 무거운 채무들 사이에서는 가장 오래된 채무에 충당하여야 한다. 이러한 기준들로도 해결을 할 수 없는 경우에는 각 채무에 비례하여 충당한다(제1193조 2항).

채무자가 충당을 할 때에는 채권자의 이익을 위하여 채권자의 동의 없이 이자 및 비용에 우선하여 원본에 충당할 수 없다. 원본과 이자에 계산되는 변제는 먼저 이자에 충당하여야 한다(제1194조).

(6) 대물변제

가. 의의 채무자는 오직 채무의 내용에 좇은 이행을 하여야 한다. 비록 본래의 채무와 동등하거나 우월한 가치를 갖는 경우라도, 본래의 채무와 다른 급부에 의하여 그 채무를 면하지 못한다. 다만, 채권자가 본래의 급부와 동일시(identità)하여 동의한 경우에는 그러하지 아니하다(제1197조). 이를 '대물변제'(prestazione in luogo dell'adempimento; *datio in solutum*)라고 한다. 예컨대 금융 곤란을 겪고 있는 회사가 금전 대신 회사의 다른 부동산이나 동산으로 변제를 하는 경우이다. 변제에 갈음하는 채권양도(제1198조)도 마찬가지다.[47]

나. 요건 채무가 면해지기 위해서는 다음 두 개의 요건을 갖추어야 한다.

첫째, 본래 급부할 내용과 다른 급부에 대하여 채권자가 동의하여야한다.

둘째, 다른 급부가 실행되었어야 한다.

---

47 신의칙 적용에 대해서는, Francesco Galgano, p. 153.

다. 효과 대물변제를 함으로써 채무자는 예외적으로 채무의 목적으로 정해진 것과 다른 급부를 이행하였더라도 채무를 면하게 된다.

급부가 소유권 또는 기타 권리의 이전을 내용으로 하는 경우에는 채무자는 매매에 관한 규정에 따라 그 물건에 대한 추탈 및 하자에 대한 담보책임을 진다(제1197조 2항).

4. 금전채권

(1) 의의

'금전채무'(obbligazioni pecuniarie)는 일정한 금액의 지급을 목적으로 하는 채무를 말한다. 지급수단으로서의 금전은 사회경제적으로 매우 중요한 역할을 하면서도 여러 가지 법적 문제점을 갖고 있다. 금전은 특수한 동산이지만, 본질적으로 금액채무로서 화폐(moneta) 또는 가치(valuta) 그 자체를 내용으로 한다. 따라서 이행방법상 본질적으로 그 금액 자체를 이행하면 되므로 어떠한 종류의 금전이라도 상관없다. 또한 금전채무에는 이행불능이 없다.

(2) 지급수단으로서의 금전

가. 금액채무 금전채무는 본질적으로 금액채무이므로, 지급 당시 더 이상 법정통용력이 없는 화폐로 정해진 경우에는 처음의 화폐와 등가의 다른 법정화폐로 지급하여야 한다(제1277조 2항). 마찬가지로 지급해야 할 금액을 외국 화폐로 정한 경우에는 채무자는 기한이 도래한 날에 지급하기로 약정된 지급장소에서의 환율에 의한 법정화폐로 지급할 수 있다(제1278조).

나. 명목주의와 실질주의 금전채무에서는 실질적 가치가 하락된 경우가 문제되는데 민법은 명목주의(principio nominalistico)를 취하여, 지급 당시 국내에서 법정통용력을 가지는 화폐의 '액면가액'으로 지급하도록 규정하고 있다(제1277조). 이것은 확실성의 원칙에 근거하여 채무자를 보호하려는 것이다. 만

약 실질가치로 지급하여야 한다면 지급할 때까지 얼마를 지급해야 할 것인지 그 금액이 불확정적이고 가변적이기 때문이다. 또한 처음에 1천만 원을 지급할 금액채무에서 인플레이션 때문에 가치가 하락했더라도 채무자는 1천만 원만 지급하면 되기 때문이다(디플레이션은 현재 우리들의 경제상황에서 실제로 생각해보기 어렵다). 그 결과 지급 당시 국내에서 법정통용력을 가지는 화폐의 액면가액에 의한 지급으로 채무는 소멸한다(제1277조 1항).

그러나 근로자의 보수채무나 물건의 구입가로 배상하는 경우에는 명목주의에 대한 예외를 인정하고 있다. 근로자의 보수채무액을 선고하기 위하여 판사는 실질가치를 검토하도록 하였다(이탈리아 민사소송법 제429조). 또한 명목주의에 의한 금액채무는 최초 발생 시의 금액으로 정하지만(debiti di valuta), 예컨대 일 년 전에 A가 B의 물건을 파괴한 경우에 손해발생 당시의 금액으로 하면 1천만 원인데, 한 달 후 현재 지급 당시의 가액이 1천1백만 원인 경우에는, 지급 당시 가액인 1천1백만 원으로 손해배상을 하여야 한다(debiti di valore).

기타 명목주의에 우선하는 것으로서는, 당사자들 사이에 이에 관한 합의가 이루어진 경우다. 정금(正金)약관(clausola effettivo; clausola oro)이나 기타 유사한 약관이 있으면 이 약관에 의한다(제1279조).[48]

(3) 이자

가. 의의 금전은 생산적인 물건이다. 일정 금액의 금전채무는 시간이 지남에 따라 법률상 당연히 '이자'(interessi)를 발생하기 때문이다(제1282조 1항). 즉 이자는 당사자의 예견 여부와는 관계없이 법률상 당연히 발생하는 일종의 법정과실(bene fruttifero)이다.

나. 종류 이자에는 '법정이자'(interessi legali)와 '약정이자'(interessi conven-

48 기타 약관의 종류로는 Francesco Galgano, p. 155.

zionali)가 있다. 법정이자는 '법정이율'(tasso legale)에 의해 계산된다. 법정이율은 실행 전년도 12월 15일까지 재무부령(Ministero del Tesoro)에서 정기적으로 공포된다. 현재는 1.5%이다(2010년 12월 7일 재무부령). 약정이자는 당사자가 이율을 정하는 것이지만, 당사자가 이율을 정하지 아니한 경우에는 위 법정이율로 계산한다(제1284조 2항). 법정한도를 초과하는 이자는 서면으로 정해야 하고, 그렇지 아니한 때에는 법정한도 내로 부담된다(제1284조 3항).[49]

지연이자(interessi moratori)는 금액채무에서 당연히 발생하는 이자가 아니라, 이행지체로 인한 손해배상이다.

다. 복리 이자도 위 원금처럼 이자를 발생시킬 수 있는데, 이를 복리(anatocismo)라고 한다. 다만 민법은 채무자를 보호하기 위하여 일정한 한노를 규정하여 복리는 다음과 같은 요건을 갖춘 경우에만 발생한다(제1288조). 첫째, 기한이 도래한 이자일 것, 둘째, 적어도 6개월이 경과한 이자일 것, 셋째 오직 재판상 청구일로부터 또는 기한도래 이후의 합의의 효과로서만 발생할 수 있다.

다만 위와 다른 관습이 있으면 이것이 우선한다(제1283조)(제25조 d.lgs.n.342/1999).[50]

(4) 은행화폐와 전자화폐

금전채무의 또 다른 문제점은 이행방법에 관한 것이다. 금전도 일종의 동산이고, 주는 채무로 분류된다. 최근에는 현대의 발전된 기술에 의하여 전자화폐까지 나오고 있어 지급방법의 새로운 시대를 맞이하고 있다. 이탈리아에서는 이런 화폐를 채권자가 거부하는 것에 대해서 신의성실의 원칙에 의거하여 해결하고 있다(제1175조).[51]

---

49 고리(interessi usurari)에 대해서는, 제1448조와 제1815조 2항 참조(Guido Alpa, p. 23); Francesco Galgano, p. 313.

50 은행의 관습에 대해서는 제1834조 참조.

5. 채권자지체

(1) 의의

채권자의 협력이 없다면 채무이행이 불가능한 경우들이 많이 있다. 예컨대 사용자가 공장의 출입을 허용하지 않으면 근로자들이 근로의무를 이행할 수 없고, 매수인의 창고에 물건을 인도해 주기로 한 경우에 창고를 찾을 수 있도록 매수인이 협조를 해 주어야 하는 경우 등이다.

일반적으로 채권자들도 자신들의 이익이 있기 때문에 협조를 하는 경우가 보통이지만, 채권자가 망각하거나 게으르거나 또는 다른 이익[52] 때문에 거절하는 경우들이 있다. 채권자의 협력거절로 인한 이행불능은 채무자의 정당한 이익을 침해할 수 있다. 예컨대 창고를 찾을 수 없어서 돌아오는 데 들어간 비용과 다시 인도해 주기 위해 보관해야 하는 보관비용, 지연배상, 채무해방의 이익, 반대급부청구 이익 등이다. 특별한 경우에는 채무자가 자신의 급부를 실행하는 데에 보다 더 큰 간접적 이익을 갖는 경우도 있다.[53]

채무자가 이행할 의무만 부담하는 것이지 이행을 받도록 할 권리가 없는 것처럼, 채권자도 청구할 권리는 있지만 채무자의 급부를 수령해야 할 의무는 없다.[54] 마치 콘서트 티켓을 구입한 관람객이 콘서트에 갈 것인지 말 것인지를 선택할 수는 있어도 그 콘서트를 보아야 할 의무가 없는 것과 같다. 그러나 채권자는 채무자의 이행을 수령할 책무(onere)는 있다. 자신의 급부를 받지 못할 뿐만 아니라 민법상 일정한 불이익을 당하기 때문이다(제1207조).

민법은 "채권자가 정당한 이유 없이 이하 각 조에서 규정된 태양에 따라 제공된 변제를 수령하지 아니하거나, 채무자가 채무를 이행하는 데에 필요한 행

51 Vincenzo Roppo, pp. 278-279.

52 예컨대 물건을 넣어야 할 창고가 이미 꽉 차 있고 다른 곳으로 옮기기도 싫어서 대금을 거절하는 것이 차라리 이익이다 싶어 거절하는 경우다.

53 예컨대 특정 영화에 출연할 채무가 있는 영화배우가 보수 이외에 이 영화출연으로 인해 얻을 수 있는 대중인기 상승을 기대하는 경우이다.

54 신의칙의 적용에 대해서는, Francesco Macioce, p. 58.

위를 해주지 아니한 때에는 지체에 빠진다"(제1206조)고 규정하고 있다(채권자 지체, 수령지체: mora del creditore).

(2) 요건

가. 변제의 제공 먼저 채권자가 거절을 하거나 협력을 하지 않은 것만으로 채권자지체의 효과가 발생하는 것은 아니라는 점을 분명히 할 필요가 있다. 즉 채무자 측에서 채권자에게 먼저 '변제의 제공'(offerta della prestazione)을 하여야 한다.

채무자의 급부제공은 제1208조의 형식적 요건(offerta solenne, formale)을 모두 갖추어야 한다. "1. 수령능력이 있는 채권자 또는 채권자를 위해 수령할 권한이 있는 자에게 행하여질 것. 2. 유효하게 이행할 수 있는 자에 의하여 행하여질 것. 3. 지급하여야 할 금액이나 물건, 과실 또는 이자와 청산비용의 전부를 포함하고, 필요한 경우에는 보충을 유보한 미청산비용의 금액도 포함되어 있을 것. 4. 채권자의 이익을 위하여 기한이 정하여져 있는 경우에는 이 기한이 도래할 것. 5. 채무관계에 관한 조건이 성취되었을 것. 6. 제공이 채권자에게 또는 그 주소지에서 행하여질 것. 7. 제공이 권한 있는 공무원에 의하여 행하여질 것"(1208조)이다.

특별한 경우에는 다툼을 방지하기 위하여 공증(pubblico ufficiale) 등과 같은 공시를 필요로 한다.

변제의 제공은 급부의 모습에 따라 '현실의 제공'(offerta reale)이나 '구두의 제공'(offerta per intimazione)을 하여야 하는데, 구체적으로는 다음과 같이 분류된다.

첫째, 금전이나 유가증권, 가전제품과 같은 동산의 제공을 목적으로 하는 제공은 채권자의 주소에서 현실적으로 인도하여야 한다(현실의 제공: 제1209조 1항).

둘째, 채권자 주소와 다른 장소에서 인도하여야 할 동산에 관해서는 채권자에게 소환증서 방식으로 통지된 증서에서 수령할 것을 통고하여야 한다(구두의 제공: 제1209조 2항).

셋째, 부동산을 인도하여야 하는 경우에는 채권자에게 그 점유를 취득할 것을 통고한다. 이러한 통고는 제1209조 제2항에 정해진 방식으로 행하여야 한다(제1216조).

넷째, 하는 채무에서는, 급부수령의 통고나 필요한 행위의 완료의 통고를 관습에 따른 방법으로 제공함으로써 채권자지체의 효과를 발생시킬 수 있다(제1217조).

다섯째, 그 밖에 채무자가 이행해야 할 물건을 위 제1208조 및 제1209조에 따르지 않고 관습의 방식에 따라 물건을 제공한 경우에, 채무자가 한 공탁(제1212조)이 채권자에 의해 승인되거나 재판상 확정판결에 의하여 유효한 것으로 선고된 때에는 공탁을 한 날로부터 채권자지체의 효력이 발생한다(제1214조).

나. 정당한 이유 없는 거절 채권자지체는 채권자의 수령거절이 정당한 이유가 없는 경우에 적용되므로 예컨대 채무자의 이행이 양적으로 부족하여 거절한 경우에는 채권자지체가 되지 않는다.[55]

(3) 채권자지체의 효과

첫째, 채무자는 당연히 채무불이행으로 인한 손해배상책임을 지지 않는다. 오히려 채권자가 이 지체로 인하여 채무자에게 발생한 손해를 배상할 책임을 진다(제1207조 2항).

둘째, 채무자는 채권자지체로 인한 물건의 보관 및 유지를 위한 비용을 채

55 Vincenzo Roppo, p. 274.

권자에게 청구할 수 있다(제1207조 2항).

셋째, 채무자는 이자(interessi)를 지급할 의무가 없음을 물론이고 채무자에 의해 수취되지 않았던 물건의 과실도 더 이상 지급할 의무가 없다(제1207조 1항 후문).

넷째, 채권자지체 중 채무자의 귀책사유에 의하지 않은 이행불능은 채권자가 부담한다(제1207조 제1항 전문). 예컨대 A가 B에게 물건을 매도하였고 B가 채권자지체를 하고 있는 사이에 법령에 의하여 이 물건의 인도가 금지된 경우에, 채무자 A는 귀책사유 없는 이행불능으로 채무를 면하지만 B의 물건대가 지급의무는 소멸되지 않는다.

다섯째, 채무자는 공탁을 함으로써 채무를 면할 수 있다. 채무자가 위 제1208조의 형식적 제공을 한 경우에, 채권자가 현실적 제공을 수령하는 것을 거절하거나, 통고에 의하여 제공된 물건을 수령하기 위하여 나타나지 아니한 때에는 채무자는 이것을 은행이나 판사가 정해 준 장소 등에 공탁할 수 있다(제1210조 1항). 이 공탁은 그 자체로서 채권자지체의 효과를 발생시키는 것이 아니고, 채권자가 이를 승인하거나 확정판결에 의하여 유효한 것으로 선고된 때에 채무자는 더 이상 공탁물을 회수하지 못하고, 채무로부터 해방되는 효과가 발생한다(제1207조 3항; 제1210조 2항). 만약 판사가 채무자의 제공이 채무내용을 좇지 않았기에 채권자의 거절이 정당하다고 판단하면 당연히 채무소멸의 효과가 발생되지 않는다.

상기한 방식(제1208조)을 갖추지 않은 제공은 채권자지체의 효과가 발생하지 않지만, 채권자가 정당한 사유로 이행을 거절한 경우를 제외하고 만약 채무자가 적시에 급부를 제공하였다면 지체로 보지 않는다(제1220조).[56]

56 Vincenzo Roppo, pp. 275-276; Guido Alpa, p. 25.

III. 채무이행과 다른 원인으로 인한 채무소멸

1. 채무소멸의 원인

채무는 채권의 목적을 실현하여 채권자의 이익을 만족시킴으로써 소멸한다. 변제와 다른 그 밖의 소멸원인으로는, '상계', '혼동', '경개', '귀책사유 없는 후발적 불능'이 있다. 그 밖에 '소멸시효'도 넣을 수 있다.

2. 상계

(1) 의의

2인이 상호 간에 채무를 부담하면서 각자가 동시에 채권자이면서 채무자인 경우에 쌍방의 채무는 '상계'(compensazione)에 의하여 그 대등액의 범위 안에서 소멸한다(제1241조). 예컨대 A가 B에게서 1천만 원의 채무를 지고 있는데, 역시 B도 A에게 1천만 원의 채무를 지고 있다면 상계에 의하여 각각의 채무가 전부 소멸한다. 만약 B가 A에게 8백만 원의 채무만을 부담하고 있다면, 상계에 의해 8백만 원만 소멸하게 된다.

상계는 상호 간의 편리성을 위한 것이지만, 실질적으로는 상호 간 담보(garanzia)의 기능을 하게 된다.

상계에는 '법률상 상계', '재판상 상계', '임의상계' 세 가지가 있다.

(2) 법률상 상계

가. 의의 법률상 상계(compensazione legale)는 법률상 요건을 갖추면 자동적으로 상계소멸하는 경우를 말한다. 즉 2개의 채무는 동시 존재일로부터 소멸된다. 당사자의 상계청구로 인하여 판사에 의해 직권으로 상계되는 것이 아니다.

나. 요건 첫째, 상계는 일정액의 금전 또는 동종의 일정량의 대체물을 목적으로 하는 채무여야 한다. 예컨대 두 개의 금전채무, 두 개의 동일한 품질과 종류의 물건 인도채무의 경우이다. 금전채무와 물건을 인도하는 채무가 서로 대립하는 경우는 해당되지 않는다.

둘째, 동등하게 결제 가능하고 청구 가능한 두 개 채무 사이에서만 발생한다. 만약 어느 하나의 채무의 변제기가 도래하지 않았다면 상계가 되지 않는다.

다. 금지 법률상 상계는 권원에 관계없이 발생하지만, 다음과 같은 경우에는 상계가 금지된다. "1. 불법으로 침탈당한 물건에 대한 소유자의 반환채권, 2. 임치물 또는 사용대차로 대여한 물건의 반환채권, 3. 압류할 수 없는 채권으로 선고된 채권, 4. 채무자가 미리 상계를 포기한 경우, 5. 기타 법률에 의해 정해진 상계가 금지된 경우"이다(제1246조).

(3) 재판상 상계

상기 요건에 해당되지 않아 법률상 상계가 되지 아니하였지만, 두 채무 중의 하나가 결제가 쉽고 신속하게 행할 수 있는 경우에는 판사가 이해관계인의 청구에 의하여 상계시킬 수 있다. 이것을 재판상 상계(compensazione giudiziale)라고 한다.

판사는 이런 채권에 대해서 상계를 선고하고, 상계의 반대채권이 확인될 때까지 결제 가능한 채권(credito liquido)의 판결을 정지할 수 있다(제1243조 2항).

(4) 임의상계

임의상계(compensazione volontaria)란 비록 위 각 조의 요건이 발생하지 않는 경우에도, 당사자의 의사에 의하여 행해지는 상계를 말한다. 이 경우 당사자는 상계의 조건을 미리 정할 수 있다(제1252조). 파산절차에서의 상계에 대해서는 특별한 법령에 의하여 규율된다(이탈리아 파산법 제56조 참조).[57]

3. 혼동

채권은 채권자와 채무자의 지위가 동일인에게 귀속한 때에 소멸한다(제1253조). 이를 '혼동'(confusione)이라고 한다. 예컨대 채무자가 채권자를 상속받거나 흡수합병의 경우에 발생한다.

채무가 소멸하므로 채무자를 위하여 담보를 제공한 제3자들은 채무에서 해방된다(제1253조 후문).

그러나 채권에 용익권 또는 질권을 취득한 제3자에게 손해를 주는 경우에는 혼동되지 않는다(제1254조).

보증인과 주된 채무자의 지위가 동일인에게 귀속하여 혼동된 경우에도 채권자가 그것에 이익을 가지는 한 보증은 효력을 지속한다(제1255조).

또한 어음과 수표들은 유가증권으로서 다시 유통시킬 수 있으므로 혼동되지 않는다.

4. 경개

'경개'(novazione)란 본래의 채무를 목적(oggetto: 대상)이나 원인(titolo)이 다른

57 Vincenzo Roppo, pp. 281-282; Francesco Macioce, p. 46.

신채무로 교체하여 소멸시키는 채권자와 채무자 사이의 합의를 말한다. 예컨대 A가 B에게 일정한 금액을 지급하기로 한 채무를 일정량의 동산으로 인도하기로 합의하거나(목적의 경개) A가 B에게 매매대금으로 일정한 금액을 지급하기로 한 채무를 소비대차(mutuo)의 대금채무로 바꾸기로 한 경우다(원인의 경개).

대체되는 새로운 채무는 목적 또는 권원이 본래의 채무와 달라야 한다(제1230조). 경개의 대상이나 권원은 경개의 객관적 요건들이다.

경개는 지급공탁의 경우와 유사하지만 공탁은 원래의 채무를 소멸시키는 것에 그치지만 경개는 새로운 채무가 발생한다는 점에서 다르다.[58]

경개는 소멸되는 채무 대신에 새로운 채무를 갖는 채권자에게 이익이 될 수 있지만, 새로운 채무는 본래의 채무와는 다른 채무이므로 다른 법적 규율이 행해진다. 예컨대 앞의 매매대금이 소비대차 대금으로 변경된 경우, 비록 상대방이 매매의 목적물을 인도해 주지 않았더라도 소비대차의 법적 규율에 따라야 한다. 그리고 본래채권의 선취특권, 질권 및 저당권은 당사자가 명시적으로 이것을 신채권을 위하여 유지한다는 합의를 하지 아니한 경우에는 신채권으로 이전하지 않고 소멸한다(제1232조).

이런 점에서 경개는 채권자에게 위험을 초래할 수 있다. 여기에 경개의 주관적 요건이 필요하게 되고, 그 결과 종전 채무를 소멸시키는 의사는 모호하지 않아야 한다(제1230조 2항: *animus novandi*).

그러나 기간을 갱신한다든지 문서의 교부, 첨가 또는 삭제와 같은 단순한 행위는 갱개가 아니고, 부차적인 채무변경에 불과하다(제1231조).

신채무는 구채무와 인과관계로 연관되어 있다. 채무자를 보호하기 위하여 본래채무가 존재하지 않는 경우에는 경개는 무효가 되고 신채무는 발생하지

58 변경계약에 속하는 화해계약(transazione)과의 차이점에 대해서는, Francesco Macioce, p. 48.

않는다(제1234조 1항). 본래의 채무가 취소할 수 있는 원인으로부터 발생한 경우에는 채무자가 본래채무의 원인상 하자를 알면서도 유효하게 신채무를 인수한 경우에 한해서만 경개가 유효하게 된다(제1234조 2항).

'객체 경개'(novazione oggettiva)와 달리 신채무자가 본래의 채무자와 교체하는 '주체 경개'(novazione soggettiva)에는 채무인수에 관한 규정이 준용된다(제1235조).

5. 면제

'면제'(remissione)란 채권자가 자신의 채권을 포기하는 행위를 말한다. 채무를 면제하려는 채권자의 의사표시는 채무자에게 전달된 때에 채무를 소멸시킨다(제1236조 전문).[59] 사적 자치의 원칙상 비록 채무면제가 채무자에게 이익이 되어도 어느 누구도 다른 사람의 법적 상황을 함부로 변경할 수 없으므로 채무자가 이를 거부할 수 있는 기회는 주어야 한다. 그 결과 채무자가 상당한 기간 내에 그 이익을 받지 않겠다는 의사를 표시한 때에는 면제의 효력이 발생하지 않는다(제1236조 후단).

채권자가 채무자에게 채권의 원본증서를 임의로 반환하는 것은 묵시적 의사표시로서 채무면제의 증거로 충분하다(제1237조 1항). 채권증서가 공적으로 작성되어 있어 집행의 형식으로 송달된 부본(副本)의 임의인도의 경우도 반대의 입증이 없는 한 채무로부터의 해방을 추정시킨다(제1237조 2항). 그러나 채무담보를 포기하는 것으로는 채무면제를 추정시키지는 않는다(제1238조).

제3자로부터 제공된 담보를 대가를 받고 포기한 채권자는 채무자 및 채무이행을 위하여 담보를 제공한 자의 이익을 위하여 그가 수령한 것을 주된 채무에 충당하여야 한다(제1240조).

주된 채무자에 대한 채무면제는 보증인을 채무에서 해방시킨다. 보증인 중

59 지연된 급부도 무효로 돌릴 수 있다(Francesco Galgano, p. 168).

1인에게 행한 면제는 채무를 면한 보증인의 부담부분을 제외하고는 다른 보증인을 해방시키지 못한다. 그러나 다른 보증인이 이 해방을 승인한 때에는 채무 전체에 대하여 책임을 진다(제1239조).

6. 귀책사유 없는 후발적 불능

채무는 채무자의 '귀책사유 없는 후발적 불능'(impossibilità sopravvenuta per causa non imputabile)으로 소멸한다(제1256조 1항: 제1218조). 예컨대 A가 자신의 집을 여름방학 기간 동안(7월1일-8월 31일) 사용하라고 피서객인 B에게 4월 1일에 임대하였는데, 5월 10일 산불에 의하여 집이 소실(燒失)된 경우에 A의 채무는 소멸한다. 만약 계약 성립 이전부터 불능이 된 상태라면(원시적 불능) 처음부터 급부의무가 발생하지 않는다.

다양한 실제 사례를 검토하다 보면, 급부가 불능이라고 할지 가능하다고 할지 애매한 경우가 많다. 이 점에 대해서는 후술하는 채무불이행 단계에서 검토하기로 한다.

일시적 불능에 불과한 경우에는 다시 급부실현이 가능한 상태로 돌아올 수 있으므로 채무를 소멸시키지 않고 그 급부를 받을 때까지 지체에 대한 손해를 부담시키지 않는다(1256조 2항). 그렇다고 채권자에게 언제까지나 기다리게 할 수는 없다. 그 결과 예컨대 특정 날짜의 음악연주회에서 연주자가 병이 난 경우처럼, 그 불능이 채무의 권원이나 그 목적의 성질에 따라 채무자가 더 이상 이행의무를 부담할 수 없는 경우이거나 채권자가 지체 후의 이행에 대한 이익을 가지지 아니할 때는 채무를 소멸시킨다(제1256조 2항 후단).

급부가 '일부불능'의 경우에는 채무자는 가능한 나머지 부분을 이행함으로써 채무에서 해방된다(제1258조 1항). 예컨대 바다에서 물건을 운송하는 선박운송인이 항해 중 조난당한 사람을 구하려고 운송 중인 물건 중 일부를 바다에 던져 주어 구조하였지만 이 물건이 썩어 버린 경우를 들 수 있다.[60] 특정물을 급부하여야 하는 경우에 이 특정물이 훼손되거나, 전부가 멸실이 된 후 잔존물이 있는 때에도 적용된다(제1258조 2항).

이 후발적 불능은 채무자에게 귀책사유가 없는 경우이어야 한다(제1256조 1항). 예컨대 앞의 예처럼 산불로 건물이 소실된 것이 아니라, 그 자리에 빌딩을 짓기 위하여 헐어 버린 경우에는 채무가 소멸되는 것이 아니라 손해배상채무로 변경되어 존속한다.

채무자의 귀책사유 없는 이행불능으로 채무가 소멸된 상태에서 채권자도 자신의 대립되는 채무가 소멸됨으로써 위안을 받을 수 있다. 예컨대 위 예에서 채권자는 방학 기간 동안 임대료채무가 면해지기 때문이다. 그러나 채무자의 귀책사유 없는 이행불능이 채권자지체 상태에서 발생한 경우에는 채권자의 반대급부의무는 존속하게 된다.

60 Francesco Galgano, p. 167.

IV. 채무불이행

1. 채무불이행

'채무불이행'(inadempimento dell'obbligazione)이란 채무자가 채무내용과 시기에 맞게 이행하지 못한 경우를 말한다(제1218조). 전술한 변제의 목적물, 방법, 시기, 장소 등에서 본래의 채무내용과 일치하지 않은 경우다. 채무불이행의 유형은 다양하지만, 이탈리아에서도 크게 다음과 같이 세 가지로 분류하는 것이 통상적이다.

첫째, '이행불능'(inadempimento radicale e definitivo)이다. 근본적이고 최종적인 채무불이행 유형이다. 예컨대 임대인 A가 자신의 건물을 B에게 10월 1일부터 임대해 주기로 하였는데, 이윤이 보다 더 많이 남는 빌딩을 짓기 위하여 위 임대차기간 동안 임차건물을 헐어 버린 경우이다.

둘째, '불완전이행'(adempimento inesatto)이다. 이행을 한 채무의 내용이 질적이나 양적으로 부족한 상태를 말한다. 예컨대 자동차 수리공에게 자동차 수리를 맡겼는데 능력이 부족하여 고장난 부분을 수리하지 못한 경우, 특정한 기능을 갖춘 제품을 공급하기로 하였으나 특정한 기능과는 다른 제품을 공급한 경우, 또는 1,000개의 제품을 공급하기로 하였는데 985개만 공급한 경우 등이다.

셋째, '이행지체'(ritardo nell'adempimento)이다. 원래의 약정된 시점보다 늦게 이행된 경우다. 예컨대 6월 15일에 1,000개의 제품을 공급하기로 하였는데 7월 12일에 공급한 경우를 말한다.

2. 채무불이행의 구제

채무불이행의 구제에서는 만족하지 못한 채권자를 보호하고 채무자에게도 합당한 책임을 물을 수 있는 방법을 모색하는 것이 '구제'에서의 가장 기본적인 문제이다.

과거 로마법에서는 채권자의 온정에 많이 의존하였고 사적 감금으로 해결하는 등 도덕적 편견에 의한 지나친 처우가 많았다.[61] 오늘날은 이런 도덕적 차원에서의 비난은 약화되었고, '형평'(equilibrio)과 '합리성'(razionalità) 그리고 '효율성'(efficienza)의 차원에서 방법을 모색하고 있다.

그 결과 민법은 채무불이행의 다양한 모습에 따라 다양한 구제방법을 규정해 놓고 있다.[62]

첫째는 '이행지체'에 대한 것이다. 이것은 본 장에서 설명하기로 한다.

둘째는 '손해배상'이다. 모든 채무불이행 유형에 해당되는 채무자의 귀책사유에 근거한 구제방법이다. 이것이 가장 중요한 구제수단이다.

셋째는 '불이행의 항변권'(동시이행의 항변권)과 '계약해제권'이다. 이들은 쌍무계약에서 어느 일방이 자기 채무를 이행하지 않았을 때 상대방이 자신의 이익을 방어하기 위한 방법으로 마련된 것이다. '불이행의 항변권'(동시이행의 항변권)이란 쌍무계약에서 상대방이 그 채무를 동시에 이행하지 아니하거나, 동시이행을 제의하지 아니한 때에는 자기의 채무이행을 거절할 수 있는 항변권을 말한다(제1460조). 예컨대 상호 물건을 양도하고 그 대가로 금전을 지급

61 Guido Alpa, p.19; 현승종 · 조규창, 전게서, 298면.

62 매매에서의 제1668조와 제1175조 도급에서의 제1490조와 제1497조 참조(Francesco Macioce, p.53).

하기로 약정한 쌍무계약에서 물건이 인도되지 않으면 상대방도 대금을 지급하지 않아도 된다는 것이다. '계약해제권'은 가장 극단적인 방법으로서 처음부터 계약상 효과가 생기지 않았던 것으로 하여 계약 당사자가 계약상의 구속력에서 완전히 해방되게 하는 권리이다.

이렇게 서로 다른 구제방법들은 경합될 수 있다. 예컨대 정해진 시간 내에 물건을 인도받지 못한 매수인은 불이행의 항변권으로 대금지급을 미룰 수 있다. 만약 채무불이행이 지속되면 계약을 해제함으로써 대금지급채무에서 해방되고, 이미 지급한 것이 있으면 원상회복청구를 할 수 있다. 그 밖에 물건을 받지 못했거나 늦게 받음으로 인한 손해배상을 따로 청구할 수 있다.

채무불이행의 구제에서는 채무 자체의 본질이기도 한 채권자의 이익보호을 먼저 검토하여야 하지만, 채무자의 이익도 소홀히 해서는 안 되는 양립적 자세가 필요하다.[63]

3. 이행지체

(1) 의의

이행지체(mora di debitore)는 채무이행을 해야 할 이행기에 채무를 이행하지 않은 경우이다. 이행을 지체한 것에 대하여 채무불이행책임을 지게 하려면 이행지체가 위법하여야 한다. 그런데 채무자의 이행지체가 채권자의 지체로 인한 경우에는 위법한 경우가 아니다. 채무자가 채권자지체에서 규정되어 있는 방식을 준수하지 아니한 경우에도 적시에 급부를 제공하였다면 이행지체로 보지 않는다는 점은 전술한 바와 같다.

이행지체는 급부가 이행될 수 있음에도 불구하고 적시에 이행되지 않은 경우이므로 다음과 같은 경우는 이행지체라고 볼 수 없다.

첫째, 이행불능이 되어 버린 경우다. 예컨대 건물을 정해진 시기에 인도하지 못

63 Vincenzo Roppo, pp. 294-295.

한 이유로서 소유자가 그 건물을 헐어 버린 경우라면 이행지체라고 할 수 없다.

둘째, 부작위채무의 경우다. 부작위채무에는 개념적으로 이행지체가 있을 수 없다. 부작위채무의 불이행은 그 자체가 채무불이행으로서 최종적인 이행불능을 구성하기 때문이다. 민법도, 이행지체에 관한 규정은 부작위채무에는 적용되지 않으며, 이러한 채무에 위반한 모든 행위는 그 자체가 불이행(inadempimento)을 구성한다(제1222조)고 규정하고 있다.

(2) 이행지체의 구성

이행지체는 단순히 채무자가 이행을 지연하였다는 사실만으로 자동적으로 발생하는 것이 아니고, 채권자가 서면에 의한 통지 또는 청구를 함으로써 채무자를 지체에 빠뜨릴 수 있다(제1219조 1항). 그렇지 않으면 채무자로서는 채권자가 이행 시기에 관하여 특별한 이익을 갖고 있지 않아서 자신의 지연을 용인하고 있다고 생각할 수 있기 때문이다.

그러나 위 통지나 청구 없이 자동적으로 이행지체 효과가 발생하는 세 가지 예외가 있다(제1219조 2항).

첫째, 채무가 불법행위로 발생한 경우이다. 불법행위로 인한 피해자가 위법행위자의 행위를 용인하고 있다고 보기 어렵기 때문이다.

둘째, 채무자가 채무를 이행할 의사가 없음을 서면으로 표시한 때이다. 채권자의 해명이 필요 없기 때문이다.

셋째, 기한이 도래한 급부를 채권자의 주소지에서 해야 하는 경우이다. 이런 경우는 채무이행의 주도권이 완전히 채무자에게 있고 채권자는 단순히 이행을 기대하는 수동적인 입장에 있기 때문이다.

(3) 이행지체의 효과

통지 또는 청구에 의하건 자동적으로 발생하건 이행지체가 구성되면 다음과 같은 두 효과가 발생한다.

첫째, 금전채무에서는 '지연이자'라는 손해배상이 인정되어 그 지체일로부터 법정이자를 지급하여야 한다(제1218조). 만약 이행지체가 되기 전에 법정이자보다 높은 이자가 지급되어야 한 때에는 이와 동일하게 지급하여야 한다(제1224조 1항).[64]

이 지연이자는 본래의 이자가 아니고 손해배상이다. 비록 이전에 무이자였거나 채권자가 손해를 입었음을 입증하지 아니한 경우에도 인정된다(제1224조 1항). 이 지연이자보다 더 많은 손해를 입었음을 입증한 채권자에게는 추가배상이 귀속된다. 다만 지연이자에 대한 합의가 있는 경우에는 그러하지 아니하다(제1224조 2항).[65]

둘째, 이행지체는 채무자의 귀책사유 없는 급부불능에 대한 '위험'(rischio)을 채무자에게 이전시킨다. 이행지체 중에 있는 채무자가 급부의 목적물이 채권자가 있는 곳에서도 역시 멸실되었을 것임을 입증하지 못하면, 채무자의 귀책사유 없는 후발적 불능을 이유로 한 채무소멸의 효과가 발생하지 않기 때문이다(제1221조 1항). 그러나 이와 같은 입증도 위법하게 빼앗은 물건인 경우에는 한계가 있다. 즉 위법하게 빼앗은 물건이 멸실 또는 분실된 경우에는 어떤 이유에 의해서든 빼앗은 자의 가액상환채무는 해방되지 못한다(제1221조 2항).

이행지체는 채권자가 이행지체의 효과를 포기하면 종료된다.

4. 채무불이행책임

(1) 채무불이행책임의 기능

계약상 채무이든 법정 채무이든 채무를 이행할 수 없거나 불완전하거나 늦게

---

64 인플레이션에 대해서는 Francesco Galgano, p.165.

65 Francesco Macioce, p.57, pp.59-60. 상사채무에서는 회사채권자를 보호하기 위하여 지체의 구성을 요하지 않고 자동적으로 지체되며, 이율도 법정이율보다 높은 이율로 계산되고 있다(n.231/2002 d.lgs.).

이행한 결과 채권자는 손해를 입을 수 있다. 예컨대 유명한 록그룹이 약속한 날짜에 공연을 하지 않았다고 했을 때, 티켓 환불과 들어와야 할 수입의 손해, 들어간 비용의 손해 등이 발생한다.

문제는 이런 손해를 채권자와 채무자 중 누가 어떻게 부담할 것인가에 있다.[66] 손해가 생겼으면서도 당연히 채무자에게 책임을 물을 수 없는 이유는 채무자에게도 채무를 불이행하게 된 것에 대한 타당한 근거가 있을 수 있기 때문이다.

어떻게 손해배상책임을 인정할 것인가라는 책임법리에 대해서 보편적으로 가장 중요시되는 점은 채권자와 채무자 이익의 정당한 균형점을 강구하는 데에 있다. 채무자에게 제재를 가하는 기능으로서 채무불이행책임을 고려하게 되면 채무자의 비난받을 만한 행위에 근거를 두어야 한다. 만약 채권자의 이익을 보장하기 위한 기능이 우선되는 경우는 비록 귀책사유가 없더라도 엄격한 책임을 채무자에게 인정하게 된다.

채권자나 채무자 중 누구를 더 보호할 것인지는 사법질서에 따라 다르다. 같은 법질서 내에서도 시대에 따라 다르고, 동일한 법질서 내의 동일 시대에서도 채무의 유형에 따라 다르다.[67]

(2) 책임의 기준

손해배상을 받고자 하는 채권자의 관점에서는 채무자에게 결과책임에 기초해서 책임을 분배하는 기준을 선호하게 된다. 손해배상을 회피하고자 하는 채무자의 관점에서는 정당한 원인이 있는 경우에 한정하려 할 것이다. 민법은 "급부를 만족하게 이행하지 못한 채무자는 불이행 또는 지체가 그의 귀책사유 없는 이행불능에 의한 것임을 입증하지 못한 경우에는 손해배상 책임을 진

66 이것은 로마법 이래로 사법에서의 가장 중요한 핵심문제에 해당한다(Cian Trabucchi, p.1260). 현승종 · 조규창, 전게서, 675면 참조.

67 Vincenzo Roppo, pp. 297-298.

다"고 규정하고 있다(제1218조). 동 규정은 책임분배의 기준으로서 '급부의 가능성'과 '귀책사유' 두 가지를 담고 있다.

채무불이행으로 인한 손해배상을 청구하는 채권자에게 채무자가 책임을 면하기 위해서는, 첫째, 급부가 실현 불가능하였기 때문에 이행할 수 없었다는 점을 입증하여야 한다. 둘째, 이런 불능이 자기의 귀책사유에 의한 것이 아님을 입증하여야 한다. 이 두 가지 점을 입증해야 한다는 점에서(duplice prova) 채무자에게는 매우 엄격한 편이다.

예컨대 수입업자가 일정량의 석유를 수입하여 특정 지역에 저장하고 있었는데 이 저장되고 있는 석유 전부를 양도하기로 한 경우 또는 빌린 배를 돌려주기로 한 경우를 생각해 보자. 만약 석유를 저장하고 있는 지역이 화재가 나서 석유가 전부 없어졌거나 빌린 배가 바다에 침몰한 경우에는 급부가 불능한 것이 된다. 이것이 입증된 후에는 채무자의 귀책사유가 없었음을 입증하여야 한다. 이때 채무자는 이런 불능의 원인(causa)에 대해서 채무자나 그의 보조자가 예견가능하지 않고 회피가능하지 않았음(non prevedibile né evitabile)을 입증하여야 채무에서 해방된다. 예컨대 위 석유의 화재는 테러리스트의 기습공격에 의한 것이어서 통상적인 방어로는 막을 수 없었다거나, 배가 침몰한 것이 엄청난 태풍에 의한 것이어서 통상적인 장비로는 방어할 수 없었다는 점 등을 입증하여야 한다.[68]

그러나 효율적인 책임규정을 실현하기 위해서는 다음 두 가지 점을 고려할 필요가 있다. 첫째, 제1218조는 오직 채무불이행책임에만 기초한 것이고, 이것 이외에도 사안별 '채무'의 유형에 따라, 즉 주는 채무와 하는 채무, 수단채무와 결과채무에 따라, 특수한 정황적인 규율들이 추가되어질 수 있다는 점이다. 둘째, 제1218조의 엄격성은 더 포괄적인 관점으로 접근하는 다른 원리들, 즉 '선량한 관리자의 주의의무'나 '신의성실의 원칙'에 의하여 완화될 수 있다

68 Francesco Galgano, pp. 159-160.

는 점이다. 이런 점을 고려한다면 제1218조에서의 두 개의 엄격한 기준보다 더 현실에 적합한 기준을 검토할 수 있게 될 것이다.

(3) 급부의 불능(이행불능)

예컨대 물건을 인도하는 급부가 법령에 의하여 후발적으로 거래가 금지되거나, 그림을 매도하기로 하였는데 인도 전 지진으로 멸실된 경우에는 급부가 '불능'이 되었다고 누구나 판단할 수 있다. 이것을 이른바 '객관적 절대적 불능'이라고 한다. 채무자의 내부적인 원인이 아니라 외부적인 점에서 '객관적'이고, 극복할 수 없다는 점에서 '절대적'이다.

그런데 다른 일반원리도 검토하여야 한다. 즉 채무자는 '선량한 관리자의 주의'(diligenza del buon padre di famiglia)를 하여야만 하고(제1176조), 채무자와 채권자는 신의성실의 원칙(regole della correttezza)에 따라 행동하여야 한다(제1175조). 그 결과 급부가 객관적이고 절대적으로 불능인 경우가 아니더라도 채무자에게 이행을 청구하는 것이, 지나치게 비용이 많이 든다거나(costoso), 어렵거나(difficile), 위험한 경우(pericolosa)에는 책임을 묻기 곤란할 수도 있다.

예를 들어 보자. 육지에서 섬으로 물건을 운송하는 소형 운송배를 운영하는 자가 고객의 물건을 섬으로 인도해 주기로 하였는데, 파도가 너무 높게 일어(4도 파고) 배의 키를 손으로 조정하기 어려워 섬에 정박하는 것이 어렵고, 연료가 너무 많이 소모되어 비용이 지나치게 많이 들게 되었다. 이것은 급부가 좀더 어렵다든가 좀더 비용이 많이 든다는 것인데 이 정도를 가지고 불능으로 볼 수는 없다. 그러나 8도의 파고가 일어 도저히 운항 자체를 할 수 없는 경우에까지 채무이행을 요구할 수는 없다. 만약 객관적이고 절대적인 불능만을 기준으로 한다면 이 경우는 불능이 아니다. 8도의 파고라도 배 자체는 띄울 수 있고 비록 매우 위험하지만 운이 따른다면 섬에 접근할 수도 있기 때문이다. 또한 헬리콥터를 띄워서 보낼 수도 있기 때문이다. 그러나 이러한 객관적

'가능성'만을 가지고 채무이행을 했어야 했다고 규범적인 평가를 내릴 수는 없다. 이런 평가는 합리적이지 못하며(irragionevole) 정당하지 못하다(ingiusta). 즉 형평과 정의에 위반된다. 8도의 파고에서는 배의 운항을 하지 않는 것이 합리적이고 정당한 것이다. 따라서 급부의 불능에는 그 급부를 청구하는 것이 규범적으로 '합리적'이고 '정당한' 것인지 여부와 본래의 급부와 본질적으로 다른 행위와 수단을 요구하는 것은 아닌지 고려하여야 한다.

결국 불능이란 모든 경우에 단일하게 적용되는 개념이 아니고 사례별로 급부의 유형에 따라 다양한 의미를 가지고 있다는 점을 용인해야 한다. 그 결과 채무자에게는 불능의 입증이 다소간 용이하게 되어 면책될 수 있는 영역이 넓어질 수 있게 된다.[69]

(4) 채무자의 귀책사유—과실책임과 무과실책임

채무자는 급부가 불능이라는 것만으로 채무에서 해방되지 않으며 채무자의 귀책사유 없는 이행불능임을 입증하여야 한다. 채무자는 후발적 불능이 자신의 능력으로 예견 가능하고 회피 가능한 것이 아님을 입증하면 면책된다. 예견 가능하지 않고 회피 가능하지 않은 것으로는, 지진이나 폭풍우 같은 우연적 사고(caso fortuito)나 자연력과 같이 저항할 수 없는 불가항력(forza maggiore), 제3자의 행위를 들 수 있다.

채무자에게 책임을 돌릴 수 있는 정당한 근거가 개별화됨에 따라 책임의 기준은 다양화되어 사실상 두 가지 책임유형이 있다. 하나는 과실책임이고 다른 하나는 객관적 책임, 즉 무과실책임이다.

과실책임의 원칙은 근대 민법이 자유주의적 세계관에 입각하여 개인의 경제적 활동의 자유를 최대한으로 보장하기 위한 것이다. 과실책임(responsabilità per colpa)에서는 책임을 부과하는 정당한 근거가 채무자의 과실에 있고, 채무

69 객관적 · 주관적 불능과 위험(rischio)에 대해서는, Francesco Galgano, p. 161.

자는 자신에게 과실이 있는 경우에만 책임을 지게 된다. 이것은 대체로 채무자에게 유리한 귀속유형이다. 채무자는 자신의 채무불이행이 과실(주의부족, 신중하지 못함, 미숙)에 근거한 것이 아님을 입증하면 면책된다.

무과실책임(responsabilità oggetiva)은 채무자의 과실이 없더라도 모든 채무불이행에 대하여 책임을 지는 엄격책임을 말한다. 비록 개인적으로는 채무자에게 어떠한 과실도 없어서 비난할 수 없더라도 책임을 져야 하는 엄격책임이다. 이탈리아 민법은 이 두 가지 유형을 모두 인정하고, 채무의 유형에 따라 과실책임인 경우도 있고 무과실책임을 인정하는 경우도 있다.

가. 과실의 기준 '과실'(colpa)이란 주의부족(negligenza), 신중하지 못함(imprudenza), 미숙(imperiza)한 것을 의미한다. 부주의하거나 잊어버린 상태에서 급부를 이행하거나, 필요로 하는 신중성을 잃거나, 미숙하고 무능하게 피상적으로 수행한 경우를 말한다. 예컨대 외과의사가 녹슨 메스를 가지고 수술을 하였다든지, 항공사가 비행기의 정비를 잘 못하였다든지, 스키 강사가 경험이 없는 고객에게 매우 위험한 슬로프를 타게 하였다든지 하는 것들이 과실행위이다.

과실이라는 개념은 '부족함'을 의미하는 소극적인 개념이지만, 주의의무에서의 '주의'(diligenza)는 적극적인 개념으로서, 채무자가 채무를 이행할 때 기울여야 할 주의, 신중, 능숙함과 같은 것을 말한다. 이 주의의무를 다한 경우에는 과실이 없는 것이고 다하지 못한 경우에는 과실이 있는 것이 된다.

개인적으로 사람마다 능력에 차이가 있기 때문에 주의'의무'는 누구를 기준으로 할 것인지가 문제된다. 민법은 '선량한 관리자의 주의의무'(diligenza del buon padre di famiglia: 良家父)라고 규정하고 있다(제1176조 1항). 이것은 규범적으로 선량한 관리자(buon operatore), 즉 평균적인 사람의 주의 정도를 의미한다(uomo media). 그런데 여기에는 예컨대 의사의 의료행위처럼 직업적 행위를 수행하는 데에 내재되어 있는 채무를 이행할 때에는 수행되는 행위의 성질을 고려하여 평가하여야 한다(제1176조 2항). 현대사회에서는 급부의 상당 부분이 숙달과 기술적 능력을 필요로 하는 직업수행의무와 관련되기 때문이다. 이런 점에서 선량한 관리자의 주의의무란 모든 사례에 적용되는 단일하고 추상적인 기준이 아니라 급부의무의 유형에 따라 개별적이고 구체적으로 적용되어야 하는 매우 다양한 기준으로서 존재한다는 것을 의미한다.

이런 기준들은 예컨대 자동차 운전에 관한 도로교통법(codice della strada) 등과 같이 입법화되어 있는 경우도 있지만, 예컨대 외과의사가 심장수술을 할 때는 이러이러한 병리학적 방법으로 해야 한다는 등과 같이 그 직업에서 일반적으로 받아들이고 있는 수준들이 오히려 더 많다. 이런 법률의 규정이나 잘 알려져 있는 주의 정도를 기울이지 못한 경우에는 과실이 있다고 평가된다. 요컨대, 주의의무는 선량한 관리자의 주의, 즉 직업상 평균적 주의의무를 위반한 것을 말한다. 따라서 이 정도보다 못한 수준에서 채무이행을 한 채무자는 스스로 통상적인 기준에 의하여 이행하였다고 입증을 하더라도 과실이 있다고 평가된다.

이에 비해 객관적 책임, 즉 무과실책임은 채무자의 주관적 과실이나 특수한 조건에 의존하는 것이 아니다. 주관적인 과실은 채무를 이행하지 못한 것에 대한 비난의 제재기능을 수행하는 데에 비하여, 무과실책임은 채권자의 이익보호를 위한 기능을 보다 더 강력하게 수행한다.

나. 과실의 종류(등급) 통상적인 과실은 선량한 관리자의 주의의무를 위반한 것을 말한다. 예컨대 여관 주인에게 손님이 보석을 맡겼는데, 보석을 금고에 넣지 않고 책상서랍에 넣고 열쇠로 잠가 둔 상태에서 도둑이 쉽게 부수고 가져간 경우라면, 주인에게는 과실이 있다.

이것보다 중대한 과실로서 이른바 '중과실'(colpa grave)이 있다. 선량한 관리자의 주의를 위반하였을 뿐만 아니라 급부를 이행할 때에 요구되는 최소한도의 주의나 신중을 기하지 않은 경우이다. 도저히 용서되지 않는 부주의 또는 눈에 보일 정도로 너무나 조악한 행위를 한 것을 말한다. 예컨대 손님이 맡긴 보석을 보석상자나, 책상서랍에도 넣지 않고 수위실 의자에 놓아 두는 바람에 도난당한 경우가 이에 해당된다.

다. 고의 '고의'(dolo)는 누군가에게 손해를 가하는 인식과 의사를 말한다. 고의에 의한 채무불이행은 의식적이고 의도적으로 채권자의 권리를 침해하는 것을 말한다. 예컨대 청주에서 7월 30일에 공연을 하기로 한 록그룹이 동일 날짜에 좀더 많은 돈을 주는 서울 공연이 갑자기 생기자 그곳으로 가서 공연을 한 경우다.

고의는 채권자의 권리를 침해한다는 생각이 있으므로 과실보다는 더욱 비난 가능성이 크다. 따라서 법률이 과실에 의한 책임을 인정한 경우에는 고의에 의한 경우도 당연히 포함되며, 손해배상책임의 부담도 더 커질 수 있다.

라. 과실책임의 세 유형 과실책임은 일반적으로 세 유형으로 나눌 수 있다.

첫째, 물건의 보존과 보호, 그리고 반환의무에 관한 것이다. 용익권자의 의무(제1001조 2항[70]), 임차인의 의무(제1587조 1항[71]), 수치인의 보존의무(1768조 1항[72]), 사용차주의 의무(제1804조 1항,[73] 제1807조)가 그것이다. 선량한 관리자의 주의의무로 보존하지 않으면 과실이 있는 것이 된다.

둘째, 채권자를 위한 행위의무에 대한 것이다. 수급인의 목적물의 하자에

---

70 "용익권자는 물건을 사용 · 수익함에 있어서, 선량한 관리자의 주의를 가져야 한다."

71 "임차물을 인도받고, 물을 계약에 정하여진 용도 또는 사정에 따라 추정할 수 있는 용도로 사용함에 있어서 선량한 관리자의 주의를 가져야 한다."

72 "수치인은 선량한 관리자의 주의로 임치물을 보관하여야 한다."

73 "사용차주(comodatario)는 선량한 관리자의 주의로 차용물을 보관 및 보존하여야 한다."

대한 담보의 내용(제1668조 1항), 수임인의 주의의무(제1710조 1항), 근로자의 주의의무(제2104조) 등이다. 여기서도 선량한 관리자의 주의의무를 위반하면 과실이 있는 것으로 판단한다.

셋째, 하자 있는 목적물에 대한 것이다. 매도된 물건(제1494조 1항), 임차물(제1578조 2항), 소비대주의 물건의 하자(제1821조 1항)에 관해서이다. 채무자는 과실로 이런 결함을 간과하거나 채권자에게 알려 주지 않았다면 과실책임을 져야 한다.[74]

마. 무과실책임(객관적 책임) ㄱ) 위험책임: 전통적인 과실책임에 대하여 19세기 말부터 산업사회의 구조변혁과 관련해서, '위험'(rischio)사상을 기초로 하는 객관적 책임(responsabilità oggettiva)이 주장되었다. 무과실책임은 비록 과실이 없더라도 손해배상책임을 인정하는 것이다.[75] 고도로 과학기술화되어 가는 현대 산업사회에서 각종 사고의 양상에는 과실책임의 원칙에만 의존해서는 손해의 공평 타당한 전보가 불가능한 경우들이 있다. 비록 가해자의 고의나 과실에 기인한 손해는 아니라고 하더라도 일정한 위험원의 운행, 경영에 수반되는 특유한 위험이 현실화된 것으로서, 단순히 자연력으로 인한 손해나 피해자 자신의 잘못으로 인한 손해처럼 취급할 수는 없는 것들이다. 예컨대 운송인 A가 B의 물건들을 트럭에 싣고 B의 집으로 가는 도중, 교차로에서 빨간 신호등이 켜져 잠시 정차하고 있었는 데 맞은 편 X의 트럭이 신호를 무시하고 돌진하여 A의 차가 전복되고 운반 중의 물건들이 모두 부서져 버린 경우에, A에게 운송인으로서의 과실을 인정할 수 없음에도 불구하고 무과실책임 제도에서는 A의 책임이 인정된다. 민법은 운송인이 물건을 수령한 때로부터 하수인(荷受人: destinatario)에게 인도할 때까지 물건의 멸실 또는 훼손에 대한

74 Vincenzo Roppo, pp. 299-302.

75 영미법에 있어서는 일반적으로 이를 '엄격책임'(strict liability)이라고 하고 독일, 오스트리아, 스위스 등에서는 '위험책임'(Gefährdungshaftung)이라고도 한다.

운송인의 책임을 규정하고 있다. 다만, 이러한 멸실 또는 훼손이 예측불허의 우연한 사고이거나, 물건 또는 그 포장의 성질이나 하자로 인하여 발생하거나, 발송인 또는 수취인의 작위 또는 부작위로 인하여 생긴 것임을 입증한 경우에는 면책된다(제1693조 1항).

이러한 무과실책임은 '위험책임'에 기초하고 있다. 즉 채무자는 자신의 과실에 의하지 않고도, 채무자의 위험영역(organizzazione)에서 정상적인 행위전개 중에 발생하는 모든 사실에 대하여 책임을 지는 것이다. 이런 위험은 채권자가 아니라 채무자에게 부담시키는 것이 보다 더 형평과 정의에 맞기 때문이다.

위험책임으로서의 무과실책임은 불법행위 영역에서 더욱더 발전해 나갈 것으로 예상된다. 이 영역에서는 가해자인 채무자의 조직과 행위가 채무자 자신의 관리하에 있거나, 채무자가 채권자보다 훨씬 더 위험을 예방할 수 있는 위치에 있기 때문이다. 반면에 채무자 자신의 조직 범위를 벗어나거나 마치 위 운송인의 책임(제1693조 1항)에서 규정한 대로 직접적으로 채권자의 위험범위에 들어가는 경우까지 채무자에게 무과실책임을 지우는 것은 합리적이지도 정당하지도 않다.[76]

ㄴ) 무과실책임의 주요 유형들 ① 유형: 무과실책임을 인정하는 유형으로는, 첫째로 일반 대중이나 이용자에 대한 급부로서 물건의 보존과 보호에 관한 의무를 들 수 있다. 운송인의 책임(제1693조 1항), 임치물에 대한 책임 및 호텔 주인의 의무(제1784조, 제1785조), 창고업자의 책임(제1787조), 은행의 개인용 대여금고에 대한 책임(제1839조) 등이 그것이다. 둘째, 특정 전의 '종류물채무'에서도 무과실책임을 진다. 예컨대 일정량의 직물을 공급하기로 한 경우처럼 아직 특정화되지 않은 대체 가능한 물건을 공급할 의무는 이른바 조달채

76 위험책임에 대한 사법적 사회주의(juridical socialist) 경향과 경제적 관점에 대해서는, Guido Alpa, pp. 255-256.

무로서 거래계에 그 종류물이 존재하는 한 과실 여부를 불문하고 조달해야 하기 때문이다. 셋째, 가장 대표적으로 대체 가능한 물건인 '금전채무'와, 넷째, '보조자'를 이용하여 이행할 의무에 관해서이다.

② 보조자 책임: 채무이행의 보조자를 사용할 때 채무자는 무과실책임을 진다. 채무자의 전문적인 경제적 조직에 의한 행위이기 때문이다. 민법은 보조자의 행위에 대한 책임(responsabilità per il fatto degli ausiliari)으로서, 당사자의 다른 의사가 없는 한 채무의 이행에서 제3자의 행위를 이용하는 채무자는 그들의 고의나 과실 있는 행위에 대하여도 책임을 진다(제1228조)고 규정하고 있다. 예컨대 자동차를 수리해 줄 채무를 부담하고 있는 자동차수리상은 자신의 보조자인 수리공의 고의나 과실 있는 행위에 대하여도 책임을 져야 한다는 것이다.

채무자의 직원들의 쟁의행위도 보조자의 행위로 볼 것인가가 문제되는데, 법원은 이 경우에도 이 기준을 적용한다. 만약 쟁의행위가 정치적이거나 일반적인 전체 영역에 관한 내용인 경우에는 채무자는 이에 대한 책임을 지지 않으나, 쟁의의 목표가 회사에 국한된 것이고 근로관계의 차원에서 부당한 것을 시정하기 위한 행위라면 책임을 져야 한다는 것이다.[77]

ㄷ) 우연적 사고: 채무자가 책임을 지는 것은 그의 조직상의 행위에서의 전형적인 위험에 대한 책임을 지는 것이다. 예컨대 앞의 운송인 사례에서 운송인이 미리 대비할 수 있거나 예측할 수 있고 따라서 용이하게 안전을 확보할 수 있는 것에 대하여 책임을 지는 것이다. 그러나 미리 합리적으로 대비하기 어렵고 비정상적인 사건이어서 채무자의 관리를 벗어나 있는 이른바 불가항력사안에 대해서는 책임을 지울 수 없다(제1693조). 예컨대 운송해야 할 화물이 통상적인 도로교통사고로 파손된 것이 아니라 도로 위를 낮게 날던 헬리콥터에 의하여 파손된 경우 등이다. '우연적 사고'(caso fortuito)라는 개념은 저항

77 Vincenzo Roppo, p. 304.

할 수 없는 것이라는 의미에서 규범적으로 '불가항력'(forza maggiore)이라는 개념과 연관된다.

마. 수단채무와 결과채무, 부작위채무 책임법리에서는 채무자와 채권자의 이익 사이에 균형을 잡는 것이 정당성을 갖는다는 점은 전술한 바와 같다. 따라서 채무의 종류에 따라서 책임의 기준이 달라질 수 있다.

ㄱ) 특정한 정황에서는 급부가 불능(제1218조)이 되었다기보다는 더 이상 채무자에게 요구할 수 없기 때문에 그 채무불이행이 정당화되는 경우가 있다. 이러한 청구불능(inesigibilità)은 채무자와 채권자가 (신의)성실의 원칙(regole della correttezza)에 따라 행동하여야 한다는 원칙에 근거하고 있다(제1175조). 의사의 수술행위와 같은 '수단채무'에서는 채권자를 위하여 최선의 행위를 하기만 하면 되고 수술의 결과까지 채권자가 기대한 대로 보장될 필요는 없다. 또한 예컨대 근로자의 근로의무와 오케스트라 지휘자의 연주의무에서 근로자가 병이 났다든다 지휘자의 팔이 부러졌다면 누구도 이런 정황에서 급부를 요구하는 것은 정당화될 수 없을 것이다.

ㄴ) 건축수급인이나 운송인의 채무는 건물을 완성하거나 목적지까지 운송하였다는 결과까지 이행할 채무를 부담하게 된다. 이러한 '결과채무'에서 결과가 나오지 않은 것이 예컨대 건축수급인이 더 이상 건축을 할 수 있을 만한 재정이 없었기 때문이면, 주관적 불능에 의한 것으로서 채무가 소멸되지 않는다. 그러나 예컨대 그 지역이 산사태가 나서 건축할 수 없었던 경우에는 객관적 불능에 의한 것으로서 귀책사유 없음을 입증하였을 때 채무가 소멸한다.[78] 따라서 수단채무에서는 과실을 기준으로 선량한 관리자의 주의의무를 다하였음을 입증하면 면책되나 결과채무에서는 이것을 입증하였다고 하더라도 면책되지 않는 경우가 있으므로 이 점에서는 결과채무가 수단채무보다는 훨

78 Francesco Galgano, p. 160.

씬 엄격한 책임을 지는 것이다.[79]

ㄷ) '부작위채무'에서는 급부불능이라는 문제조차도 설정할 필요가 없이 부작위의무에 위반한 그 순간부터 채무자와 보조자는 언제나 책임을 져야 한다. 민법도 부작위채무에 위반한 모든 행위는 그 자체가 불이행(inadempimento)을 구성한다(제1222조)고 규정하고 있다.

5. 입증책임

입증책임에서의 일반적인 원칙은 권리의 유효를 주장하는 자가 그 요건이 되는 사실을 입증하는 것이다. 채무불이행에서는 채권자가 손해배상의 발생요건을 입증하여야 한다. 즉 채무 그 자체와 채무자의 채무불이행, 채무불이행으로 인한 손해, 채무불이행에 대한 귀책사유를 입증하여야 한다.

그런데 이 중 맨 마지막 요소인 '귀책사유'에 대하여 민법은 손해배상책임을 면하고자 하는 채무자가 자신의 귀책사유가 없음을 입증하도록 하여(제1218조), 입증책임분배원칙의 예외를 인정하고 있다.

실제로 책임소송에서는 입증책임에 의해 승패가 좌우되는 경우가 많은데, 이 규정은 채권자의 이익을 보호하고자 하는 입법적 의사가 강력히 표출된 것이다. 채무불이행은 채무자의 영역에서 먼저 발생한 것이고 귀책사유가 있는 채무불이행인지 아닌지를 판단할 수 있는 요소들은 채권자보다 채무자가 훨씬 더 많이 가지고 있기 때문이다.[80]

6. 손해

(1) 손해

채무자는 채무불이행책임으로서 채권자의 손해를 배상해 줄 의무를 부담한

79 담보책임에 대해서는, Francesco Macioce p.55.

80 채권자에게 귀책사유에 대한 입증을 면제할 뿐만아니라 채무불이행 사실조차도 면제하도록 규정한 것으로는, Cass.,sez.un.,n.13533/2001 참조.

다. 손해는 채무불이행의 효과로서 받게 되는 손해에 대한 재산적 평가를 말한다.

손해에는, 불이행 또는 이행지체로 인한 손해배상으로 채권자가 직접적으로 입은 손실(danno emergente)과 상실한 수익(lucro cessante)이 포함되어야 한다(제1223조). 예컨대 전자는 운송인이 멸실한 상품의 가치이고, 후자는 운송인이 멸실시키지 않았더라면 채권자가 이를 다시 다른 사람에게 판매하여 받을 수 있는 수익의 상실이 그것이다.

이것들은 경제적 가치의 상실로 인한 재산적 손해(danno patrimoniale)를 말하는데 채권자의 비재산적 이익을 만족시켜 주지 못한 비재산적 손해(danno non patrimoniale)도 있다(제1174조).

(2) 손해배상

손해배상에는 가장 넓고 중요한 의미를 차지하는 금전배상 이외에도 특별한 형식의 배상이 있다. 즉 피해자의 특별한 이익을 고려하여 원상회복을 시켜 주는 현물배상(riparazione)의 경우가 그것이다. 예컨대 물건을 인도해 줄 채무를 이행하지 못한 경우에 이 물건 자체를 이행하게 하거나, 특정 지역에 건물을 건축하지 않기로 하는 부작위채무에서 위법하게 건축한 건물을 철거하는 것 경우이다. 다만 이런 특별한 형식의 배상은 아주 드물고 오히려 현실적으로 불가능한 경우가 많다. 예컨대 인도해 주기로 한 물건이 멸실되거나 제3자에게 양도된 경우, 또한 부작위채무에서 위법하게 건축한 것을 철거할 수 없는 경우 등을 생각해 볼 수 있기 때문이다.[81]

(3) 손해배상의 범위

가. 보전해 주어야 하는 배상은 손해에 상응하는 금액으로 결정해야 되듯이,

81 Francesco Macioce, pp. 65-66(제2058조, 제2930조, 제2932조).

손해의 양에 대한 것이 문제가 된다. 채권자에게 가해진 모든 손해를 배상해 주기 위하여 배상의 기준은 좀 넓게 적용하여, 때로는 '발생된 손해'나 '상실된 수익'을 배상해 주도록 규정한 것도 있다(제1223조).

나. 이에 비해서 다른 기준들은 손해배상을 한정하는 의미로 작용한다. 즉 인과관계의 기준을 '채무불이행과 직접적 결과'(제1223조)인 손해에 한정된다. 예컨대 약속된 시간에 가기 위하여 부산에서 서울로 택시를 탔는 데, 택시가 정비불량으로 도중에 정지하는 바람에 약속시간에 도착하지 못한 경우라면 택시 운전수는 이로 인한 손해를 배상하여야 한다. 그런데 약속시간에 도착하지 못할 것 같다고 고속도로 휴게소에서 전화를 하고 있는 중에 지갑을 도둑맞은 경우에는 이에 대한 손해배상을 할 필요는 없다. 이것은 채무불이행과 직접적인 결과가 아니기 때문이다.

또한 '손해배상채무가 발생'한 당시 '예견할 수 있었던 것'에 한정된다(제1225조). 예컨대 자동차를 보관할 채무를 지는 자가 부주의로 차를 도난당한 경우에는 이 자동차 값만 배상해 주면 되지만, 보관자에게 별도로 알려주지 않은 자동차 트렁크에 있던 고가의 그림값까지 배상해 줄 필요는 없다.

채권자의 과실행위가 손해발생에 경합된 경우에는, 손해배상은 그 과실의 정도 및 이로 인하여 발생한 결과만큼 과실상계(concorso del fatto colposo del creditore)되어 감액된다. 예컨대 건물도급계약에 따라 건축한 건물의 지붕에서 물이 샌 것이 도급인이 지시한 조악한 재료 때문인 경우를 들 수 있다.

채권자가 통상적 주의를 기울여 회피할 수 있었던 손해에 대하여는 배상하지 않는다(제1227조 2항). 예컨대 지붕을 잘 못 건축하여 천정과 벽지가 파손된 것에 대해서는 수급인이 책임을 져야 하지만, 건물주가 실수로 습기를 차게 해서 벽에 곰팡이가 슨 것까지 배상되지 않는다는 것이다.

마지막 기준은 판사의 공정한 평가이다. 채권자가 손해의 정확한 총액을 입증할 수 없는 경우에는 판사의 공정한 평가에 의해 결정한다(제1226조). 이런 경우에는 구체적 사안에 따라 고려해야 할 모든 요소를 검토하여야 할 것이다.

다. 지금까지는 발생된 손해에 더도 덜도 아닌 적절한 손해배상(danno effecttivo)을 할 것에 대해 검토하였으나, 미국에서는 제재의 의미를 강화하여 전보를 초과하는 징벌적 배상(danni punitivi)도 인정한다. 이탈리아에서는 아직 인정하지 않고 있으며 부정하는 견해가 우세하다.[82]

특히 금전채무의 지연배상에 대해서 중요한 문제가 있다. 일정액의 금전을 목적으로 하는 채무에서는 비록 이전에 무이자이었거나 채권자가 어떠한 손해를 입었음을 입증하지 아니한 경우에도, 그 지체일로부터 당연히 지연이자를 지급하여야 한다.

그런데 금전의 평가절하 등으로 실제로 더 많은 손해를 입었음을 입증한 채권자에게는 추가배상이 귀속된다(제1224조 2항). 법원은 사회적 내지 전문적 유형(검소한 소비자, 습관적인 절약가, 기업)에 의해 이를 추정함으로써 이러한 입증을 단순화시키고 있다.[83]

(4) 위약금약정

가. 손해배상을 결정하는 데에 상술한 기준들을 적용하는 것은 어렵고 명확하지 않으며 때로는 다툼의 원인을 제공할 수도 있다. 이를 회피하기 위해서 당사자들이 미리 위약금약정을 맺는 경우가 많다. 즉 채권자와 채무자가 채무불이행의 경우에 채무자가 채권자에게 지급할 손해금액 기타 손해배상급부에 관하여 미리 합의를 하는 것을 '위약금약정'(clausola penale)이라고 한다.

---

82 Vincenzo Roppo, p. 307.
83 Vincenzo Roppo, pp. 307-308.

나. 위약금약정은 채권자와 채무자의 관계를 단순화하는 기능을 가진다. 이런 단순화는 채권자의 이익이 되거나 반대의 경우도 될 수 있다. 위약금약정은 다른 배상합의가 없는 한 그 약정한 급부로 배상을 한정하는 효과를 갖는다(제1382조 1항). 위약금은 손해의 입증과 관계없이 부담된다(제1382조 2항). 따라서 비록 채권자가 약정한 금액보다 적은 손해를 받았거나 심지어 아무런 손해가 없더라도 부담해야 한다.

다. 무엇보다도 위약금의 금액이 지나치게 과다한 경우는 허용될 수 없다. 민법은 위약금에서 주된 채무가 일부 이행된 경우 또는 위약금액이 명백히 과다한 경우에는, 법원에 감액을 청구하여, 판사에 의해 공평하게 감액될 수 있음을 규정하고 있다. 감액은 각각의 경우에 채무가 이행되었을 때 채권자가 얻을 수 있었을 이익을 기준으로 한다(제1384조).[84]

채권자는 주된 급부와 위약금을 동시에 청구하지 못한다. 다만 위약금이 단순한 이행지체에 대하여 약정한 것인 때에는 가능하다(제1383조).

(5) 면책약정

당사자는 채무불이행 책임을 면책하거나 제한하는 약정(clausole di esonero)을 맺을 수 있다.

면책약정은 손해배상을 보장받지 못하며 채무자의 의사에 좌우될 수 있는, 채권자에게는 매우 위험한 약정이다. 또한 사실상 채무자가 채무를 성실하게 이행하지 않을 가능성도 있다. 따라서 민법은 이를 엄격히 규율하여, 통상적 과실(colpa ordinaria)에 한정하여 면책약정을 인정하고 있다(제1229조).

첫째, 고의 또는 중대한 과실에 대한 면책약정은 무효이다.

둘째, 예컨대 근로자의 건강과 안전을 보호하기 위한 의무를 위반하는 것에

84 山口俊夫, 전게서, 225-226頁 참조.

대한 면책약정도 무효이다.

나아가 채권자의 생명과 신체를 보호하기 위하여 보다 더 엄격하게 통상적 과실에 대한 면책약정도 허용하지 않는 경우도 있다. 예컨대 상해사고를 일으킨 운송인의 책임을 제한하는 약관은 무효로 하고 있다(제1681조 2항).

V. 채권의 보장

'채무'(obbligazione)는 채무(debito)와 책임(responsabilità)이라는 두 가지 요소로 나뉜다. 전자는 특정한 행위를 할 의무로서 특정한 급부를 대상(oggetto)으로 하지만, 후자는 채권의 만족을 위하여 재산이 복종되는 상태로서 채무자의 전 재산을 대상으로 한다. 마치 채권(credito)과 채권의 보장(garanzia)과의 관계와 같다. 채권은 특정한 급부를 받는 권리이지만, 채권의 보장은 채무자의 전 재산으로 구성한다.[85]

1. 강제이행

채무불이행에 대한 손해배상청구권을 실현시키기 위하여 채무자 재산에 대하여 '강제이행'(esecuzione forzata)을 할 수 있다.

강제집행은 채권자의 집행행위로서 집행절차에 의해 실현된다. 강제집행은 다양한 유형을 가지고 있는데, 가장 기본적인 유형은 '강제경매'(espropriazione forzata)와 '특별한 형태의 강제집행'(esecuzione in forma specifica)이다.

가. '강제경매'에서는 금전채권을 실현한다. 채권자는 민사소송법이 정하는

85 Francesco Galgano, p. 356.

바에 따라 채무자의 재산을 경매할 수 있다. 제3자의 재산도 채권의 담보로 제공되었거나, 채권자의 이익침해를 이유로 취소된 행위의 목적물로 되어 있는 때에는 경매에 붙일 수 있다(제2910조).

민사소송법의 절차를 거쳐 일정 범위의 재산(종물, 부가물, 과실)에도 압류를 하게 된다(제2912조). 압류가 된 이후에는 양도할 수 없는데, 만약 양도를 한 경우라도 압류한 채권자에게는 효력이 없어서, 양수인은 이 압류한 채권자에게 대항하지 못한다(상대적 무효).

나. '특별한 형태에 따른 강제집행'에서는 침해된 채권의 형태에 따라서 네 가지로 나눌 수 있다. 첫째, '주는 채무'에서, 특정한 동산 또는 부동산의 인도의무를 이행하지 아니하는 때에는 민사소송법이 정하는 바에 따라 이를 강제로 인도 또는 교부받을 수 있다(제2930조). 둘째, '하는 채무'에서, 행위의무를 이행하지 아니한 경우에는 채권자가 민사소송법이 정하는 바에 따라 채무자의 비용으로 이를 이행하게 할 수 있다(제2931조). 셋째 '부작위채무'에 대한 강제집행은 채권자가 채무자의 비용으로서 채무를 위반하여 만들어진 유형물이 있으면 이를 철거할 수 있다(제2933조). 넷째, '계약체결의무'에 대한 특별집행으로서, 계약 체결 의무를 부담한 자가 그 의무를 이행하지 아니하는 때에는 체결하고자 했던 계약과 동일한 효력을 발생시키는 판결을 얻을 수 있다(제2932조;제2908조).

2. 채무자의 책임재산

채권자의 강제집행의 대상이 되는 것을 이른바 채무자의 '책임재산'(responsabilità patrimoniale)이라고 한다. 여기서의 '책임'이라는 개념과 채무불이행으로 인한 '책임'과는 일치하지 않는다. 전자의 '책임'이란 손해배상채무를 말하는 것이 아니라 채권자를 만족시키기 위하여 채무자의 재산이 강제적으로 구속을 받는다는 의미이기 때문이다.

책임에는 '무한책임'(responsabilità patrimoniale illimitata)과 '유한책임'(responsabilità patrimoniale limitata)이 있다. '무한책임'은 채무자가 채무의 이행에 대하여 자기의 현재 및 미래의 전 재산으로 책임을 지는 것을 말한다(제2740조 1항). 따라서 채무자의 현재 또는 미래의 전 재산이 채권의 만족을 위한 강제집행 대상이 된다. 그런데 법률이 채무자의 특정한 재산에는 공취(攻取)하지 못하도록 예외를 규정해 놓은 경우가 있다(제2740조 2항). 이런 '유한책임'에는 여러 가지가 있다.

첫째, 채무자의 생존과 노무에 제공되는 핵심적인 재산은 집행할 수 없다(민사소송법 제514조, '절대적 압류금지동산').

둘째, 특정한 채무만을 위하여 채무자의 재산에서 분리되어 특정된 재산이 있다. 가족재산으로 등록된 배우자의 재산 등은 가족생활에 필요되지 않는 채권에는 집행당하지 않는다(제167조). 또한 한정승인된 재산(제490조)도 마찬가지다.

셋째, 법인의 재산처럼 구성원들에서 독립된 재산이다.

이런 예외는 법률의 규정에 의해서만 인정되며 당사자가 합의로 정할 수는 없다(제2740조 2항).

3. 재산적 담보의 보전조치

채무자의 일반 재산은 채권의 담보(garanzia)가 된다.[86] 재산이 많아지느냐 적어지느냐에 따라 채권자의 만족 가능성이 달라지며, 채권자가 많아질수록 채권자들이 가져갈 수 있는 것이 적어지므로, 법률은 담보로서의 채무자 일반재산을 보전(conservazione)하기 위한 여러 가지 방법들을 마련해 놓고 있다.

86 채권의 담보로는 인적 담보(garanzie personali)와 물적 담보(garanzie reali)가 있다. 전자로는 연대채무, 특히 보증채무(fideiussione)가 해당되고 후자로는 질권과 저당권과 같은 담보물권이 있다(Francesco Macioce, pp. 69-74.

채무를 완전히 변제할 때까지 돌려주어야 할 재산을 유치할 수 있는 '유치권'(diritto di ritenzione)이 있다. 예컨대 자동차에 투입한 수리비를 변제받을 때까지 유치권으로 자동차반환을 거부하는 것이다. 소유자의 수선거부에 대해 용익권자가 지불한 비용 등에 관한 유치권(제1006조), 환매인의 의무에 관한 유치권(제1502조 2항)도 그것이다. 우선효가 있는 유치권은 제3자에게도 대항할 수 있다. 예컨대 자동차수리비 때문에 유치하고 있는 자동차를 구입한 제3자에 대해서도 유치권을 행사할 수 있다.[87]

'기한이익의 상실'(decadenza del debitore dal termine)도 보존방법에 속하다. 즉, 비록 기한이 채무자의 이익을 위하여 정하여진 경우에도, 채무자가 파산하거나, 담보를 감소시키거나 제공하지 아니한 때에 채권자는 즉시 채무의 이행을 청구할 수 있다(제1186조). 그 결과 기한의 이익이 상실되어 즉시 강제집행을 할 수 있으므로 미래의 재산적 멸실에 대한 위험을 회피할 수 있다.

그러나 채권이 발생한 때로부터 채무가 이행될 때까지 일반적 책임재산을 담보하는 가장 중요한 수단은 채권자대위소송, 채권자취소송, 그리고 (보존적) 가압류이다.

4. 채권자대위소권

(1) 의의

채무자가 자신의 재산을 증가시킬 수 있음에도 불구하고 소극적으로 이를 행사하지 않는 경우가 있다. 예컨대 자기의 채권을 청구하거나 집행을 하지 않는 경우 등이다. 물론 채무자가 자신의 채권을 청구하고 안 하고는 자유이지만 그의 채권자의 입장에서는 증가될 재산을 잃어버리는 결과가 된다.

민법은 이런 경우를 대비하여 채권자가 자신의 권리를 충족하거나 보존하기 위하여 채무자가 제3자에 대하여 행사할 수 있는데도 이를 행사하지 아니

87 Francesco Galgano, p. 370.

한 권리 및 소권을 대위행사할 수 있도록 하였다(azione surrogatoria)(제2900조).

(2) 요건

첫째, '채무자'의 권리에 관한 것이다. 제3자에 대한 권리나 소송은 해당되지 않는다.

둘째, 채무자의 재산적 담보가 채권자에게 충분하지 못하여서 채권자에게 '손해'를 일으킬 것을 요한다.

셋째, 채권자가 대위할 수 있는 '재산적 성질'을 가지는 권리 또는 소권일 것을 요한다. 이혼청구권과 같은 가족권(제2900조)은 물론이고 부양청구권처럼 비록 재산적 성질이 있어도 일신전속적인 것은 배제된다.

(3) 절차

대위소권은 소송절차에 의한다. 채권자가 소를 제기한 때에는 대위하고자 하는 채무자도 소환하여야 한다(제2900조 2항).

(4) 효과

채권자대위소권의 효과는 채권자가 채무자의 권리 또는 소권을 대위로 행사한 결과, 채무자의 재산을 증가시키는 것이다. 증가된 채무자의 일반재산에 대해서는 대위소권을 제기한 채권자뿐만 아니라 아직 집행을 하지 않은 다른 모든 채권자들의 만족을 위하여 제공하게 된다.

5. 채권자취소소권

(1) 의의

채권자대위소권이 채무자의 소극적인 행위에 대한 것이지만 채권자취소소권(azione revocatoria)은 채무자의 적극적인 행위에 대한 것이다. 예컨대 채무자가 제3자에게 증여를 하여 재산을 감소시킴으로써 채권자의 만족 가능성을 해치는 행위에 대한 대응 수단이다.

(2) 요건

채권자취소소송에서 채권자는 다음과 같은 취소의 요건을 입증하여야 한다.

첫째, 채무자가 채권자의 권리를 침해하는 '재산처분행위'를 하였어야 한다. 증여와 같은 무상행위일 수 있고 매매와 같은 유상행위에서 비록 적절한 가격으로 처분한 경우도 해당된다. 채권자의 입장에서는 소비하거나 은닉하기 쉬운 금전보다는 실제적인 동산이나 부동산이 현존하는 것이 더욱 안정적이기 때문이다. 재산권을 상실시키는 것이 아니더라도 예컨대 아주 장기간의 임차권을 설정하여 활용하기 어렵게 만드는 것도 해당된다. 물적 담보설정도 취소의 대상이다. 물적 담보는 담보권자만의 우선변제를 확보하여 모든 채권자에게 필요한 일반 재산을 해롭게 하는 것이기 때문이다. 그러나 만기가 된 채무의 변제는 취소의 대상이 되지 아니한다.

둘째, 채권자의 권리를 만족시키는 것이 불가능하거나 어렵도록 재산을 감소시켜 '채권자를 침해하는 행위'일 것을 요한다. 따라서 채무자의 처분행위가 있더라도 모든 채권자를 만족시킬 수 있는 재산이 남아 있는 경우에는 채권자취소소권을 제기할 수 없다.

셋째, '채무자의 악의'가 있어야 한다. 채무자는 행위를 할 때 이 행위로 인하여 채권자의 권리가 침해될 것을 알고 있었어야 한다. 만약, 이러한 행위가 채권이 존재하기 전에 행하여진 경우에는 채무의 이행을 해하기 위하여 미리 고의적으로 행한 것임을 알고 있을 것을 요한다(제2901조 1항 1호).

넷째, 처분된 재산을 취득한 '제3자의 악의'가 있을 것을 요한다. 채권자취소소권으로 인하여 채권자와 채무자뿐 아니라 처분된 재산을 취득한 제3자도 취소로 인한 손해를 받을 수 있다. 따라서 이 제3자의 이익을 보호하기 위하여 민법은 제3자의 악의를 요구한다. 만약 이런 행위가 채권이 존재하기 전에 행하여진 경우에는 제3자가 고의적으로 이러한 예비행위에 가담하였을 것을 요한다. 그런데 이것은 오직 유상행위에만 해당된다는 것을 주의하여야 한다(제2901조 1항 2호). 무상행위에는 비록 제3자가 선의인 경우에도 취소할 수 있다. 이것은 신뢰보호원리(tutela dell'affidamento)에 기초하기 때문이다. 담보의 제공은 타인의 채무를 위한 경우에도, 피담보채권에 대한 보증과 같은 때에는 유상행위로 본다(제2901조 제2항).

(3) 효과

채권자취소소권의 효과는 무효소권이 아니어서 취소된 재산을 채무자의 재산으로 회복시키는 것이 아니다. 채무자의 사해행위는 유효한 것이어서 채무자와 취소된 물건을 취득한 제3자 사이에서 유효한 효과를 발생시킨다.

채권자취소소권은 단순히 사해행위를 '상대적으로 효력이 없도록 하는 것'(inefficacia relativa dell'atto)에 불과하다. 즉 취소소권을 제기한 채권자에 대해서만 효력이 없도록 하는 것이다. 구체적으로는 취소소송을 제기한 채권자를 위하여 채무자의 행위효력이 완성되지 않는 것으로 본다.

행위의 무효를 선고받은 채권자는 제3취득자를 상대로 계쟁행위의 대상인 재산에 대하여 비록 이 재산이 채무자의 재산이 아니고 제3취득자가 손해를 입는다고 해도 경매 또는 보존조치를 위한 소를 제기할 수 있다(제2902조 2항). 그리고 취소된 행위의 계약 당사자로서, 소권의 행사 또는 취소에 의하여 채무자에 대한 채권을 가지게 된 제3자는 그 채권을 변제받기 위하여 무효로 선고된 행위의 목적이 된 재산의 매각대금에는 참가하지 못한다. 다만, 취소를 청구한 채권자의 채권이 변제된 후에는 그러하지 아니하다(제2902조 2항).[88]

88 Vincenzo Roppo, pp. 314-315.

(4) 소권의 시효

취소청구소권은 행위가 있는 날로부터 5년이 경과하면 시효에 의하여 소멸한다(제2903조).[89]

(5) 채권자대위권과 채권자취소권의 차이점

채권자취소권의 채권은 자기의 이익을 위하여만 취소의 소권을 제기한다. 채무자의 사해행위는 소를 제기한 채권자와의 사이에서만 무효가 되고 다른 채권자들에게는 유효한 것이 된다. 그러나 채권자대위권은 모든 채권자의 이익을 위하여 대위의 소권을 제기한다. 따라서 채권자 중 어느 한 채권자가 제기한 한 번의 대위소권에 의하여 대위행사된 재산은 채무자의 재산이 되어 총채권자들의 책임재산이 된다.[90]

6. 보전적 가압류

소송 자체가 상당한 시간이 걸린다. 그런데 그 사이에 상대방이 자기 재산을 다른 곳에 처분하는 등의 행위로 소송에 의한 구제가 의미가 없어질 수 있으므로, 판결이 있을 때까지 임시로 현재 상태를 유지하도록 하는 일방적인 보전조치가 필요하다.

이러한 예비적 보존절차로서 채권자는 민사소송법이 정하는 바에 따라 채무자의 재산에 '보전적 가압류'(sequestro conservativo)를 해 줄 것을 청구할 수 있다. 양도무효의 선고를 청구하는 소를 제기한 때에는 채무자에게 속한 재산의 제3취득자에 대하여도 가압류를 청구할 수 있다(제2905조 1항).

압류(pignoramento)에 규정된 바에 따라, 가압류된 물건의 양도행위는 금지되지만, 만약 양도한 경우에도 가압류채권자에게는 효력이 없다(제2905조 2항).

---

89 파산절차에서의 채권자취소소권은 파산법 제64조 이하 규정에 의해 규율된다.

90 Francesco Galgano, p. 369.

7. 채권자 평등의 원칙과 우선권

(1) 채권자 평등의 원칙

지금까지 우리는 '채권자와 채무자 관계'에서의 채권 보장에 관한 문제를 살펴보았다. 만약 채무자의 재산이 모든 채권자들을 만족시키지 못한 경우에는 '채권자들'사이에, '채무자들'사이에서도 같은 문제가 발생한다. 이런 경우에 어느 채무를 희생시킬 것인지, 그 기준은 무엇인지에 관해서 살펴보기로 한다.

민법은 채권자들은 채무자의 재산으로부터 평등하게 변제받을 수 있는 '평등한 권리'(eguale diritto)를 가진다고 규정하고 있다(제2741조 1항)(채권자 평등의 원칙: parità di trattamento dei creditori). 이것은 일반적이고 추상적인 규정이고, 실제로 이러한 결과가 발생하는 경우는 드물다. 이 원칙의 의미는 일반적으로 채권자들 사이에 순위를 결정하는 일반적인 기준은 존재하지 않는다는 것이며, 누가 먼저 만족을 받아야 한다는 것에 대한 이론적 순위표는 없다는 것이다.

예컨대 1,500만 원의 재산을 가지고 있는 채무자에게 채권자 A가 2,000만 원 채권자 B가 1,000만 원의 채권을 가지고 있다면, 이들 채권자가 동등한 비율로 변제를 받는다면, A는 1,000만 원, B는 500만 원을 받게 된다. 그러나 이 원칙에는 여러 가지 예외가 있다. 첫째가 채무자가 선호하는 대로 우선적으로 변제를 하는 경우이다. 예컨대 위 예에서 채무자에게 또 다른 500만 원의 채권자 C가 있다고 하고, A와 B가 강제집행을 하기 전에 변제기가 먼저 도래한 채권자 C의 총 채권에 모두 변제하였다고 하자. 그렇다면 세 명의 채권자 중 C는 완전히 만족을 얻었고 A와 B는 그 나머지를 비율배당을 받을 뿐이다(각각 50%씩 깎인 상태가 된다). 두 번째는 개별적 집행의 경우다. 예컨대 C가 변제받은 후 A와 B의 채권에 강제집행되고 300만 원의 D 채권을 집행하였다고 하자. 이 경우 D는 채무자에게 재산이 없기 때문에 아무것도 얻을 수가 없게 된다. 이렇게 되면 네 개의 채권에서 하나는 완전 만족, 두 개 채권은 비율배당, 나머지 하나는 아무것도 받는 것이 없어 평등하게 변제되었다고 할 수 없다. 결국 복수의 채권자 모두가 하나의 절차에서 원고가 된 경우에만 평등변제가 될 것이다. 이런 예외에 속하는 가장 대표적인 경우는 '파산'의 경우이다. 그 이외의 경우로는 사단과 재단법인의 청산, 상속채권 등에서 볼 수 있다.[91]

(2) 우선변제권

현실적으로 위와 같은 평등변제보다는 다른 채권자보다 우선권이 인정되는 경우가 더 중요하다. '우선변제권'(prelazione)이 인정되는 채권은 세 가지다.[92] 선취특권(privilegi), 질권(pegno) 및 저당권(ipoteche)이다(제2741조 2항). 질권과 저당권은 담보물권이므로 물권으로서 당연히 우선권을 가지지만, 선취득권은 채권의 원인(causa) 내지 특별한 특성(natura, qualità)에 대하여 법률이 인정하는 것이다.

(3) 선취특권

'선취특권'은 채권의 원인을 참작하여, 법률에 의하여 부여된다(제2745조). 선취특권은 채무자의 특정재산을 담보하는데 이런 재산들로 우선적으로 변제를 받은 이후에 나머지 재산들로는 평등변제를 받게 된다.

선취특권의 종류는 일반적 선취특권과 특별선취특권으로 구분한다. 전자는 채무자의 모든 동산에 대하여, 후자는 특정한 동산 또는 부동산에 대하여 행사하는 경우다(제2746조).

'일반적 선취특권'(privilegio generale)은 모든 동산이 대상이다. 근로자의 보수나 의료비 · 식료품비 · 숙박비 등 근로자나 가족에게 필요한 채무나 부양

91 Vincenzo Roppo, p. 316.

92 그 결과 채권은 우선변제권이 인정되는 채권과 우선변제권이 인정되지 않는 일반채권으로 나누어 볼 수 있다.

채무 등에 인정된다. 즉 다음 각 호에 해당하는 채권은 다음의 순위에 따라 동산 위에 일반선취특권을 가진다. ① 관습에 따라 필요하다고 인정되는 장의비, ② 채무자의 최후 6월간의 생존기간 중에 지출된 의료비, ③ 필요한 최소한의 범위 안에서, 최후 6월간 채무자 및 그 가족의 의식주를 위하여 지출한 비용, ④ 법률의 규정에 의하여 부양할 의무가 있는 자에게 최후 3월간 지급한 부양료에 대한 채권 등이다(제2751조).

'특별한 선취특권'(privilegio speciale)은 채권과 특별한 연관이 인정되는 채무자의 동산이나 부동산이 대상이다. 예컨대 숙박료 및 기타 공급물에 대한 숙박업주(albergatore)의 채권은 숙박자가 숙박업소 또는 그 부속건물 내로 반입하고, 현재 그 안에 있는 물건 위에 선취특권을 가진다(제2760조 1항). 운송인의 채권으로서, 운송계약에 근거한 채권 및 세금을 선납한 운송인의 채권은 운송인이 현재 보유하고 있는 운송물 위에 선취특권을 가진다(제2761조 1항). 마찬가지로 수임자가 위임을 이행하기 위하여 보유하고 있는 위임자의 물건(제2761조 2항), 수탁자 또는 압류수탁자(sequestratario)를 위하여 기탁 또는 약정압류로부터 생긴 채권은 수탁자 또는 압류수탁자가 기탁 또는 압류에 의하여 보유하고 있는 물건 위에 선취특권을 가진다(제2761조 3항). 부동산에 부과된 국세채권은 그 부과된 부동산에 선취특권을 가진다. 즉 소득세, 법인소득세 및 이러한 소득에 부과되는 지방세에 대한 국가의 채권은 조세를 징수하는 그 영역 내에 있는 납세자의 모든 부동산 및 이러한 부동산으로부터 생기는 과실 및 임대료 위에 선취특권을 가진다(제2771조).

이 두 개의 유형은 서로 다른 효과를 가진다. 일반적 선취특권은 특별한 선취특권보다는 완화되어 있다. 일반적 선취특권은 그 목적이 되는 동산에 대한 제3자의 권리를 원칙적으로 침해하지 못하기 때문이다(제2747조 1항). 따라서 채무자가 자신의 동산을 제3자에게 인도한 이후에 발생한 선취특권의 대상이 되는 채권은 만족받을 수 없게 된다.

이에 비해 특별한 선취특권은 법률에 달리 규정된 경우를 제외하고, 그 원인이 되는 특별한 사정이 존재하는 한, 선취특권이 발생한 후 제3자가 취득한 권리를 침해하여서도 행사할 수 있다(제2747조 2항). 이 점에서는 물권의 특성을 함께 가지고 있다.

특별한 선취특권은 예컨대 숙박업자가의 채권은 현재 숙박업소 안에 있는 물건이어야 하고(제2760조 1항), 운송인의 채권은 운송인이 현재 보유하고 있는 운송물에만 한정되는 것처럼(제2761조 1항) 일정한 상황을 전제한다. 이것은 제3자를 보호하기 위한 일종의 공시의 기능을 하기 때문이다. 기계판매자의 경우에도 채권을 증명하는 문서를 등기한 때에만 인정하는 것도 마찬가지의 요구에 의한 것이다(제2762조).

선취특권 사이에서도 순위가 있다. 이에 대해서는 민법 2777조 이하에서 상세하게 규정되어 있다.

Ⅵ. 채권양도와 위탁, 참가, 채무인수

1. 의의

채무가 소멸되는 것이 아니라 단순히 채권과 채무가 변경되는 것을 검토하기로 한다. 적극적인 면에서의 '채권양도', 소극적인 면에서 채무의 주체가 변경되는 것으로서(successione nel debito), '위탁관계', '참가', '채무인수'가 있다.

2. 채권양도

(1) 양도 가능성과 그 제한

채권은 재산권으로서 원칙적으로 양도할 수 있다. 민법도 채권자(양도인: cedente)가 제3자(양수인: cessionario)에게 채무자(debitore ceduto)에 대한 채권을 채무자의 동의 없이 양도할 수 있음을 규정하고 있다(제1260조 1항). 양도가 되었더라도 채무가 변제되기 전까지는 채무는 소멸하지 않는다.

'채권양도'(cessione del credito)는 다음과 같은 경우에는 금지된다. 첫째, 일신전속적 성질을 가지거나(제1260조 1항), 둘째, 부양채권처럼 양도가 법률상 금지되는 경우(제1260조 1항; 제447조 등), 셋째, 일정한 범위에 속하는 자는 양수인이 되는 것이 금지된다. 예컨대 '법원의 판사, 문서과 공무원과 법원서기, 기타 법원직원, 변호사, 검사, 소송대리인 및 공증인은 중개인을 통하는 경우에도, 그 법원에서 당사자가 된 쟁송에 관계된 권리 또는 그 법원의 직무로 행사한 것에 관계되는 권리의 양수인이 되지 못하며 위반 시 그 양수행위는 무효이고 손해배상책임도 져야 한다(제1261조).

(2) 채권양도의 원인와 모습

채권양도는 유상 또는 무상으로 양도할 수 있다(제1260조 1항 후문). 채권양도의 원인은 증여 또는 매매대금을 받고 양도하거나, 교환의 대상으로 양도하거나(제1470조, 제1552조, 제769조), 또한 변제에 갈음하여 양도하는 경우 등 다양하다(제1198조). 채권양도의 모습도 팩토링, 추심목적 채권양도, 신탁적 양도, 증권적 채권양도 등 여러 가지가 있다.[93]

(3) 양도인과 채무자와의 관계

가. 양도행위와 통지·승낙 채권양도는 채무자의 동의가 없이도 양도될 수 있다(제1260조 1항). 채권이 양도되어 귀속이 변경되었음에도 채무자의 동의가 없더라도 무효가 아니라는 것이다. 양도인과 양수인 사이의 합의가 처분행위로서 채권양도 그 자체의 효과를 발생하기 때문이다.

따라서 채무자는 채권이 양도되었는지를 모르고 구채권자에게 변제를 하는 이중변제의 문제가 발생할 수 있다. 이런 문제점을 회피하기 위해서는 채권양도 시 채무자에게 양도 사실을 인식시키거나 채무자가 승낙할 수 있는 방법이 필요하다. 따라서 민법은 채권양도 시 채무자가 이를 승낙한 때 또는 그에게 통지된 때 채무자에 대하여 효력을 갖는다고 규정하고 있다(제1264조 1항).

양수인을 알고 난 이후에는 양도인에게 변제를 하여도 채무가 소멸되지는 않는다. 만약 인식이나 승낙 없이 양도된 경우에는 양도인에게 변제한 채무는 소멸하지만, 통지 전에도 양수인이 채무자가 양도를 알고 있었음을 입증한 때

93 팩토링(factoring)에 대해서는, Francesco Macioce, p.14.

에는, 양도인에게 변제한 채무자는 그 채무를 면하지 못한다(제1264조 2항).

채권양도에 대한 인식이나 승낙은 동일한 채권에 대한 수인의 채권양수인들 사이에도 누가 채권자인지를 결정해 준다. 예컨대 먼저 X에게 양도한 이후에 Y에게 양도된 경우에, 자동적으로 먼저 취득한 X가 우선되는 것이 아니라, 최초로 채무자에게 통지된 양도 또는 최초로 확정일부 있는 증서를 가지고 채무자가 승락한 양도가 우선한다(제1265조 1항). 이것은 채권이 용익권 또는 저당권의 목적으로 된 경우에도 적용된다(제1265조 2항).

나. 양도의 효과 채권양도로 채권자가 바뀌었더라도 채권은 그대로 동일성을 가지고 이전한다. 따라서 종래의 채권을 확보하기 위한 담보도 채권양수인을 위하여 그대로 존속한다. 그러나 동일성에 의한 양도라도 양수인에게 단섬이 되는 경우가 있다. 양도되는 채권은 동일성이 유지되므로 채무자는 이 양도되는 채권에 관련된 각종의 이의를 제기할 수 있기 때문이다. 예컨대 채권양도인과 채무자 사이에 채권발생을 목적으로 하는 계약이 무효로 되었다면 채무자는 양수인에게 무효의 항변을 할 수 있다. 또한 채무자가 대립되는 채권과 상계를 한 경우에도 단순 승낙을 한 경우를 제외하고는 대등액만큼 채무가 소멸되었다는 항변도 할 수 있다(제1248조).[94]

(4) 양도인과 양수인의 관계

양도인과 양수인의 관계에서는 채무자가 지급을 하지 않는 경우에 어떠한 법률관계가 전개될 것인지가 가장 핵심적인 문제가 된다. 두 가지로 나누어 살펴볼 수 있다.

첫째, 양도인은 양수인에게 채권 자체에 대한 담보책임이 있다(*pro soluto*). 즉, 양도가 유상으로 행하여진 때는 양도인은 양도 당시의 채권의 존재를 담

94 신용증권에 의한 항변에 대해서는 제1993조, 제1994조 참조(Francesco Galgano, p. 372).

보하여야 한다. 마치 매매에서 매도인이 물건의 품질에 대하여 담보책임을 지는 것과 같다. 이런 담보책임은 약정에 의해 배제할 수 있지만 양도인은 언제나 자기의 행위에 대하여 책임을 져야 한다. 만약 양도가 무상으로 행하여진 경우에는 법률이 증여자에게 추탈담보책임을 인정하는 경우와 그 범위 내에서만 담보책임을 진다(제1266조).

둘째, 양도인이 채무자의 지급능력을 담보한 경우도 있다(*pro solvendo*). 양도인은 원칙적으로 채무자 지급능력에 대해서는 책임을 지지 아니한다. 그러나 양도인이 지급능력을 담보한 경우에는 수령한 것을 한도로 책임을 지고, 나아가 이자를 지급하며, 양도비용을 상환하고 양수인이 채무자에게 권리를 행사하는 데 부담한 비용을 상환하며, 손해배상을 하여야 한다. 양도인의 책임을 가중시키는 어떠한 약정도 그 효력이 생기지 아니한다(제1267조 1항).[95]

그러나 양도인이 채무자의 지급능력을 담보한 경우라도 채무자의 지급불능으로 채권의 실현이 충족되지 못한 이유가 당해 채무자에 대한 소제기를 하거나 이를 수행할 때에 양수인의 부주의로 인한 경우에는 담보책임은 종료된다(제1267조 2항).[96]

3. 위탁관계

(1) 채무의 위탁관계

가. 의의 채무의 '위탁관계'(delegazione di debito)에서는 삼면 관계가 형성된다. 위탁자인 채무자 A(delegante), 위탁수익자인 채권자 B(delegatario), 수탁자인 제3자를 X(delegato)라고 하자. 위탁자인 채무자 A와 위탁수익자인 채권자 B와의 관계(rapporto di valuta)에서 A는 B에게 2천만 원의 대부금상환채무를 부담하고, 위탁자 A와 수탁자 X와의 관계에서는 A가 X에게 2천만 원의 물건구

95 'clausola salvo buon fine'에 대해서는 Francesco Galgano, p. 373.

96 Vincenzo Roppo, pp. 285-287.

입대금을 받아야 하는 채권이 있다고 했을 때, 위탁자 A가 수탁자 X에게 위탁수익자인 채권자 B에게 부담하고 있는 채무를 인수하도록 요청(ordine)하는 경우를 '위탁관계'라고 한다. 이 경우 X는 B에게 채무를 부담하게 된다.[97] 위탁자 A는 수탁자 X가 위탁수익자 B에 대한 채무를 인수하기 전이나 변제를 하기 전까지는 그 위탁을 철회할 수 있다(제1270조).

위탁수익자인 B는 수탁자 X의 채무인수를 거부할 수 있다. 그러나 거부를 하지 않거나(제1333조) 승인을 한 경우에는 A와 B 사이와 동일한 내용의 채무를 X가 부담하게 된다. 이런 위탁관계가 인정되면 A와 B, A와 X 사이의 두 개의 채무관계가 아니라 실질적으로 B와 X 사이의 한 개의 채무관계가 되므로 경제적일 수 있다.

나. 유인관계와 무인관계 A와 B 사이의 관계가 존재하지 않거나 결함이 있다면 위탁관계에 영향을 준다. 다음과 같이 두 가지로 나누어 검토할 수 있다.

만약 수탁자가 위탁수익자에게 채무를 부담하는 것이 '유인관계'(delegazione titolata)라면 수탁자가 채무를 인수하는 원인관계(causale)의 영향을 받는다. 예컨대 수탁자 X가 위탁수익자 B에게 2천만 원의 채무를 지는 것은 위탁자 A와 수탁자 X 사이에 물건을 인수한 대가로 2천만 원을 주어야 하는 채무가(rappoto di provvista) 위탁자 A가 위탁수익자 B에게 빌린 돈 2천만 원 채무로(rapporto di valuta)로 변경된 것이다. 이 원인관계에 결함이 있다면 예컨대 빌린 돈을 갚았다든지 매매가 무효가 되었다면 수탁자는 채권자에게 항변을 하고 채무이행을 거절할 수 있다(제1271조 3항).

이에 반해서, '무인관계'(delegazione pura)라고 하면 원인관계에 영향을 받지 않는다. 예컨대 위 예에서 수탁자는 위 결함을 가지고 반대하지 못하고 채무

97 채무자가 채권자에게 채무를 부담하는 신채무자를 지정하고(제1268조 1항), 채무자 A의 위탁에 신채무자(X)가 승인하여 채권자(B)에게 표시하면 X는 B에게 채무를 부담하게 된다(Francesco Galgano, p. 374).

이행을 거절할 수 없다(제1271조 3항).

그런데 무인성의 원칙은 두 개의 원인관계가 모두 무효인 경우에는 그대로 순수하게 적용될 수 없다. 물론 어느 하나의 원인관계일 때는 합리적 이유가 있다. 예컨대 위 예에서 매매가 무효라고 할 때 무인으로만 보아야 위탁수익자의 효용을 보존해 줄 수 있기 때문이다. 그러나 두 원인관계가 모두 무효라면 위탁수익자의 효용까지도 존치해 줄 이유가 없어지고 위탁관계는 아무런 의미가 없어지기 때문이다(제1271조 2항 단서).

다. 위탁의 효과—병존적 위탁과 면책적 위탁 위탁의 효과는 위탁자의 지위가 병존적인지 면책적인지에 따라 달라진다.[98]

병존적 위탁관계에서는 위탁자의 채무가 그대로 있고 수탁자가 새로운 채무자로 들어와서 연대채무관계가 된다. 그러나 위탁자가 수탁자보다 유리하다. 채권자는 먼저 수탁자(delegato)에게 이행을 청구한 후가 아니면 위탁자(delegante)에 대하여 변제를 청구할 수 없기 때문이다(제1268조 2항).

면책적 위탁관계는 채권자가 명시적으로 위탁자의 채무를 면제한다고 표시한 경우에 발생한다. 위탁자는 직접적으로 채무를 면하게 되고, 수탁자만이 채무를 진다(제1268조 1항). 이것은 주체의 변경에 의한 경개가 된다(제1235조·제1268조 1항).

(2) 지급위탁

'지급위탁'(delegazione di pagamento)은 채무의 위탁관계와 달리 수탁자(delegato)가 위탁수익자(delegatario)의 채무자가 되지는 않는다. 지급위탁은 수탁자와 위탁수익자 사이에 직접적인 지급관계만 발생하기 때문이다. 종전 채무자

98 "채무자가 채권자에게 채무를 부담하는 신채무자를 지정하더라도 본래의 채무자는 그 채무를 면하지 못한다. 다만, 채권자가 그 채무를 면제한다는 뜻을 명시적으로 표시한 때는 그러하지 아니하다"(제1218조 1항). 따라서 병존적 위탁관계가 원칙이다.

는 그대로 채무자로 있으면서 수탁자는 지급수단으로서만 이용되는 경우를 말한다. 지급을 위해 위탁을 받은 제3자는 비록 그가 위탁자의 채무자인 경우라도, 이 임무를 승낙하여야 할 의무는 없다(제1269조 2항).

예컨대 은행에 대해 지급을 지시하거나 이용계좌(utente)를 통하여 이체를 하는 경우 등이다. 여기에도 채무의 위탁관계에서 살펴본 두 가지 원인관계가 모두 존재하며, 위탁자는 자신의 계좌를 이용할 수 있는 의무를 다하여야 한다.

4. 참가

'참가관계'(espromissione)는 위탁에서의 지시가 아니라 자발적으로 제3자(참가자: espromittente)가 피참가자(본래의 채무자: espromesso)의 참가수익자(채권자: espromissario)에 대한 채무를 인수하는 것이다. 위탁(delegazione)과의 차이점은 제3자가 스스로 채무를 부담하는 행위를 한다는 점에서 다르다. 예컨대 남편의 채무에 대하여 처가 채권자를 찾아가서 남편의 빚을 자신이 갚겠다고 하는 경우이다.

종래 채무자와의 관계는 채권자가 명시적으로 본래 채무자의 채무를 면제한다는 뜻을 표시하지 않는 한 연대채무관계이다(제1272조 1항).

채권자에 대한 참가자의 항변관계는 두 가지로 나뉜다(일부 무인관계).

(1) 본래 채무자와 참가자 관계의 항변

다른 합의가 없는 경우에는, 제3자는 채권자에게 본래의 채무자와 자기와의 관계에 관한 항변으로 대항할 수 없다(1272조 2항).

(2) 본래 채무자와 채권자 관계의 항변

이에 반하여 본래의 채무자가 채권자에게 대항할 수 있는 항변은 그것이 본래 채무자의 일신에 전속하거나 참가 후의 행위에 의하여 발생한 것이 아닌 한,

채권자에게 대항할 수 있다. 그러나 본래의 채무자가 대항할 수 있는 상계는 비록 참가 전에 발생한 경우에도 이 상계를 가지고 채권자에게 대항할 수 없다(제1272조 2항).

5. 채무인수

(1) 의의

'채무인수'(accollo)는 제3자(accollante)가 채권자(accollatario)에 대한 채무자(accollato)의 채무를 인수하기로 채무자와 제3자 사이에 합의가 이루어진 것을 말한다. 참가(espromissione)는 참가자와 참가수익자와의 계약이지만, 채무인수는 채무자와 인수인 사이의 계약인 점에서 다르다. 또한 채권자의 동의에 의한다는 점이 다른 것과 구별된다.

예컨대 건물을 구입하는 경우에 매수인이 건설업자나 매도인에게 대금의 일부를 지급한 후에 나머지 대금은 건설업자나 매도인이 은행에 대해 부담하고 있는 융자채무를 인수하는 경우이다.

(2) 종류

채무인수에는 채권자의 태도에 따라 두 가지로 나뉜다.

첫째, 내부적 채무인수(accollo interno)로서, 채권자가 이들의 합의에 동의를 해 주지 않은 경우이다. 제3자에 의한 인수는 언제나 철회할 수 있다.

둘째, 외부적 채무인수(accollo esterno)로서, 채권자가 이들의 합의에 동의를 해 준 경우이다. 승인 후에는 그의 이익을 위하여 이 합의를 철회할 수 없으며(제1273조 1항), 제3자는 확정적으로 채권자에 대한 채무자가 된다.

(3) 효과

제3자가 확정적으로 채무인수인이 된 경우에 종래 채무자와의 관계는 연대채무관계가 되거나 면책적 채무인수관계가 된다.

가. 연대채무관계 본래채무가 해방되지 않으면 연대채무관계가 된다(제1273조 3항).

나. 면책적 채무인수관계 본래채무가 해방된 경우이다. 다만 다음의 두 조건을 충족해야 한다. 첫째, 채권자의 승인이 이들의 합의에서 명시적 조건을 구성하거나, 둘째, 채권자가 명시적으로 표시한 경우에 한해서 본래 채무자는 해방된다(제1273조 2항).

명시적 조건을 구성하는 경우란 채권자가 자신이 유리한지 여부와 그 한도를 검토를 한다는 것을 의미한다. 따라서 제3자는 합의를 승인한 채권자에 대하여 채무를 인수한 한도에서 채무를 부담하며, 인수의 근거가 된 계약에 기초한 항변으로써 채권자에 대항할 수 있다(제1273조 4항).[99]

6. 주체변경 시의 공통적 규율관계

채권양도, 위탁, 채무인수 세 가지 경우에서 본래의 채무자가 면책되는 경우에는 다음과 같이 규율된다.

(1) 담보의 소멸

채권자가 본래의 채무자를 해방하는 경우에 담보를 제공한 자가 명시적으로 이것을 유지하는 데 동의하지 않는 경우에는 그 채권에 종속되어 있는 담보는 소멸한다(제1275조).

99 '계약인수'(cessione del contratto)에 대해서는, Francesco Galgano, p. 376.

(2) 신채무의 무효

채권자가 본래의 채무자를 해방한 경우에 신채무자가 채권자에 대하여 인수한 채무가 무효로 선고되거나 취소된 경우에는 본래의 채무는 부활하지만, 채권자는 제3자에 의해 제공된 담보를 이용할 수 없다(제1276조).

(3) 신채무자의 지급불능

신채무자가 지급불능이 된 경우 본래의 채무자에 대하여 소권을 갖지 못한다. 다만 명시적 유보가 있거나(제1274조 1항), 인수의 명시적 조건이 있는 경우(제1274조 3항)에는 그러하지 아니하다. 단 이 규정은 참가(espromissione)의 경우에는 적용되지 않는다(제1274조).[100]

---

100 Vincenzo Roppo, pp. 287-291.

제2장

계약

I. 계약의 의의와 계약의 유형

1. 계약의 의의

계약은 사법 전체를 통들어서 가장 중요한 제도라고 할 수 있다. 계약은 민법뿐만 아니라 다른 특별법에서 또한 다른 제도와도 연관되어 있으므로 이런 관련성 있는 제도를 체계적으로 검토하는 것이 계약을 명확히 이해하는 데에 도움이 된다.

계약은 예컨대 'A와 B 사이에 2011년 6월 20일에 계약이 체결되었다'라거나 'X가 물건을 미성년자에게 매매한 때는 효력이 없다'고 할 때는 합의로서의 '행위'(atto)를 의미한다(fattispecie). 만약 '남편이 죽으면 배우자는 남편의 임대차계약을 승계한다'고 하였을 때나 'A와 B의 계약은 6개월 후에 종료된다'고 할 때는 계약'관계'(rapporto)를 말한다(effetti). 앞으로 적절하게 이 두 가지 용어를 사용하기로 한다.

'계약'(contratto)이란 당사자 사이의 '법률관계'를 설정, 규율 또는 소멸시키기 위한 2인 또는 수인 사이의 합의를 말한다(제1321조).[1] 이 정의에서 계약은

1 민법에서 계약은 물권취득의 방법(제922조에서 제1172조)과 급부의 권원(fonti delle obbligazione: 제1173조)으로 기능한다. 민법은 이 두 가지 기능을 규율한 후에 제1321조에서 개념을 규정하고 있다.

첫째, 법률행위이고, 둘째, 쌍방행위이고, 셋째, 재산행위라는 점을 추론할 수 있다.[2]

(1) 법률행위에서의 '의사'

법률행위가 계약행위일 때, 주체의 '의사'(volontá) 그 자체가 직접적으로 행위에서 도출되는 법적 효과를 발생시킨다. 제1321조는 이것을 당사자 사이의 법률관계를 설정, 규율 또는 소멸시키기 위한 합의(accordo)라고 규정하고 있다. 합의란 계약를 한 당사자의 '의사' 그 자체이다. 이 의사의 목적은 법률관계를 만드는 것, 즉 법률효과를 창조하는 것에 있다(사적 자치의 적극적인 면).

법적 효과를 발생시키는 다른 행위(예: 위법행위)나 사실(예: 시효취득)은 어떤 의사적인 태도를 취하지 않는다는 점에서 법률행위와 구별된다.

만약 어느 운전사가 히치하이킹을 하는 통행인의 요구를 들어준 경우라도 이들이 계약을 맺은 것은 아니다. 여기에는 법적 관계, 특히 법적 채무를 맺고자 하는 의사가 없기 때문이다. 이것은 '호의관계'에 불과하다. 물론 이 경우에 운전수가 잘못 운전하여 동승한 통행인에게 손해를 준 경우에 법률관계로 전환될 수 있지만, 이것을 당사자가 숙고 끝에 합의한 계약상 효과라고 할 수는 없고 비계약적 효과(extracontrattuale)에 속한다. 호의계약도 무상으로 하는 것이지만 무상으로 운송해 주는 법적 계약과의 관계가 분명하지 않다. 법률적 의사가 있었느냐 여부라는 한 개의 기준으로 현실적으로 그 윤곽을 그려 내기는 쉽지 않기 때문이다.

결국 계약에서는 의사에 관한 요소가 기본적이고 중심적인 요소가 된다. 의사는 계약을 사적 자치의 원리와 연결시킨다. 즉 계약이 사적 자치를 실현하는 데 중요한 도구가 되는 것이다.

2 '사적 자치'(autonomia)는 문언상 그 자체가 '법'(legge)이다. 사적 자치 또는 법은 동전의 양면처럼 소극적인 면(제1236조, 제1372조)과 적극적인 면이 있다(Francesco Galgano, pp. 173-175).

계약상 의사와 관련해서는 두 가지 점을 검토하여야 한다. 첫째, 계약상 의사는 엄격한 형식을 요하는 것도 엄격한 심리적인 것도 아니다. 예컨대 매매계약에서 매도인의 의사는 물건에 대한 권리가 매수인에게 일정한 가격으로 넘어가는구나(passa)라는 정도의 의사로 족한 것이다. 거시적으로 계약의 법경제적인 이른바 경험적 의도(intento empirico)를 말한다. 또한 의사는 계약에서 의도하는 것과 매매규정과 일치하여야 하는 것은 아니며, 계약의 심리적이고 주관적인 표명은 배제된다. 둘째, 계약상 의사가 일반적 이익에 위반되어 받아들일 수 없는 경우에는 법률이 계약적 의사와는 다르게 또는 이를 고려하지 않고 규율할 수 있다는 점이다.[3]

(2) 쌍방행위로서의 '합의'

가. 쌍방행위 제1321조에 의하면 계약은 '합의'(accordo)를 말하고 이것은 '쌍방행위'(atto bilaterale)로서 단독행위와 구별된다. 또한 단독행위와 달리 계약은 사적 자치의 자유 이념을 실현하는 수단이 된다. 자신의 의사 없이 또는 의사와 달리 자신의 법적 범주나 법적 상황이 변경되는 것을 회피할 수 있다는 것을 의미한다. 예컨대 매매나 증여계약에서 자신에게 불리한 법적 효과는 그의 의사 없이 부과할 수 없다. 채무면제계약에서 상대방 채무자에게는 유리한 것임에도 불구하고 '채무자가 상당한 기간 내에 그 이익을 받지 않겠다는 의사를 표시한 때'에는 면제의 효과가 발생하지 않는다(제1236조 단서)고 규정하고 있다(사적 자치의 소극적인 면).

나. 단독행위 이해관계인의 합의가 없음에도 불구하고 단독으로 효과가 발생하는 경우가 '단독행위'(atto unilaterale)이다(제1387조, 제1987조). 단독행위인지 여부가 명확하지 않은 경우들도 있다. 예컨대 제한물권의 포기, 승역지의

3 Francesco Macioce, pp. 133–135.

위기(委棄)(제1070조: Abbandono del fondo servente)가 대표적이다. 또한 일방적 파기(제1373조)처럼 타인에게 불이익을 주는 단독행위도 있다. 이런 경우는 합의에 의한 경우도 있지만 법률의 규정에 의한 것도 있다.[4]

(3) 재산행위

제1321조의 계약은 재산행위을 말한다. 당사자의 합의내용이 재산적인 것이 아니면 합의는 엄밀한 의미에서는 계약이 아니다. 이런 점에서 혼인(accordo degli sposi)은 계약이 아니지만[5]부부재산계약(convenzioni matrimoniali)은 부부의 재산관계를 규율한다는 점에서 계약에 속한다.

그런데 계약은 언제나 경제적 행위와 목적을 가진다고는 할 수 없다. 예컨대 문화사단(社團)을 설립하는 것과 같이 경제적 이해관계와 별로 관계없는 것들도 있다. 채권의 목적인 급부는 재산적 성질을 가져야 하지만, 채권자의 이익과 일치하는 경우에는 비재산적인 것도 무방하기 때문이다.

(4) 계약의 객관화

18세기의 사권원리에서는 '의사의 원리'(dogma della volontà)가 지배하였다. 계약 원리상 당사자의 의사가 계약의 조건이고 절대적인 것이었다. 그러나 현대적 사권원리에서는 당사자의 의사가 계약의 기초는 되지만 계약의 조건이라는 의미로 엄격하게 적용되지는 않는다. 현대의 객관적인 추이는 이런 심리적인 요소에서 점점 독립적인 것이 되어 가고 있다. 이런 '의사의 원리'에서 '계약의 객관화'(oggettivazione del contratto)로의 경향은 현대적 사회경제체계에서 다양한 이익의 요구와 일치한다.

---

4 계약행위와는 '유형의 개방성', '한정적', '일반원리의 부재'라는 점에서 차이가 있다(Francesco Galgano, p. 176).

5 Vincenzo Roppo, p. 331; Francesco Macioce, p. 132.

첫째, 무엇보다도 대중사회에서 재화와 서비스의 구입에 계약들이 '표준화'하고 '자동화'하는 점이다. 이런 영역에서는 계약이 표준화하여 당사자의 실제적인 의사가 상당히 축소된다. 둘째, 계약 당사자의 '신뢰보호'이다. 이것도 주체의 내부적 의사의 객관화와 관련하여 의사보다는 공시를 우선시하는 것이다. 예컨대 무능력자선고라든가 착오의 경우도 상대방이 인식할 수 없는 경우에는 유효가 된다. 셋째, 계약의 '기능'에 관한 요구가 있다. 당사자들의 주관적인 의사가 아닌 좀더 거시적이고 외부적인 기준으로서 계약 전체에 관하여 관습이라든지 형평이라는 이름으로 계약상 규율을 하는 것이다. 이것 없이는 당사자들의 계획과 이익이 좌절되어 계약이 기능할 수 없게 될 수도 있기 때문이다. 넷째, 현대 민주사회국가의 법질서에서는 비록 개인적인 의사와 사적 자치에 위반되더라도 강행규정이나 사적 자치를 대체할 메커니즘을 도입하여 '일반적 이익'을 보호하려고 한다는 점이다.[6]

2. 계약의 유형

계약의 성질과 내용에 따라 계약의 유형은 다양하게 분류할 수 있다. 매매나 증여 등 정형적인 계약과 그 내용은 채권법 제3편 '개별계약' 편에서 검토하기로 하고, 여기서는 그 이외의 유형을 다루기로 한다.[7]

(1) 당사자 계약과 다수 당사자 계약

'당사자 계약'(contratti bilaterali)은 서로 대립하는 2인 사이의 계약임에 비하여, '다수 당사자 계약'(contratti plurilaterali)은 2인보다 많은 다수의 당사자들 사이의 계약을 말한다.

---

6 Vincenzo Roppo, p. 438.

7 계약의 일반규정(총칙)으로 제1321조-제1469조이 있고, 모든 계약은 이 일반규정에 따라야 한다(제1323조).

(2) 집합적 계약과 교환적 계약

'집합적 계약'(contratti associativi)은 다수 당사자 계약 중 공동의 목적을 갖고 있는 경우이고(제1420조), '교환적 계약'(contratti di scambio)은 공동의 목적이 없이 규범적으로 서로 대립되는 각자의 목적을 추구하는 계약을 말한다.

(3) 유상계약과 무상계약

'유상계약'(contratti onerosi)은 당사자가 서로 경제적 대가관계를 갖고 있는 계약이고, '무상계약'(contratti gratuiti)은 경제적 대가관계가 없는 계약을 말한다.

(4) 편무계약과 쌍무계약[8]

'편무계약'(contratti con obbligazioni di una sola parte; contratti unilaterali)은 당사자 중 일방만이 채무를 부담하는 계약이고, '쌍무계약'(contratti con prestazioni corrispettive)은 당사자가 법률적으로 서로 대가성이 있는 채무를 부담하는 계약을 말한다.

(5) 사행계약과 실증계약

'사행계약'(contratti aleatori)은 사행성이 있는 계약을 말하고, '실증계약'(contratti commutativi)은 기술적인 면에서 급부가 우연적으로 결정되는 사행성이 없는 계약을 말한다.

(6) 그 외

형식상 요건에 의한 분류로서 '낙성계약'(contratti consensuali)과 '요물계약'(contratti reali), '요식계약'(contratti formali)과 '불요식계약'(contratti non formali)이 있다. 내용 내지 해석상 분류로서는 '전형계약'(contratti tipici)과 '비전형계

8 프랑스 민법에서의 'contrats synallagmatiques'를 의미한다.

약'(contratti atipici)이 있다. 계약상 효과에 따른 분류로는 '형성적 계약'(contratti di attribuzione)과 '확인적 계약'(contratti di accertamento: 화해나 분할계약), 채권계약(contratti con effetti obbligatori)과 물권계약(contratti con effetti reali), 일시적 계약(contratti con effetti istantanei)과 계속적 계약(contratti di durata)으로 나눌 수 있다.[9]

9 Vincenzo Roppo, pp. 332-337.

II. 계약의 성립

1. 계약의 성립

계약은 인간의 의지에 의하여 규율된다는 점에서 이상적(ideologica)이고, 규범적 관점에서는 인간의 대립하는 이해충돌을 계약이라는 형식으로 해결한다는 의미에서 입법에서의 정치적 결단이라고도 할 수 있다.[10]

계약의 성립(formazione) 과정에 관한 법적 절차는 상대적인 것으로서, 각각의 법질서마다 각 시대마다 계약의 형성을 규율하는 법적 절차는 달랐다.

이탈리아 민법에서는 첫째 모든 계약에 해당하는 기초적인 모델로서 청약과 승낙의 의사표시를 두고, 둘째 특정한 계약의 체결에 관련된 특수한 모델이 있다.

(1) 청약과 승낙

가. 의의 계약은 가장 간단하게 동일한 시간에 동일한 장소에서 내용상 합의를 보는 경우도 있고, '장소' 때문에 편지나 전보, 텔렉스 등의 방법을 취하거나, '시간'적으로 단계를 두고 계약체결이 진행해 나가는 경우도 있다. 이런 복잡한 현실을 정리하기 위해서 법률은 계약체결에서 두 개의 요소를 개별화

10 Vincenzo Roppo, pp. 339-340.

하고 있다. 즉 '청약'(proposta)과 '승낙'(accettazione)의 의사표시이다.

나. 계약의 체결 민법은 "계약은 청약을 한 자가 상대방의 승낙을 안 때에 체결된다"(제1326조 1항)고 규정하고 있다(요지주의). 우리 민법상의 도달주의와는 달리 승낙을 알았다는 '인식'(conoscenza)은 주체의 내부적인 범주에 속하는 정신적인 것이라서 문제된다. 예컨대 선량하지 못한 승낙자 중에는 편지를 뜯어보거나 읽는 것을 잊어버렸다고 하면서 계약이 성립되지 않았음을 주장할 수도 있기 때문이다. 그래서 민법은 인식을 추정하는 규정을 두었다. 특정인에 대한 청약, 승낙, 철회 및 기타 모든 표시는 상대방이 자기의 과실 없이 통지수령이 불가능한 상태였음을 입증하지 않는 한 상대방의 주소에 도달한 때에 안 것으로 추정한다(제1335조). 예컨대 병원에 입원해 있었다든지, 미국에 여행을 하고 있어서 통지를 받을 수 없었음을 입증하지 못하는 한 도달 시에 인식한 것으로 추정해 준다는 것이다.

그런데 비록 승낙이 청약자에게 도달되었더라도 계약이 성립되지 않을 수도 있다. 승낙이 늦게 도달한 경우이다. 승낙은 청약자가 정한 기간 내에 또는 사무의 성질이나 관습상 통상적으로 필요한 기간 내에 청약자에게 도달하여야 하기 때문이다(제1326조 2항). 다만 청약자가 상대방에게 지체없이 통지한다면 지체된 승락이라도 유효한 것으로 볼 수 있다(제1326조 3항).

승낙이 청약과 일치(conforma)하여야 한다는 것은 당연한 것이다. 청약에 일치하지 않는 승낙은 새로운 청약으로 본다(제1326조 5항).

예컨대 침대방에 있는 갑 화가의 그림을 사려고 하였는데 상대방은 작업실에 있는 갑 화가의 그림을 팔려고 한 경우처럼 청약과 승낙이 일치한 것처럼 보이지만 실제로는 당사자는 서로 다른 것을 의욕한 경우에는 불합의(dissenso)가 된다.

(2) 이행에 의한 계약의 성립

계약 중에는 청약자의 청구 또는 사무의 성질이나 관습에 따라 상대방이 승낙을 하기 전에 이행을 하는 경우가 있다. 예컨대 소매상 A가 도매상 B에게 일정량의 물건을 주문하는 경우에 B가 이것를 승낙하겠다고 계약서에 기재하기 전에 바로 물건을 보내는 것이 통상적이다. 민법은 이런 경우에 계약은 그 이행을 개시한 시점과 장소에서 체결된 것으로 본다(제1327조 1항). 다만 승낙자는 개시된 이행을 곧 바로 상대방에게 통지하여야 하며, 통지를 하지 아니한 경우에는 손해배상책임을 진다(제1327조 2항).

(3) 청약 거절이 없음으로 인한 계약의 성립

계약 중에는 예컨대 채무면제처럼 청약자에게만 의무를 부담시키는 계약이 있다. 이런 경우에는 승낙자의 거절이 없으면 계약은 체결된 것으로 본다(제1333조 2항).

(4) 물건의 인도로 인한 계약의 성립

일반적으로 물건의 인도는 계약의 성립에 필요한 요소가 아니고, 이미 성립된 계약의 이행을 구성하는 요소이다. 이런 계약을 '낙성계약'(contratti consensuali)이라고 한다. 이에 비하여 요물계약(cotratti reali)은 합의만이 아니라 물건을 인도한 때에 계약이 성립된다.

(5) 공개된 계약에의 참가

사단계약처럼 원래 계약의 당사자들 이외의 다른 당사자들이 이후에 참가할 수 있도록 '공개된 계약'(contratti aperti)이 있다. 민법은 세 가지 기준을 확립하고 있다.

첫째, 참가의 태양(態樣)이 정하여져 있는 경우에는 이에 따르고, 둘째, 참가의 태양이 정하여져 있지 아니한 때에는 계약의 실행을 위하여 구성된 기관을 상대로 참가하고, 셋째, 이것도 없는 경우에는 본래의 계약 당사자 전원을 상대로 참가하여야 한다(제1332조).

(6) 불특정 다수인에 대한 청약

예컨대 슈퍼마켓에서 손님들에게 정찰제 가격으로 물건을 판매하는 경우와 같이, 불특정 다수인에 대한 청약(공시청약)은 청약의 특수한 형태이다. 청약은 통상적으로 특정한 자에게 하기 때문이다.

불특정 다수인에 대한 청약은 진정한 청약이어야 한다. 슈퍼마켓에 들어온 손님이 물건을 사겠다는 의사를 표시하면 바로 계약이 성립되는 것처럼 이해관계인의 승낙으로 바로 계약이 성립될 수 있어야 한다. 여기에는 두 개의 조건이 필요하다(제1336조 1항). 첫째, 계약의 본질적 요건이 포함되어 있어야만 청약으로서 효력을 가지게 된다. 둘째, 여러 사정이나 관습에 의하여 다른 결과가 생기지 않는 경우이어야 한다. 예컨대 신문에 아파트 임대차 광고가 나왔다고 하자. 실제로 계약을 체결하기 전에 소유자는 임차인을 만나서 거부할 수도 있기 때문에 이 광고에 대해 승낙을 하였다고 해서 계약이 성립되지는 않는다. 이런 경우는 청약이 아니라 '청약의 유인'(invito a proporre)이다.[11]

불특정 다수인에 대한 청약의 철회는 청약과 동일한 방식 또는 동일한 가치의 방식으로 행하여진 때에 이 철회의 통지를 받지 않았던 자에 대하여도 효력이 있다(제1336조 2항).

2. 계약의 변화

계약이 성립된 이후에 당사자가 사망하거나 무능력자가 되거나 철회 또는 취소가 되는 경우가 있다.

11 청약의 유인에 대해서는, Francesco Galgano, pp. 178-179.

(1) 계약 체결 이후 사망 또는 무능력자된 경우

민법은 두 개의 규정을 두고 있다. 첫째, 청약자가 청약을 일정한 기간 유지할 의무가 있는 경우에, 청약자가 사망하거나 그 후 무능력으로 되어도 청약은 그 효력을 상실하지 아니한다. 다만, 사무의 성질이나 기타의 사정상 그 효력이 배제되는 경우에는 그러하지 아니하다(제1329조 2항).

둘째, 기업가의 계약은 비개인적 성격을 가지고 있기 때문에, 기업가가 그 기업의 집행에 관해서 청약 또는 승낙을 한 경우에 그 기업가가 계약을 체결하기 전에 사망하거나 무능력으로 된 때에도 청약 또는 승낙은 그 효력을 상실하지 아니한다. 다만, 소기업인에 속하는 경우 또는 사무의 성질 또는 기타 사정에 의하여 이와 다른 결과가 생기는 경우에는 그러하지 아니하다(제1330조).

(2) 계약의 철회

계약이 성립된 이후에 계약을 철회(revoca)할 수 있는지, 그 요건이 무엇인지에 대해 민법은 청약과 승낙에 대하여 규정하고 있다.

첫째, 청약은 계약이 성립될 때까지는 철회할 수 있다. 따라서 청약에 대해 상대방이 알고 난 이후에는 철회할 수 없고 최소한 계약이 체결되기 전까지 철회의 통지를 하여야 한다. 만약 승낙자가 철회의 통지를 받기 전에 선의로 이행을 착수한 때에는 청약자는 계약의 이행을 개시함으로써 지출한 비용과 손해를 배상할 책임이 있다(제1328조 1항).

불특정 다수인에 대한 청약도 철회할 수 있지만, 청약과 동일한 방식 또는 동일한 가치의 방식으로 행하여진 때에는 이 철회의 통지를 받지 않았던 자에 대하여도 그 효력이 있음(제1336조 2항)은 전술한 바와 같다.

둘째, 승낙은 승낙의 효력이 발생하기 전 청약자가 철회를 알 수 있게 하는 한도에서 철회될 수 있다(제1328조 2항). 예컨대 승낙자가 승낙의 편지를 보낸 후 후회하고 철회의 통지를 전보로 보낸 경우 전보가 편지보다 먼저 도달되었으면 계약은 성립되지 않는다.

(3) 철회할 수 없는 청약

가. 법률상 철회금지 법률에 의하여 철회할 수 없는 청약이 있다. 예컨대 청약자에게만 채무를 발생시키는 계약을 체결하도록 한 청약은 그 상대방이 이를 아는 즉시 철회할 수 없다(제1333조 1항). 더욱 빈번한 것은 청약자가 청약을 '일정한 기간 유지할 의무가 있는 경우'이다(제1329조 1항). 예컨대 자동차를 3,000만 원에 사기로 하였는데 이 청약을 오늘부터 10일 동안 유지할 의무가 있기로 한 경우이다. 이 기간 동안의 철회는 효력이 발생하지 않는다(제1329조 1항). 이 기간 동안 승낙자가 숙고할 수 있도록 보장해 주는 것이며, 승낙하면 계약은 성립되지만 승낙하지 않으면 기간만료 시 철회할 수 있게 된다. 청약을 철회할 수 없는 경우에, 청약자가 사망하거나, 그 후 무능력으로 된 때에도 청약은 그 효력을 상실하지 아니한다. 다만, 사무의 성질이나 기타의 사정이 그 효력을 배제하는 경우에는 그러하지 아니하다(제1329조 2항).

나. 선택권 당사자 중 일방이 자기의 의사표시에 구속되어 있고 상대방이 승낙 여부의 선택(opzione) 권능을 가지기로 합의한 경우에는 청약을 철회할 수 없다(제1331조 1항). 이 경우에는 청약을 일정 기간 유지하도록 그 기간을 정하는 것이 중요한데, 만약 승낙에 대한 기간이 정하여져 있지 아니한 때에는 판사가 이를 정할 수 있다(제1331조 2항).

청약유지기간 동안 철회할 수 없도록 한 제1329조와의 차이점은 제1329조는 일방적으로 부과하는 것이지만 본 조의 선택은 합의에 의한 것이라는 점이 다르다. 선택의 이익을 보장하고 변화를 줄 수 있도록 허용해 준 것이다.

승낙을 하면 계약이 성립되지만, 승낙을 하지 않으면 계약상 이해관계를 가지고 있는 제3자에게 이선된다.

다. 우선권 계약을 체결할 때 다른 이해관계인보다 우선적으로 체결될 수 있는 우선권(prelazione)은 위 선택권과 유사하지만 혼동해서는 안 된다. 예컨대 A가 B의 자동차를 구입하는 데에 C보다 우선권이 있다고 하자. 먼저 A에게 우선적인 청약을 하여야 하고 A가 거부한 경우에 비로소 C에게 자유롭게 매도할 수 있다.

선택권과의 차이점은 우선권은 당사자가 매도하기로 결정할 의무를 부담하는 경우에만 적용될 수 있다. 그렇다고 B가 매도할 의무는 없어서 B가 A에게 매도를 거절하면 A는 매수할 수가 없게 된다. 그러나 선택권은 구속력이 훨씬 강하다. 양도한 자는 더 이상 계약의 성립을 방해할 수 없다. 선택은 계약의 성립 시 승낙에 관한 것이기 때문이다. 선택권은 계약을 성립시키는 데에 유일한 결정권자이고, 오직 이 자에게만 의존된다. 그러나 우선권에서는 계약성립에서의 결정권은 그것을 양도한 자에게 있다.

우선권은 그 발생원인과 효과에 따라 두 가지로 나누어 볼 수 있다.

첫째, 합의에 의한 우선권이다. 이해관계인의 의사에 의해 발생하는 것으로서, 채권적 효과만을 발생시키므로 채무자에게만 주장할 수 있고 제3자에게는 대항할 수 없다. 상기 예에서 B가 A의 우선권을 무시하고 C에게 매도하였다고 하자. A는 C의 구입을 다툴 수 없고, B에 대해서만 손해배상청구를 할 수 있을 뿐이다.

둘째, 법률에 의한 우선권이다. 공동상속인 사이에 적용된다. 법률에 의한 우선권은 물권적 효과를 발생시키므로 제3자에게 대항할 수 있다.[12]

3. 계약의 점진적 성립

계약 중에는 단계별로 진행이 되어 시간이 오래 걸리는 경우가 있다. 문제는 여전히 합의가 완벽하게 되지 않았음에도 계약을 성립시킬 수 있는지 여부에

---

12 Francesco Macioce, pp.138–139.

있다.

먼저 검토하여야 할 것은, 계약의 본질적인 요소에 대한 합의가 이루어지지 않은 경우다. 예컨대 A와 B가 아파트매매를 맺을 때, 다른 것은 다 합의가 되었는데 가격만 합의가 되지 않아, A는 3억 원을 주장하고, B는 2억 8천만 원 이상은 줄 수 없다고 하면, 이 매매계약은 체결되지 않은 것으로 평가해야 한다.

만약에 당사자들이 예컨대 매도할 물건을 정하고 가격까지도 결정하여 계약의 본질적인 요소에 합의를 하였다고 할지라도 계약이 체결되었다고 말하기에는 충분한 것이 아니다. 사실상 이탈리아 법원은 계약의 본질적 요소이든 부차적인 요소이든 당사자들이 교섭을 벌인 모든 요소들에 대하여 합의가 되지 않으면 계약은 성립되지 않은 것으로 본다.

첫째, 예컨대 매수인은 매수한 물건을 자신의 집에 배달해 줄 것을 의욕하였으나 매도인은 매수인의 운송수단으로 가져갈 것을 원한 것처럼, 교섭을 하였으나 결론이 나지 않는 경우에는 당사자가 비록 결함이 있더라도 계약을 체결하겠다는 의사를 표명한 경우에만 계약이 체결된 것으로 보아야 한다.

둘째, 교섭의 대상이 아닌 경우에는 계약해석의 메커니즘으로 결함이 채워진 것으로 해석되어야 계약이 체결된 것으로 볼 수 있다.[13]

4. 계약교섭상 책임

가. 의의 부분적인 합의만을 가지고 계약이 체결되었다고 보기에는 충분하지 않다. 다만 아직 계약이 체결된 것으로는 볼 수는 없지만 책임을 물을 수 있는 법적 효력은 인정될 수 있다. 계약체결의 각 교섭단계은 매우 중요하기 때문에, 당사자는 계약의 교섭단계 및 계약의 체결과정에서 성실하게 행위하여야 한다(제1337조). 만약 당사사가 이런 의무를 위반하여 손해를 일으키면 배상책임을 져야 한다(responsabilità precontrattuale).

13 Vincenzo Roppo, pp. 346-347.

나. 요건 상대방에게 신의칙상 제공해야 할 정보를 제공하지 않은 경우에 대하여 민법은 한 개의 규정을 두고 있다. 즉 계약의 무효원인을 알거나 알 수 있었음에도 불구하고 상대방에게 그것을 통지하지 아니한 당사자는 상대방이 과실 없이 계약의 유효를 '신뢰'함으로써 입은 손해를 배상할 책임이 있도록 하였다(제1338조). 예컨대 계약교섭 과정에서 매수인이 디젤차를 구입하고자 하는 것을 알고 있음에도 매도인이 가솔린차라는 것을 알려주지 않은 경우다. 또한 오랜 협상과정을 거쳐서 어느 정도는 계약체결 상황이 무르익었는데, 정당하지 못하게 협상을 파기하는 것도 신의칙 위반이다.

다. 효과 이러한 신의칙 위반의 결과는 다양하지만 계약이 성립되지 않았거나 계약이 무효가 되면 신뢰를 깬 당사자는 손해를 배상하여야 한다. 주의할 것은 소극적 이익, 즉 '신뢰이익'(danno negativo)을 배상하여야 한다는 점이다. 예컨대 상대방이 정당하지 못하게 파기하였기에 발생한 손해가 그것이다. 신뢰이익에는 불필요한 비용도 포함된다. 예컨대 여행비용이나 숙련비용, 계획(progetti), 법적 조언 등이 부족한 계약이기에 들어간 비용들을 말한다. 다른 좋은 기회를 놓치거나 소홀히 하게 된 경우도 마찬가지다. 적극적 이익은 배상되지 않는다. 예컨대 계약이 체결되었더라면 당사자가 얻었을 이행이익의 상실처럼 계약상 본래의 결과가 없어서 발생한 손해는 배상되지 않는다. 이행이익은 계약에서 발생한 채무불이행책임에 기초한 배상이지만, 여기 계약교섭상 책임에서는 계약의 효력이 발생하지 않아서 이런 채무조차도 없기 때문이다(responsabilità extracontrattuale).[14]

5. 부합계약과 표준계약

오늘날의 계약에서는 '표준계약'(contratti standard)이 상당히 중요시된다. 이것

14 Francesco Macioce, pp. 149-150.

은 계약체결 방법에 관한 것으로서, 당사자 사이의 교섭도 없이 기업과 같은 일방 당사자에 의하여 계약의 내용이 형성되는 것을 특징으로 한다. 타방 당사자는 수동적으로 받아들이는 것 이외에는 하는 것이 없다. 이런 계약을 '부합계약'(contratti di adesione)이라고 하여 민법에서는 당사자의 '합의' 편에서 규정하고 있다.

계약자의 일방에 의해 미리 정하여진 일반적 조건은 계약체결 당시 상대방이 알았거나, 통상의 주의를 하면 알 수 있었을 경우에는 상대방에 대하여 효력을 가진다(제1341조 1항). 미리 정해진 자의 이익이 되는 책임을 제한하거나, 계약을 철회하거나 또는 계약의 이행을 정지할 권능을 설정하거나 기타 다른 계약자의 부담을 상실하거나, 항변을 주장하는 권능을 제한하는 것, 제3자와의 관계에서 계약자유에 대한 제한을 하는 것, 계약의 묵시적 연기 내지는 갱신, 중재조항 내지는 재판관할의 변경 등을 인정하는 조건은 서면으로 명확하게 승인된 경우가 아니면 모두 효력이 없다(제1341조 2항).

또한 특정한 계약관계를 획일적으로 규율하기 위하여 미리 정한 예문(moduli)이나 범례(formulari)에 서명함으로써 체결하는 계약에 있어서, 이러한 예문이나 범례에 추가되는 조항들이 예문이나 범례에 정하여져 있는 본래의 조항과 양립하지 않는 경우에는 후자가 말소되지 아니한 때에도 이것에 우선한다(제1342조). 이러한 계약들은 특히 기업에서 소비자와의 관계에서 문제된다(이탈리아 소비자법 참조).[15]

6. 의사표시

(1) 의의

청약과 승낙에 의하여 당사자들의 의사표시가 일치되어야 계약이 성립한다. 의사 그 자체만으로는 계약체결의 효과를 발생시키는 데에 충분하지 않다. 법

15 Vincenzo Roppo, pp. 347-348; Francesco Macioce, p. 151.

은 사람들 사이에서 대화를 기초로 하는 사회적 관계를 규율하는 것이다. 주관적인 정신상태에 머물러 있어 사회적으로 알려지지 않은 것은 중요하게 생각하지 않는다. 의사는 주관적 정신의 범주에서 벗어나 외부로 표시되어 사회적으로 인식할 수 있게 되었을 때 법적 의미가 있는 것이다. 따라서 계약은 청약과 승낙의 의사로 족한 것이 아니라 '의사표시'(dichiarazione di volontà)를 필요로 한다.

(2) 의사표시의 방법—묵시적·명시적 의사표시

가. 묵시적 의사표시 의사표시의 방법으로서 말이나 글자처럼 명료하게 표현된 것을 '명시적 의사표시'(manifestazione espressa)라고 하고, 그냥 의사표시라고도 한다. 언어적 방법은 다양하므로 의사를 말로 하지 않고 행동(gesto)으로 하는 '묵시적인 의사표시'(manifestazione tacità)도 있다. 예컨대 슈퍼마켓에서 진열된 물건을 가지고 와서 계산을 하는 행위나 유료버스에 올라타는 행위로서 각 계약의 승낙을 한 것이 된다.

묵시적 의사표시로서의 침묵행위(silenzio)는 정황에 따라 의미가 달라질 수 있으므로 침묵행위에서는 정황의 해석이 중요하다. 어떤 신호(segni)가 없는 침묵 그 자체로는 어떠한 의사표시로 볼 수 없다. 예컨대 집에서 어떤 물건을 수령하였는데, "만약 일주일 안에 승낙을 하지 않으면 승낙한 것으로 보겠다"는 문서가 첨부되어 있다고 하자. 일주일이 지났음에도 불구하고 아무런 표시도 하지 않았다고 해서, 이와 같은 침묵을 승낙의 의사표시로 볼 수 없다.

침묵을 법률상 특별한 의사표시로 보는 경우도 있다. 예컨대 전술한 바와 같이 청약자에게만 의무를 부담시키는 계약에서 승낙자가 거절하지 않은 경우에는 계약은 체결된 것으로 본다(제1333조 2항). 그러나 법률상 묵시적 의사표시를 인정하지 않는 경우도 있다. 즉 위탁(delegazione)[16]이나, 참가(espromis-

16 제1268조 1항, '채무자가 채권자에게 채무를 부담하는 신채무자를 지정하더라도 본래의 채무자

sione),[17] 채무인수(accollo)[18]에서는 채무를 해방시키는 데에 명시적 의사표시를 요한다. 보증을 제공한다는 의사도 명시적이어야 한다(제1937조).[19]

나. 전자적 의사표시 기술의 진보에 의해 대화나 계약적 의사표시에서나 계약체결의 새로운 방법이 개발되고 있다. 예컨대 텔레마케팅(제9조 d.lgs. n. 50/1992; 제18조 d.lgs. n. 114/1998), 또는 정보나 데이터 전송(informatici o telematici)(제9조 d.lgs. n. 50/1992;제11조 d.P.R. n. 513/1997)과 같이 네트워크를 이용한 컴퓨터의 전자적 수단이나 인터넷에 의한 구매 등이 그것이다. 정보나 데이터 전송에 의한 계약체결은 보통 전자상거래(e-commerce)라는 법적 현상으로 나타난다. 온라인으로 전송되는 다양한 서비스로 특징되는 정보화사회에서는 이러한 현상이 점점 더 발전되고 있다. 이에 관한 유럽지침으로는 n. 31/2000이 있고, 이탈리아에서는 d.lgs.n.70/2003이 있다.

온라인상으로 계약의 외적 정보를 제공하는 것도 중요하다. 고객이 요청하는 물건이나 서비스의 안전성에 대한 다양한 정보를 제공하고 합리적으로 선택할 수 있도록 하기 위한 것이다. 텔레마케팅에 의한 주문에 대해서는 계약체결에 대한 일반적 규정이 적용된다(제12-13조 d.lgs. n.70/2003).[20]

(3) 의사표시의 상대방

계약 성립과정에서의 청약과 승낙, 철회의 의사표시는 특정한 상대방에 대한

는 그 채무를 면하지 못한다. 다만, 채권자가 그 채무를 면제한다는 뜻을 명시적으로 표시한 때는 그러하지 아니하다.'

17 제1272조 1항, '채무자(espromesso: 피참가자)의 위탁 없이 채권자(espromissario: 참가수익자)에 대한 채무를 인수한 제3자(espromittente: 참가자)는 채권자가 명시적으로 본래 채무자의 채무를 면제한다는 뜻을 표시하지 않는 한 본래의 채무자와 연대하여 채무를 부담한다.'

18 제1273조 2항, '채권자의 승인은 합의에서 명시적 조건을 구성하거나 채권자가 명시적으로 표시한 경우에 한해서 본래 채무자의 해방을 수반한다.'

19 저당권의 포기도 마찬가지다(제2879조). Francesco Galgano, p. 177.

20 Francesco Macioce, pp. 167-171.

것이다(제1335조). 추인이나 파기(제1373조), 취소 등과 같은 일방적 행위도 마찬가지다(제1334조).

이런 행위들의 효과는 의사표시를 한 때에 발생하는 것이 아니라 오직 상대방이 이런 의사표시를 알게 된 때부터 효력이 발생한다(제1334조).

상대방의 인식 여부는 추정규정에 의하여 용이하게 확인될 수 있음은 전술한 바와 같다. 즉 특정인에 대한 청약, 승낙, 철회 및 기타 모든 의사표시는 상대방이 과실 없이 통지수령이 불가능한 상태였음을 입증하지 않는 한 상대방의 주소에 도달한 때에 안 것으로 추정한다(제1335조).

그러나 유언과 같은 상대방이 없는 단독행위의 경우에는 인식 여부와는 관계없이 사망 시에 효력이 발생한다.

7. 계약의 방식

(1) 방식의 자유

일반적으로 상호 간에 대화를 하고 이해를 하는 데에 효용성이 있는 것은 의사를 표시하는 데에 어떠한 방법도 가능하다는 자유를 부여하는 데에 있다. 이러한 '방식의 자유'(libertá di forma)는 원시시대에서 어떤 의식을 거치면서 법을 집행했었던 현상들과는 대비되어 현대법에서는 상호 간의 교류와 부(富)의 순환을 효율화시키고 있다.

(2) 요식행위

그럼에도 불구하고 예외적으로 법률이 요구하는 일정한 형식을 갖출 것을 요구하는 '요식행위'(contratti formali)가 있다.

가. 요식의 근거 방식을 요구하는 이유는 다양하다. 우선 계약의 존재와 그 내용에 대한 확실성을 보장하여, 분규를 방지할 수 있다. 또한 계약 당사자들

을 보호하는 기능을 갖는다. 신중하게 생각하지 않고 계약을 맺은 자가 나중에 이를 후회하고 계약을 철회하고자 할 때를 대비할 수 있기 때문이다. 증여계약(제782조)이나 소비자계약[21]에서 종종 이 기능이 발휘된다. 계약의 형식은 행정시스템 등을 통하여 계약을 통제할 수 있는 기능도 가지고 있다. 또한 공시기능도 할 수 있다. 이러한 중요한 기능들 때문에 특정한 계약들에서 요식성을 요구하고 있는 경우가 많아지고 있다. 이러한 현상들을 두고 '요식성의 부활'이라고까지 말하여지고 있다.[22]

나. 요식행위 서면에 의한 가장 기본이 되는 것은 '사적 증서'(scrittura privata)이다. 이것은 다음과 같은 부동산 계약에서 요구된다. ① 부동산의 소유권을 이전하는 계약, ② 부동산의 용익권, 지상권 및 장기임대차계약의 임대인(지주권) 및 임차인(영소작권)의 권리를 설정, 변경 또는 이전하는 계약, ③ 제1호 및 제2호에서 말하는 권리의 공유를 설정하는 계약, ④ 지역권, 부동산사용권 및 거주권을 설정 또는 변경하는 계약, ⑤ 제1호 내지 제4호에서 말하는 권리의 포기, ⑥ 장기토지임대차계약의 해제계약, ⑦ 과실충당부동산담보계약(anticresi: 제1960조 이하), ⑧ 9년을 초과하는 존속기간을 정한 부동산임대차계약, ⑨ 9년을 초과하거나 또는 존속기간을 정하지 않은 부동산 또는 부동산 물권의 향유를 내용으로 하는 회사 또는 조합 계약, ⑩ 영구 또는 종신의 연금을 설정하는 행위(나만, 국가의 연금에 관한 규정은 제외하다), ⑪ 부동산 및 기타 부동산물권의 분할행위, ⑫ 제1호 내지 제11호에 열거된 법률관계에 관한 분쟁의 중재계약, ⑬ 기타 법률에서 정하는 행위이다. 만약 증서를 갖추지 않으면 계약은 무효가 된다(제1350조).

경우에 따라서는 단순히 서면 그 자체에 그치는 것이 아니라 다른 요건들을

21 Francesco Macioce, pp. 245-254.
22 Francesco Macioce, p. 167.

충족해야 하는 경우도 있다. 예컨대 은행계약에서 복본을 고객에 인도해 줄 의무를 인정하거나, 특정한 내용이 서면에 들어가 있는 것을 요구하기도 한다. 예컨대 가정용 제품을 매도하는 계약에서는 고객이 철회할 수 있는 방법과 기간을 기재하도록 하는 경우 등이다(제5조, cc.1-2 d.lgs. n. 50/1992).

보다 더 중요한 것은 '공정증서'(atto pubblico)에 의하는 경우다. 여기에는 공증인이 개입된다(제2699조). 자본회사, 부부재산계약, 증여계약(제782조, 2인의 증인을 필요로 한다. 제48조 n. 89/1913)은 공정증서에 의해야 한다. 물론 사서증서에 의해야 하는 경우도 공정증서에 의할 수 있다(제1350조).

다. 유효를 위한 형식과 증거를 위한 형식 '유효를 위한 형식'(forma per la validità)과 '증거를 위한 형식'(forma per la prova)은 둘 다 계약의 존재를 증명하는 데에 가장 단순하고 효율적인 방법인 점에서 공통점이 있다.

방식성을 요구하는 대부분의 계약은 단순히 증거로서 사용되는 데 그치는 것이 아니라, 이 방식을 갖추지 않으면 효력이 발생하지 않도록 한다. 계약의 요건 중에서 방식을 위반하면 무효가 되는 방식이다(제1325조 4항). 예컨대 아파트매매계약을 서면에 의하지 않고 구두로 하였다거나, 증여계약을 공정증서에 의하지 않고 사서증서로 하였다면 이 계약들은 무효가 된다. 제1350조에 규정된 계약도 공정증서 또는 사서증서에 의하지 않으면 무효가 된다.

다른 한편 보험계약의 증명(제1888조)이나 화해계약의 증명(제1967조)과 같이 계약의 증명이나 증거로 사용되는 경우가 있다. 그 법적 효과도 다양하다. 예컨대 화해계약을 구두로 했을 때 계약은 유효한 것이 되지만 이해관계인이 법원에 이 계약의 존재를 입증해야 하는 어려움을 겪어야 한다. 이탈리아 민법은 증인(제2725조, 1항)이나 추정(제2729조, 2항)을 배제하고 선서나 자백만을 허용하기 때문이다.

라. 합의에 의한 방식 등 그 밖의 방식 법률에 의해 요구되는 방식이 아니라 도급계약(appalto) 등과 같이 당사자 사이에서 합의로 방식을 요구하는 경우가 있다. 민법은 당사자가 장래 계약을 체결할 때 일정한 방식을 채택하기로 서면에 의하여 합의한 경우에는 이러한 방식은 계약을 유효하게 성립시키기 위한 것으로 추정하고 있다(제1352조). 그 외 등기와 같이 공시도 있고, 일부(日附)의 목적인 등록(제2704조), 검인(제46조) 등이 있다.

마. 전자문서와 전자서명 기술이 발달함에 따라서 전자문서에 기초한 전자거래들이 다양해지고 있다(제15조 2항. legge n.59/1997). 전자문서에서의 기본적인 문제점은 이 문서를 계약의 성립요건으로 볼 것인지와 증거로서의 가치를 어떻게 평가할 것인가에 있다.

이런 정보기술에 대해서는 디지털에 관련된 법령에서 규율하고 있다(d.lgs. n.82/2005). 전자문서에서의 전자서명과 이를 보다 더 안전하게 한 디지털서명은 서면방식으로서만 인정된다.[23]

23 Vincenzo Roppo, pp. 351-353; Francesco Galgano, pp. 195-196; Francesco Macioce, pp. 167-171.

III. 대리

1. 대리제도의 의의

(1) 행위와 효과의 분리 현상

다른 사람의 계약행위에 의해 계약상 효과가 발생하는 이른바 '대리'(rappresentanza)행위에 대하여 검토하기로 한다. 예컨대 A의 아파트를 C에게 팔 때 대리인 B에게 대리인자격을 부여하여 계약을 체결할 수도 있다. 대리제도란 이와 같이 계약의 행위자가 아닌 자에게 효과가 미치도록 하는 제도로서 행위와 효과가 분리되는 현상을 갖는다. 계약 행위를 하는 자 B를 '대리인'(rappresentante)이라고 하고, 효과귀속자인 A를 '본인'(rappresentato)이라고 한다.

대리인에게 부여된 권한의 범위 내에서 본인의 이름과 그의 이익을 위하여 대리인에 의해 체결된 계약은 본인에 대하여 직접적으로 그 효력이 생긴다(제1388조). 예컨대 B와 제3자 C와의 계약에 의해 아파트의 소유권은 C에게 이전하고 A와 C는 매매대금의 채권관계를 가지게 된다.[24]

(2) 고려되어야 할 주체적 상태

행위는 대리인이 하는 것이므로 어떤 사실에 대한 선의 여부(buona fede; mala

---

24 신탁계약(contratto fiduciario), 'trust'에 대해서는 Francesco Macioce, pp. 182-183.

fede), 인식 여부, 착오, 사기나 강박에 의한 하자 있는 의사표시 여부는 행위자인 대리인에게서 검토하고 본인에게는 검토하지 않는다(제1390-1391조). 즉 의사의 하자에 대하여 대리인의 의사에 하자가 있는 경우에는 취소할 수 있다(제1427-1441조). 그러나 하자가 본인에 의해 미리 지정된 중요한 요소에 관한 것이면 단지 본인의 의사에 하자가 있는 경우에만 취소할 수 있다(제1390조).

만약 본인 A가 C로부터 동산을 구매하는데 그 동산이 C의 것이 아니었을 때에는 선의취득규정에 의하여 구매자가 선의자인 경우에만 유효하게 취득된다(제1153조). 만약 본인 A가 C가 소유자가 아닌 것을 안 경우에는 비록 대리인 B가 이를 몰랐다고 하더라도 대리인 B의 부지 또는 선의를 이용할 수 없다(제1391조 2항).

(3) 본인과 대리인의 능력

본인이 계약의 경제사회적 효과까지도 받는 본체인 점을 고려하여 민법은 대리인에 의해 체결된 계약이 유효하기 위한 요건으로서 본인에게 금지된 것이 아닐 것을 요한다(제1389조 2항).

대리인에 의해 체결된 계약이 유효하기 위해서는 언제든지 본인이 행위능력이 있음을 조건으로, 대리인은 당해 계약의 성질 및 내용에 대한 의사능력을 갖추고 있는 것으로 족하다(제1389조 1항).[25]

(4) 본인의 명의

본인에게 효과가 발생하기 위해서는 본인의 이름으로 계약이 체결되어야 한다(제1388조). 만약 대리인이 본인의 이름으로 계약을 하지 않으면 그 효과는 대리인 자신에게 발생한다. 이 점이 간접대리와 다르다.[26]

25 Francesco Galgano, p. 250.

26 간접대리에 대해서는 Francesco Galgano, p. 252; Guido Alpa, p. 187.

2. 대리제도의 적용범위

계약 이외의 영역에서도 대리제도가 적용될 수 있다. 첫째는 단독행위에서다. 취소나 철회 등의 단독행위에서도 본인의 이름으로 대리가 행해질 수 있다. 둘째는 수동적으로 타인의 행위를 받는 경우이다(수동대리).

반대로 예컨대 혼인계약이나 유언처럼 일신전속적인 행위(atti personalissimi)에서는 대리가 금지되거나 매우 제한된다.

3. 대리권한의 근거

대리권은 대리인의 의사표시에 의하여 본인의 법적 상태에 영향을 주는 일종의 권한이다. 대리권한은 법률 또는 이해관계인에 의하여 수여된다(제1387조). 전자를 '법정대리'(rappresentanza legale), 후자를 '임의대리'(rappresentanza volontaria)라고 한다.

법정대리는 법률에 의하여 대리권한이 부여되는 것으로서, 법률이 그 내용을 정해 놓고 있으므로 사적 자치는 허용되지 않는다. 대표적인 것이 미성년자와 같은 행위무능력자를 위한 법정대리권이다(제320조, 제357조). 유사한 것으로서 '파산관재인'(curatore fallimentare)이 있다. 미성년자의 법정대리권은 미성년을 보호하기 위하여 인정하는 것이지만, 파산관재인은 일차적으로 채무자가 아니라 채권자를 위하여 활동하는 점이 다르다.

임의대리는 이해관계인의 사적 자치에 의한 대리다. 임의대리에서는 대리권한을 본인이 수여를 하는데, 이것을 '수권행위'(procura)라고 한다.

법정대리와 임의대리의 중간 정도에 있는 것도 있다. 본인이 자연인이 아니라 조직체인 경우다. 여기서도 대리권한이 인정되어 대리인은 자의적으로 결정하거나 대리행위를 할 수 없고 조직체의 이름으로 행위를 하여야 한다. 이른바 '기관대리'(rappresentanza organica)이다. 반면에 조직을 대리하는 이 자연인은 법률에 의해 미리 정해진 것이 아니고 이해관계인에 의해 자유롭게 선임

되기 때문에 임의대리성을 가지고 있다.

4. 수권행위

(1) 의의와 법적 성질

수권행위란 대리권한을 수여하는 행위를 말한다. 수권행위는 대리인의 승낙을 요하지 않는 단독행위이다. 그리고 수령을 요하지 않는 단독행위이다.

수권행위를 하기 위해서는 법률상 행위능력이 필요하다. 그러나 대리인은 의사능력만 있으면 족하다(제1389조 1항).

수권행위에 특별한 방식이 요구될 수 있다. 즉 대리인이 체결할 계약에서 법률에 의해 요구되는 방식과 동일한 방식일 것이 요구된다. 예컨대 그림을 사고 파는 대리행위에 대한 수권행위는 구두로 가능하지만, 아파트매매계약을 대리하는 행위에 대한 수권행위는 서면으로 하여야 한다.

수권행위는 보통 본인의 이익을 위하여 수여되지만, 경우에 따라서는 대리인의 이익을 위하여 수여되는 경우도 있다.

수권행위의 내용은 다양하다. 본인의 모든 거래행위 또는 본인의 부동산거래행위에 대한 수권행위처럼 '일반적 수권행위'(procura generale)도 있고, 한두 개의 거래행위를 위한 '특별한 수권행위'(procura speciale)도 있다. 하나의 거래에 대한 수권행위를 하면서도 예컨대 임대차를 하는 것은 인정하되 매도하는 것을 금지하거나 매도할 최소한의 가격을 제시하는 등 한계를 설정할 수도 있다.

(2) 기초적 내부관계

규범적으로 수권행위와 구별해야 할 것으로 대리인과 본인 사이에 대리권한이 수여되는 정당한 관계, 즉 '기초적 내부관계'(rapporto sottostante)가 있다. 예컨대 상점의 점원이 손님에게 물건을 팔고 대금을 수령하는 대리권한은 주인과 점원 사이의 고용관계라는 내부관계가 있기 때문에 정당화되는 것이다.

수권행위와 기초적 내부관계는 효과 면에서도 다르다. 수권행위는 자격을 수여하는 것이지 의무를 부과하는 것이 아니지만, 기초적 내부관계로서의 계약에서는 의무를 부과한다.

또한 양자는 독자적으로 분리되어 있어서, 거래에서 얻고자 하는 소유권은 대리인과는 관계가 없고 대리가 종료되어도 노동계약 관계는 계속될 수 있다. 그러나 기초적 내부관계가 1차적 관계이고 대리권한이 2차적 관계가 되므로, 기초적 내부관계가 소멸하면 대리권한도 소멸한다.

그 밖에 기초적 내부관계와 관계없이 대리권한이 소멸하는 경우도 있다. 즉 대리인이나 본인의 사망, 본인의 수권행위 철회나 취소 행위에 의해 소멸한다.[27]

5. 이해의 충돌과 신뢰보호

(1) 의의

대리에는 본인, 대리인, 제3자의 3면 관계(tre soggetti)가 있는 데, 본인과 제3자의 이해관계는 서로 대립관계에 있다. 대리제도는 이런 대립적 이해관계를 정당하고 형평성 있게 해결하고자 하는 데에 목적이 있다. 이러한 규율에서 가장 중요한 영역을 차지하는 원리가 '신뢰보호'이다.

(2) 자기계약

대리인은 본인의 이익을 위하여 행위하여야 한다. 그런데 자기 자신이나 제3자의 이익을 위하여 행위를 하여 본인과의 이해가 충돌되는 경우(conflitto di interessi con il reppresentato)가 있다. 예컨대 물건을 매수하도록 대리권한을 수여

27 기초적 내부관계인 위임(mandato)과의 관계에 대해서는, Francesco Galgano, pp. 251-252; Guido Alpa, pp. 188-190.

받은 대리인이 악의를 품고 시가보다 훨씬 비싸게 매수하거나, 물건매도의 대리권한을 수여받은 대리인이 자기 아내에게 아주 싼 가격으로 판매한 경우 등이다.

본인은 계약을 무효로 하고 싶어할 것이고 제3자는 유지하고 싶어할 것이다. 이런 경우에 해결의 기준이 되는 것은 제3자가 이런 이해충돌에 대하여 '인식' 내지 '인식 가능성'이 있었느냐에 따라 결정하는 것이 합리적이다. 만약 제3자가 인식 내지 인용을 하였다면 이 제3자에 대한 신뢰보호의 필요성은 없어지므로 본인의 이익을 우선시켜 이런 계약은 무효가 되어야 한다. 민법은 본인과 이해가 충돌되는 대리계약은 그 이해충돌에 대해 제3자가 알았거나 알 수 있었던 경우에는 본인의 청구에 의해 취소될 수 있다(제1394조)고 규정하고 있다. 이 경우 본인은 실제로 손해를 입었음을 입증할 필요는 없고 이 계약은 이해가 충돌되는 계약이며 손해의 위험성이 있다는 점만 입증하면 족하다. 만약 제3자가 이런 이해충돌을 몰랐다면 제3자의 신뢰보호를 위하여 본인의 이익을 희생시켜 계약은 유효하게 된다(제1394조).

본인과 대리인이 이해가 충돌되는 극단적인 경우는 대리인이 자신이 관련된 사항에 대하여 또는 다른 당사자의 대리인으로서 자기가 계약을 체결하는 '자기계약'(contratto con sè stesso)의 경우다. 예컨대 X가 Y의 대리인으로서 Y의 물건을 팔아 주기로 하였는데, 그 X가 다시 Z의 대리인으로서 Y의 그 물건을 구입해 주기로 한 경우이다. 민법은 본인만 취소할 수 있도록 규정하고 있다.

다만, 첫째, 본인이 특히 허용한 경우이거나, 둘째, 예컨대 대리인이 매도나 매수할 수 있는 가격이 엄격히 고정된 경우와 같이 계약의 내용에서 이해충돌이 배제되는 경우는 예외이다.

(3) 대리권한의 변경과 철회

대리권한의 변경 및 철회에 대해서도 신뢰보호의 문제가 있다. 본인은 자유롭게 수권행위의 범위를 축소하거나 철회할 수도 있지만 제3자가 이것을 모르는 경우에는 제3자의 신뢰를 보호할 필요가 있다. 민법은 대리권한의 변경 및 철회는 동일한 방법으로 제3자가 알 수 있도록 할 것을 요구하고 있다. 만약 그렇지 않으면 그 변경 및 철회는 제3자가 계약을 체결할 때 이것을 알고 있었다는 것이 입증되지 않는 한 제3자에게 대항할 수 없다(제1396조 1항).

마찬가지로 대리권소멸에서도, 이해관계인에 의해 부여된 대리권 소멸에 관한 그 밖의 원인들을 과실 없이 이것을 몰랐던 제3자에게는 대항하지 못한다(제1396조 2항).

6. 무권대리

(1) 의의

대리권한 없이 본인의 이름으로 대리행위를 하는 경우가 무권대리다. 처음부터 대리권이 없는 경우도 있지만 그 대리행위에 대한 대리권이 없는 경우도 포함된다. 예컨대 B가 A의 대리인으로서 A의 부산에 있는 아파트를 C에게 3억 원에 매도하는 경우에, B가 처음부터 이런 대리권이 없는 경우도 있고, 광주에 있는 아파트를 매도하기로 하였는데 잘못해서 부산에 있는 아파트를 매도한 경우, 또는 부산에 있는 아파트를 매도하라고 한 것은 분명한데 최소한 4억 원은 받도록 한 경우 등이 무권대리의 예다.

(2) 효과

민법은 기본적으로 세 가지 점에서 규율하고 있다.

첫째, 대리행위인 계약은 무효이다. 본인이 권한을 부여한 것이 아니기 때문에 본인에 대해서 효력이 발생하지 않고, 상대방은 본인과 계약을 맺은 것이기 때문에 무권대리인에 대해서도 대리행위의 효력을 주장할 수 없다.

둘째, 추인 가능성이다. 추인행위(ratifica)란 무권대리인에 의해 무효가 된 계약을 소급해서 유효하게 하는 단독행위다. 추인은 계약체결에서 정한 방식에 따라야 한다(제1399조 1항). 추인의 의사표시를 하면 처음부터 정당한 권한에 의한 것처럼 계약체결 시에 소급하여 유효하게 한다. 다만 그 사이의 제3자의 권리를 해할 수 없다(제1399조 2항). 예컨대 B가 부산에 있는 A의 아파트를 C에게 대리권한 없이 매도한 이후 본인이 추인을 하기 전에 이 아파트를 D에게 매도하였다면 이후의 추인으로 이 D의 권리를 침해할 수 없다.

추인 여부에 따라 제3자의 지위가 불안정하게 되므로, 제3자인 계약 당사자는 이해관계인에게 일정한 기한을 정하여 추인에 대한 의사를 표시할 것을 최고할 수 있고, 회답이 없는 경우에는 추인을 거절한 것으로 본다(제1399조 4항). 물론 제3자 및 대리인으로서 계약한 자는 추인 전에 합의로 계약을 해소할 수 있다(제1399조 3항).

셋째, 무권대리인의 책임이다. 추인이 되지 않으면 제3자가 계약체결을 신뢰한 것이 침해되어 손해를 입을 수 있다. 민법은 이 점을 고려하여, 권한 없이 또는 부여된 권한의 한계을 초과하여 대리인으로서 계약을 한 자는 제3자인 계약자가 과실 없이 계약의 유효를 믿음으로써 받은 손해에 대해 책임을 질 것을 규정하고 있다(제1398조). 이 손해는 계약체결상 손해(responsabilità precontrattuale)이고 신뢰이익배상(danno negativo)이다.[28] 제3자는 대리권한이 없음을 몰랐을 뿐만아니라 여러 정황을 종합적으로 검토하였을 때 과실이 없을 것을 요한다. 예컨대 대리인과 계약하는 제3자는 언제나 대리권한의 입증을 요구할 수 있고 그 대리권한이 서면에 의한 경우에는 대리인이 서명한 사본을 제출할 것을 요구할 수 있음에도 불구하고(제1393조) 이런 행위를 하지 않은 경우들이 과실 있는 행위에 해당한다.

28 Francesco Galgano, pp. 246-247.

7. 표현대리

무권대리에 의해 무효가 되는 것이 '외관법리'(principio di apparenza)에 위반되는 경우가 있다. 법원은 외관법리에 따라 다음 세 가지 요건을 갖춘 무권대리 행위는 유효로 취급하고 있다.

첫째, 대리권한의 외관이 있을 것. 즉, 대리권한이 있는 것 같은 외관을 갖춘 경우다.

둘째, 귀책 가능성으로서 대리권한의 외관을 창출한 자의 귀책 가능성이 있어야 한다.

셋째, 제3자에게 귀책시킬 수 없는 신뢰가 있어야 한다.[29]

8. 지명된 자를 위한 계약

대리는 계약체결 시에 본인의 이름으로 행하지만, 계약체결 시에 당사자가 당해 계약으로부터 발생하는 권리를 취득하고 의무를 부담하여야 할 자를 이후에 지명할 권한을 유보할 수 있다(제1401조). 이런 경우들은 예컨대 A가 B의 물건을 매입하여 C에게 전매하고자 할 때 자신이 계약 당사자로 나서지 않고 이후에 C로 지명하면 자신의 이름이 등록되지 않아 세금관계에서 유리해질 수 있다. 그 외 운송계약이나 보험계약 등과 같이 권리귀속자의 계산에 의할 경우도 이에 해당된다(제1690조 2항;제1513조;제1891조).

지명의 표시가 유효하게 행해진 때에는 지명된 자는 계약체결 시부터 효력이 발생하는 계약상의 권리를 취득하고 의무를 부담한다(제1404조). 다만 다음 세 가지 요건을 갖추어야 한다. 첫째, 당사자가 별도의 기간을 정하지 않은 경우에는 지명의 표시는 계약의 성립일로부터 3일 내에 상대방에게 통지해야 한다(제1402조 1항). 둘째 이 표시는 지명된 자의 승인이나 그 계약에 선행하는 수권행위가 있어야 한다(제1402조 2항). 셋째 지명의 방식으로서, 지명의 표시

29 Francesco Macioce, p.185.

및 수권행위 또는 지명된 자의 승인은 비록 법률에 규정이 없더라도 당사자가 그 계약에서 사용한 것과 동일한 방식을 갖추어야 한다(제1403조 1항).

만약 지명의 표시가 법률 또는 당사자에 의해 정해진 기간 내에 유효하게 행하여 지지 않은 경우에는 계약은 본래의 계약자 사이에서 효과를 발생한다(제1405조).[30]

30 농업회사 및 상업회사에서의 대리의 특별한 방식은 제5편의 규정에 의한다(제1400조).

Ⅳ. 계약의 요소

1. 계약의 요건

계약의 요건은 첫째 '합의'(accordo), 둘째 '원인'(causa), 셋째 '목적'(oggetto), 넷째 '형식'(forma)(만약 이를 갖추지 않으면 무효로 되는 형식)이다(제1325조).

2. 계약의 원인

계약의 '원인'(causa)이란 계약의 현실적인 이유, 즉 계약으로 실현되는 재산의 이동을 합리적으로 정당화시키는 것을 말한다.[31] 예컨대 매매에서 물건을 이동하는 이유는 금전을 받으려는 합리성이 있는 것이고, 그것은 곧 물건을 이동하는 법적 정당성이 된다. 재산이동을 정당화시키는 합리적인 이유를 말하는 것이다.[32] 그렇다고 단순히 '받기 위해서 주는 것'을 의미한다고 생각해서는 안 된다. 무상계약 예컨대 증여의 경우를 설명할 수 없기 때문이다. 증여계약에서 증여자에게서 수증자에게로 재산이 이동하는 것이 법적으로 정당화되는 합리적인 이유는 증여자의 자유로운 정신(libertà)이다. 단체계약에서

31 단독행위에서도 마찬가지다(제1324조).

32 달리 말하면 원인은 그 계약의 '경제사회적 기능'(funzione economico-sociale)을 말한다. 예컨대 매매의 원인, 즉 경제사회적 기능은 '물건과 금전을 상환하는 것'이다(Francesco Galgano, p. 187).

도 마찬가지다. 단체로의 재산출연은 공통된 이익을 위하여 조직된 단체를 창조하는 데에 있다.

원인은 구체적으로도 추상적으로도 말할 수 있다. 왜 그와 같은 특정한 매매계약을 하였는가에 대한 질문에 대한 답변이 '구체적 원인'(causa in senso concreto)이다. 바로 그 특정된 물건을 특정된 가격으로 상환하여 이익(interessati)을 얻고자 하는 것이 구체적 원인이다.

이에 비해 '추상적 원인'(causa in senso astratto)이란 이런 구체적 원인들을 법적으로 허용해 주는 법적 근거로서의 유형(tipo)를 말한다. 예컨대 매매라는 유형에서는 물건을 주고 금전을 받는다는 경제사회적 기능을 법이 허용해 준다는 것을 말한다. 따라서 이것은 계약의 본질적 효과와 직결된다. 추상적 원인에서 문제가 되는 것은 비전형적 유형(causa atipica)에 대하여 어떻게 대처할 것인가에 있다.[33] 여기에는 크게 첫째, 원인이 없는 경우와 둘째, 원인이 위법인 경우를 검토해야 한다.

(1) 원인부재

원인이 부재(mancanza di causa)한 경우는 무효다. 예컨대 어느 가옥이 화재로 소실되는 것에 대비하여 보증을 섰다고 하자. 그런데 보증을 하기 며칠 전에 이미 이 가옥이 산사태로 이미 멸실되었다면, 목적물이 없으므로 그 물건에 대한 보증도 의미가 없어서 무효 처리를 하는 것이다. 이 가옥의 소유권을 이전해 주기로 한 경우도 마찬가지다.

(2) 원인의 추상성(무인성)

원인의 추상성(무인성)이란 추상행위(무인행위: negozio astratto)를 말하는 것으

33 "당사자는 법질서에 따라 보호할 가치가 있는 이익을 실현하기 위한 것이라면 특별한 규정을 갖고 있는 유형에 속하지 않는 계약도 체결할 수 있다"(제1322조 2항); Francesco Macioce, p. 159.

로서, 진실한 원인(propria causa)을 가리키지(indica) 않는 행위를 말한다.

계약 중에는 원인이 있는데 그 내용이 표현되어 있지 않은 경우도 있다. 예컨대 매매에서 매도인 A가 물건을 주면서 아무런 말을 하지 않았다고 하자. 이것은 매수인 B가 이미 대금을 지급하였거나, 매매의 원인이 어렴풋이나마 나타났거나 소송에서 나타날 수 있고, 화해가 원인일 수도 있다. 독일 민법과 같이 추상행위(무인행위)를 허용하는 국가도 있다. 이것은 계약이 비록 원인을 가리키지 않더라도 유효하게 효과를 발생할 수 있다는 것이다.[34]

추상행위를 인정하는 이유는 거래 제3자를 보호하기 위한 것이다.

이탈리아에서는 원칙적으로 추상행위를 인정하지 않는다. 다만 거래안전을 위하여 예외적으로 인정하는 것은 어음·수표행위(cambilale)다.

(3) 원인의 불법성

계약의 원인이 강행법규에 위반하거나 공공질서 또는 선량한 풍속에 위반하면 '위법한 원인'(causa illecità)이 된다(제1343조).

계약으로 실현하려고 하는 재산의 이동이 법에 의해 정당화되고 합리성을 갖는 사례들이 있는 반면에, 그 작업들의 결과가 일반적 이익(interesse generale) 또는 보호할 가치가 있는 것에 상반되기 때문에 법질서에서 받아들여질 수 없는 것들이 있다.

예컨대 A가 B와 혼인하지 않기로 하는 대가로 돈을 주기로 하였다면 이 계약의 원인은 위법하다. 왜냐하면 혼인을 하고 안 하고는 B의 자유이지만 여기에는 금전이 결부되어 있는 결과 근본적으로 혼인자유의 원리에 반하기 때문이다. 계약의 원인이 없는 것과 마찬가지로 위법한 원인은 무효이다.

---

34 제1988조, 제969조 등 무인성의 대해서는 Francesco Galgano, pp. 190-192. 참조.

(4) 계약의 원인과 동기

계약의 '원인'(causa)과 대립되는 개념으로서 계약의 '동기'(motive)가 있다. 동기는 각 계약 당사자가 계약에서 얻고자 하는 특별한 이익이나 필요성, 요구, 기대 등을 말한다. 그러나 이것들은 객관적으로 계약 그 자체의 정당성과 합리성의 외부에 존재한다.

원인은 계약에서 단일하고 변하지 않는 요소(elemento unitario e costante)이다. 즉 한 개의 매매에서 대금에 대하여 물건을 상환하는 기능은 그의 객관성에 의해 단일화되고 계약의 두 당사자에게 공통의 가치를 가진다.

이에 비해서 동기들은 다양하며 보통은 당사자들에 공통되지 않고 반대되는 위치에 있는 것들이 많다. 규범적으로 볼 때 계약 당사자들은 상대방의 이익과 충돌되는 각자의 주관적 이익을 추구한다. 예컨대 매도인은 좀더 비싸게 받게 싶고, 돈은 즉시 받고 싶고, 물건을 담보하고 싶어하지 않는 데에 비해, 매수인은 좀더 싸게 사고 싶고, 좀 늦게 돈을 주고 싶고, 매수한 물건에 담보가 설정되기를 바란다. 이것과 별도로 당사자는 여러 가지의 동기를 가지고 계약을 한다. 예컨대 매도인은 그 물건을 사용하는 것에 싫증이 났거나, 어떤 물건을 구입하기 위하여 돈이 필요하거나 자기나 형제의 빚을 갚기 위해서 등이다. 매수인은 투자나 투기를 하기 위하여, 작업을 위하여, 그것을 사고자 하는 경쟁자를 방해하기 위하여, 친구의 결혼선물로 주기 위하여 등의 동기를 갖고 있다.

법적 가치 면에서도 원인은 관련성(rilevanza)을 갖지만 동기는 관련성을 갖지 않는다. 즉 원인에 문제가 있으면 그 계약의 효과에 영향을 주지만 동기에 관련된 문제는 그 계약에 영향을 주지 않는다. 예컨대 A가 친구 X의 채무에 대하여 채권자 B에 대하여 보증을 서 주었다. 이것은 오직 친구에 대한 호의에 의한 것이었다. 그런데 알고 보았더니 B에 대한 X의 채무가 없었던 경우에는 보증의 원인은 무너지고 원인의 부재가 되어 계약은 무효가 된다. 그런데 만약에 X의 채무는 있었는데 친구 X가 A에 대하여 친구로서의 의리를 저버리는 행동을 하였다고 하자. 계약을 하게 된 동기는 비록 무너졌지만 그렇다고 이것이 계약의 효력에 양향을 주지는 못한다. 이 경우에는 상대방 B가 이 계약의 동기를 모를 수 있다는 점을 고려하여야 하기 때문이다.

동기는 개인적인 이익영역에 배타적으로 속해 있는 것이어서 다른 사람에게 전가할 수 없다. 그러나 이런 동기가 주관적인 영역에서 벗어나 계약에 명료하게 들어가서 객관화된 경우에는 예컨대 계약의 조건으로 그 동기가 계약의 내용에 들어선 경우에는 유일하게 이런 동기가 중요시된다.[35]

동기가 계약과 관련성이 없다는 원칙에 법적으로 예외가 되는 두 가지 사례가 있다. 그 하나는 동기가 당사자 모두에게 위법한 경우다. 다른 하나는 유언과 증여에서 착오에 빠진 동기다.[36]

4. 계약의 목적

(1) 의의

계약의 '목적'(oggetto)을 급부(prestazione)로 해석하거나, 목적물로 보거나, 계약의 내용으로 보는 견해들이 있다.[37] 이탈리아 판례 중에는 계약의 목적을 목적물이 아니라 계약 급부의 목적이 위법인 경우는 무효라고 판시한 것이 있다(C 07/22312, C 03/19190). 우리나라에서는 대체로 법률행위의 목적을 법률효과로 보고 목적물(객체)과는 구별한다. 계약의 목적은 '계약적 급부(prestazione contrattuale)의 총체(insieme)'로 보는 것이 타당하다.[38] 이 계약적 급부라는 개념은 계약상 서로 대응하는 급부로서 채권의 목적으로서의 급부(prestazione)보다는 다양하고 넓은 개념이다. 계약적 급부의 총체는 단순한 개별적 권리(채권)

35 Francesco Macioce, pp. 160-163.
36 Vincenzo Roppo, pp. 363-368.
37 CianTrabucchi, p. 1402.
38 Vincenzo Roppo, p. 367.

또는 의무와는 구별된다.[39] 당사자의 행위라는 측면과는 독립적으로 발생되는 법적 효과이기 때문이다.

계약적 급부는 이미 확정된 재산(물권매매, 물건임대차, 양도된 채권, 특허권 등)과 관계되는 경우가 많아서 계약의 목적을 이러한 재산이라고 말하는 경향이 강하다. 실제로 계약의 목적은 급부 관련성이 있어서 사안별로 다양할 수 있다. 예컨대 동일한 물건이라도 임대차에서의 급부는 동일한 물건에 대한 매도인의 급부와 다르다. 또한 경업금지와 같은 부작위채무를 생각하면 계약상 급부는 어떤 재산과 관계가 없는 경우도 있다.

기본적으로 계약의 목적과 비슷하게 사용될 수 있는 것으로는 계약의 내용(contenuto)이다. 예컨대 매매의 내용은 금액의 지급과 물건의 이전을 말한다.[40]

(2) 목적의 가능성과 합법성

이탈리아 민법은 계약 목적의 요건으로서 '가능(possibile)하고, 적법(lecito)하고, 확정(determinato) 또는 확정 가능(determinabile)할 것'을 명문으로 요구하고 있다(제1346조).

'가능성'은 계약에서 실현할 수 없는 급부를 합의할 수 없다는 것을 의미한다. 예컨대 건축계약은 건물이 설 수 있는 땅이 없으면 안 되듯이 물리적이나 기술적인 면에서 토지가 존재하지 않으면 안 된다. 또한 타인 땅 위의 건물을 팔려고 할 때는 지상권이 있어야 하는 것처럼 법적인 면에서도 실현이 가능해야 한다. 분양아파트를 판매하는 것처럼 미래의 물건은 법률에 다른 규정이 없는 한(제1348조) 유효하다.[41]

---

39 Francesco Galgano, p. 192.

40 Francesco Macioce, p. 156.

41 그 외 제820조 2항("천연과실은 장래의 동산과 동일한 방법으로 처분할수 있다"), 제1472조(장래물건의 매매) 등이 있다. 그러나 장래재산의 증여는 금지된다(제771조). 권리의 객체로서 사람의 신

'적법'한 목적이란 계약에서 법으로 금지되는 것을 합의해서는 안 된다는 것을 의미한다. 예컨대 공무원과 계약을 맺을 때 뇌물을 받을 목적으로 서류를 꾸민다든지, 도시계획법상 보호 대상이 되는 외관을 해치는 부동산매매를 하는 경우 등을 들 수 있다.

(3) 목적의 확정 또는 확정 가능성

가. 의의 목적의 '확정'은 계약에서 당사자 일방에게 불명확한 이익을 제공하고 다른 당사자에게는 불명확한 희생을 제공하는 것을 합의해서는 안 된다는 것을 의미한다(*per relationem*). 예컨대 A가 B에게 5만 주의 자동차 주식을 판매하면서 현대인지 삼성인지 어느 회사의 것인지 밝히지 않거나, X가 Y에게 아파트를 매도하면서 금액을 정하지 않고 형평과 호의에 따른 가격으로 판매하겠다고 정하는 경우 등이다. 이런 경우는 계약합의의 진정성을 의심하게 되고, 그 결과 당사자가 권리를 행사하거나 구제수단을 집행할 수 없게 되기 때문이다.

계약의 목적이 확정되지는 않았지만 가능성이 있는 경우가 있다. 그 계약 자체에서 계약상 급부를 확정할 수 있는 어떤 기준이나 외부적인 요소를 결정하고 있는 경우이다. 예컨대 5만 주의 주식을 매도하면서 계약을 체결할 때 일년 이내에 가장 주가가 상승한 것으로 한다든지 상관적인 계약 속에서 확정될 수 있는 경우는 인정할 수 있다.[42]

확정 가능성에서 문제가 되는 것은 요식행위인데, 예컨대 부동산 매매대금에서 본질적이지 않은 대금 시기를 확정하지 않은 경우에 이것 때문에 다시 요식행위를 할 필요가 없다면 유효하다고 보아야 할 것이다.

체를 처분하거나(제5조), 국유재산 등은 처분할 수 없다(Francesco Galgano, p. 193).

42 매매에서 가격이 명시적으로 결정되지 않은 경우에, "거래소 또는 시장가격이 있는 물건의 경우에는 인도지 또는 가장 가까운 시장의 상장표 또는 시가표에 의하여 가격을 정한다"(제1474조 2항).

나. 제3자에 의한 재량 계약의 상관 관계 속에서 목적을 확정하는 데에 특별히 제3자의 재량(arbitramento)에 의해 결정되는 경우가 있다. 계약에서 정해진 급부의 확정이 제3자에게 일임된 경우에, 계약 당사자가 전적으로 제3자의 재량에만 맡기려는 의사가 아닌 때에는 제3자는 공평하게 처리하여야 한다. 제3자가 확정을 하지 아니하거나, 그 확정이 명백히 불공평하거나 잘못된 경우에는 판사에 의해 확정된다(제1349조 1항). 또한 제3자의 재량에 전적으로 일임된 확정은 그 악의가 입증되지 않는 한 취소될 수 없다. 만약 제3자의 확정이 없고, 당사자 사이에서 이것을 대체하는 것에 대한 합의가 없는 경우에는 계약은 무효로 된다(동조 2항).[43]

43 Francesco Galgano, pp. 194–195.

V. 계약상 규율의 결정

1. 계약상 규율의 의의

(1) 개념

계약의 목적 내지 내용은 계약상 법적 효과를 발생시킨다. 계약의 '목적', '효과'와 '원인'의 의미들이 중첩되고 서로 줄거리로서 엮이면서 체계적으로 표현되는 형식(una formula)을 '계약상 규율'(regolamento contrattuale) 또는 '계약규범'이라고 한다. 이탈리아 민법 제1321조에서는 계약은 당사자 사이의 법률관계를 규율(regolare)하기 위한 2인 또는 수인의 합의라고 규정하고 있다. 여기서의 '규율한다'는 관념은 계약제도 저변에 깔려 있는 '사적 자치'(autonomia)의 본질을 의미한다. 즉, 계약은 각 당사자들의 이익 추구에 의한 자동적 규율이다. 계약상 규율이란 계약 당사자들의 이익을 규율하는 동안에 발생하는 법적 효과의 총체로 정의 내릴 수 있다.

만약 A가 B에게 5,000만 원짜리 물건을 판다고 했을 때, A에서 B로의 물건의 이동과 B가 A에게 5,000만 원을 주어야 할 채무는 A의 B에 대한 채권에 상응하는 것이다(correlative). 이 모든 것이 계약적 규율이다. 또한 계약의 목적이며(급부의 총체), 효과의 복합체이며(재산의 이동이 의무를 발생시킨다), 원인이다(금전과 물건의 교환). 한마디로 계약 그 자체는 행위라기보다는 전체로서의 관계라고 할 수 있다.

(2) 계약상 규율 결정의 권원

계약에서 근본적으로 문제되는 것은 '누가 계약상 규율을 결정할 것인가' 또는 계약에 의해 규율되는 '권원'(fonti)은 무엇인가이다.

계약상 규율은 어떤 하나의 유형에 의해 결정되는 것이 아니라, 서로 다른 권원들이 결합해서 작용할 수 있다. 계약상 규율이 발생되는 것으로는 기본적으로 다음의 두 유형이 있다. 첫째, '당사자의 의사'이다. 합의로서 결정되는 이들의 공통된 의사다. 둘째, 당사자의 의사 '외부'에서 계약의 일체성을 확보해 주는 다양한 권원들이 그것이다.

2. 계약자유의 원칙

(1) 의의

계약상 규율은 먼저 계약상 이익을 취하려고 하는 당사자에 의해서 결정된다. 예컨대 A의 물건을 B에게 매도하기로 하는 계약은 기본적으로는 그만한 가격으로 그런 물건을 팔고 사고자 하는 당사자의 의사에서 야기되는 것이다. 당사자의 의사 외부에 있는 예컨대 공권력에 의하여 강제적으로 결정되는 것은 아니다. 이런 것을 '사적 자치의 원칙'(autonomia privata)이라고 한다.

계약자유의 원리는 일반적인 사적 자치의 원칙 중에서 계약의 범주에서 적용되는 원리다. 원래 사적 자치의 원칙은 절대권력의 자치와 구시대 사회(antico regime)에 대한 투쟁의 원리로서 기능하였었다. 외부적 권위에 의하지 않고 자기 자신의 의지에 의하여 자신의 이익을 추구하여 재산관계를 스스로 형성할 수 있는 힘을 개인에게 부여한 것이다. 재산관계에서는 계약이 핵심이 됨으로써, 결국 계약자유는 사적 경제활동을 창설하는 자유로서 자본주의와 전통적인 자유주의 체제에서 전폭적으로 받아들여지게 된 것이다. 잠시 이런 정치적 투쟁의 산물인 이탈리아 헌법 규정을 살펴보기로 한다. 헌법 제41조는 '사적인 경제활동은 자유롭게 창시할 수 있다. 사적인 경제활동은 사회적 이익에 반하거나, 안전, 자유, 인간의 존엄을 해하는 방법으로 영위되어서는 안 된다. 공적 및 사적 경제활동이 사회적 목적에 따라 조정되듯이 이것을 적당하게 계획하고 통제하는 것은 법률이 결정한다'고 규정하고 있다.

이탈리아 민법에서도 계약자치(autonomia contrattuale)에 대한 명문규정을 두고 있다. 즉, '당사자는 법률이 정하는 범위 안에서 자유롭게 그 계약의 내용을 정할 수 있다'(제1322조 1항).

계약자유의 원칙은 계약체결의 자유, 상대방 선택의 자유, 내용의 자유, 유형 선택의 자유 또는 매매나 임대차 등과 같은 전형적 유형에 속하지 않는 계약(비전형계약)도 체결할 수 있는 자유를 의미한다(제1322조 2항).

(2) 전형계약과 비전형계약

민법은 사회에서 빈번히 발생하고 일반적으로 검증된 계약의 유형 예컨대 매매나 임대차나 도급 등의 계약유형에 대하여 규정을 두고 있다. 이것을 '법적 유형'(tipi legali), '전형계약'(contratti tipici) 내지는 '유명(有名)계약'(contratti nominati)이라고 한다. 현대에 와서는 어느 전형계약에도 속하지 않는 계약들이 많이 등장하고 있다. 그 결과 민법은 이러한 비전형계약(contratti atipici)도 체결할 수 있는(제1322조 2항) 자유도 포함시키고 있는데 다만 일정한 한계가 있다. 당사자가 법질서에 따라 보호할 가치가 있는 이익을 실현하기 위한 것이어야 한다(제1322조 2항). 다시 말해서 위법한 원인이나 위법한 목적(oggetto)은 받아들일 수 없다는 것이다.

국제적인 경향에 따라 이탈리아에서도 비전형계약으로서 예컨대 리싱(leasing), 팩토링(factoring), 프랜차이즈계약(franchising) 등이 검토되고 있다. 이런 비전형계약은 점점 입법화하여 전형계약화하는 경향에 있는데, 이탈리아에서도 팩토링계약에 대하여 처음으로 회사채권의 양도라는 관점에서 입법화되었다(legge n. 52/1991).

계약의 유형은 각 유형에 따라 법적 자격이 부여되므로, 어떤 계약은 전형계약의 특성을 가지고 있으면서 그 계약 중 다른 일부는 어떠한 전형계약의 유형에도 포함되지 않는 경우가 있다. 이런 것들도 비전형계약에 속한다.

(3) 혼합계약

다양한 유형의 계약이 합쳐져 있는 것을 '혼합계약'(contratti misti)이라고 한다. 예컨대 경비원이 있는 공동주택(condominio)은 임대차와 근로계약이 합쳐져 있는 것이고, 자동차 주차장 계약은 토지임대차계약과 임치계약이 합쳐 있는 경우다.

혼합계약의 기본적인 문제는 A라는 전형계약 유형과 B라는 전형계약 유형이 합친 경우에 A유형에 관한 규정을 적용할 것인지, B유형에 관한 규정을 적용할 것인지, 아니면 둘 다 적용할 것인지가 문제된다.

3. 계약상 규율의사의 결정

계약상 규율의사는 당사자의 의사에 의하여 결정되는데, 당사자는 먼저 계약의 본질적 요소(elementi essenziali)를 결정하여야 한다. 계약이 작동하는 핵심이 되는 '원인'(causa), '목적'(oggetto)이 필수적인 요소다. 예컨대 매매계약에서는 판매되는 물건과 대금이다.

그 밖에 당사자는 위의 요소에 한정하지 않고 기타 부수적 요소로서 예컨대 매매에서 물건과 대금의 인도방법과 시기 등 비본질적인 요소(elementi non essenziali)를 합의하는 경우도 있다.

계약상 규율의사는 약관에 의해서도 결정될 수 있다. 다만 약관은 사회적으로 우월한 지위에 있는 당사자 일방의 의사에 결정된다는 점에서 상당한 통제

를 받고 있다.[44]

4. 계약의 해석

(1) 의의

계약의 해석은 계약상 규율되는 이미 결정된 의사를 설정하는 것이다. 이러한 해석의 기준에 대하여, 우리 민법에는 상세한 규정이 없으므로 프랑스 민법이나 이탈리아 민법과 같이 다른 입법례의 해석기준규정을 고려하여 체계적이고 종합적인 분석을 할 필요가 있다.[45]

사적 자치의 원리상 당사자는 자기의 이익을 위하여 활동하므로 그 이익에 맞게 해석하여야 하지만, 그 이익들이 충돌되는 경우가 문제된다. 당사자들의 행위는 법적 정당성이 있어야만 하므로 판사에 의한 해석이 필요하고, 판사는 자기 뜻대로 해석하는 것이 아니라 해석기준에 맞게 해석하여야 한다.

(2) 해석의 기준

해석의 기준에는 명시적 의사표시를 기초로 당사자의 '공동의사'(comune intenzione delle parti)를 밝히는 '주관적 해석'(interpretazione soggettiva)과 신의칙이나 다른 객관적 기준에 의한 '객관적 해석'(interpretazione oggettiva)이 있다. 전자에서는 계약 전후의 종합적 행태를 밝히는 작업이 필요하고(제1362조), 약관의 경우에는 전체를 조감해서 해석하여야 할 것이다. 후자에서는 '합리성'과 '기능성'과 '형평성'을 고려해서 해석해야 할 것이다. 이를 위하여 이탈리아 민법은 다섯 개의 기준을 마련하고 있다. ① 신의성실의 원칙(제1366조), ② 계약유지해석의 원칙(제1367조), ③ 관습해석의 원칙(제1368조 ①), ④ 작성자 불이익의 원칙(제1370조), ⑤ 무상계약은 덜 부담되는 방향으로 유상계약은 형평에

44 Vincenzo Roppo, pp. 371-374.

45 비록 계약의 해석기준에 관한 규정들이지만 법률행위 해석기준에 관한 설명과 크게 다르지 않다.

맞게 해석한다는 최종규칙(제1371조)을 두고 있다.[46]

(3) 계약의 완결성

계약은 표현된 것뿐만 아니라 법률, 그것이 없으면 관습과 형평의 원칙에 의하여 발생하는 모든 결과를 가지고 당사자들에게 의무를 부과한다(제1374조).

또한 당사자 의사와 달리 당사자의 사적 자치 권한 밖에서 계약적 규율이 결정될 수 있다. 여기에는 법률과 판사의 역할이 있다.

가. 사적자치의 보충—임의규정과 관습 예컨대 계약에 본질적 요소나 비본질적 요소에 대한 '공백'(lacune)이 있을 때 이런 공백을 메우는 객관적인 프로그램이나 치유기준으로서 사실인 '관습'이 있고 이것이 없을 때에도 '임의규정'에 의한다.

당사자가 예컨대 매매계약에서 물건의 인도방법과 같은 비본질적 요소에 대해 합의한 바가 없을 때, 민법은 '물건의 인도는 반대의 약정 또는 관습이 없는 경우에 당사자가 물건이 있는 장소를 알고 있는 경우에는 매매 당시 물건이 있는 장소에서 기타의 경우에는 매도인의 주소지 또는 사업의 본거지에서 행하여야 한다'(제1510조)고 규정하고 있다. 이런 규정들은 계약의 '완결성'(integrazione del contratto)을 용이하게 하기 위하여 당사자의 합의가 없는 경우에 적용되는 '보충규정'(norme suppletive)이다. 당사자가 합의를 하지는 않았지만 이렇게 생각하거나 원했을 것이라는 것을 내용으로 한다. 일반적으로 '임의규정'(norme dispositive, norme derogabile)이라고 한다. 계약의 본질적 요소에 합의가 없으면 계약은 없는 것과 같은데, 예외적으로 임의규정에 의해 계약의 본질적 요소가 보충될 수 있다. 예컨대 민법은 매매가격에 대해서도 임의규정

46 Francesco Galgano, pp. 288-290. 신의성실의 원칙에 대해서는, Francesco Macioce, pp. 203-206.

을 두고 있다(제1474조).[47]

동일한 역할을 하는 것이 '관습'(usi normativi)이다. 관습조항(clausole d'uso)은 그것이 당사자에 의해 의욕된 것이 아니라는 것이 나타나지 않는 한 계약에 포함된 것으로 해석된다(제1340조). 당사자들은 관행대로 행동하기 때문이다.

따라서 관습은 임의규정보다 우선하다. 위 제1510조에서 '반대의 약정 또는 관습이 없는 경우'라는 문언에서도 알 수 있다.

나. 사적 자치의 제한—강행규정 당사자의 의사(volontá), 사적 자치를 용이하게 해주는 것과는 반대로 일반적 이익을 고려하여 사적 자치를 방해하는 것까지 종합적으로 검토하여야 계약상 규율의사의 결정이 완결된다.

예컨대 아파트임대차계약(abitativo) 기간은 최소한 4년으로 하도록 규정하고 있는데[48] 당사자가 2년으로 합의한 경우 2년의 합의는 무효가 된다. '강행규정'(norme imperative)은 일반적 이익을 보호하려는 것이기 때문이다.

따라서 관습이나 임의규정의 내용은 당사자의 약정이 있으면 계약에 삽입되지 못하지만, 강행규정으로 설정된 조항, 재물 또는 서비스의 가격은 비록 당사자가 다른 조항으로 대신하였다 하더라도 당연히 계약에 삽입된다(제1339조).

보호되어야 할 일반적 이익은 입법자에 의해서 확인된다.

---

47 "① 계약이 매도인에 의하여 통상적으로 판매되는 물건을 그 목적으로 하는 경우에, 당사자가 가격을 결정하지 아니하거나, 가격 결정 방법에 합의하지 아니하고, 가격이 공공기관에 의하여 정하여지지 아니한 때에는 당사자는 매도인이 통상적으로 정하는 가격에 근거하고자 한 것으로 추정한다. ② 거래소(borsa) 또는 시장가격이 있는 물건의 경우에는 가격은 인도지 또는 가장 가까운 시장의 상장표(listini) 또는 시가표에 의하여 정한다. ③ 당사자는 공정한 가격에 근거하고자 한 때에는 제1항 및 제2항의 규정을 적용하고, 동항에 규정되지 아니한 경우에는 합의가 없으면 가격은 제1473조제2항의 규정에 따라 임명된 제3자가 이를 결정한다"(제1474조).

48 제2조 1항 법률 n.431/1998.

다. 형평성 계약의 완결성을 위하여 계약에서 표현된 것, 법률, 만약 그것이 없으면 관습과 형평의 원칙에 의한다(제1374조). 즉 계약적 규율을 결정하기 위해서는 당사자의 의사, 법률(임의규정, 강행규정), 관습의 순서에 의하는데, 결국은 사안별로 구체적인 법적 평가를 하는 판사가 이런 효과들을 '형평성'(equitá)에 기초하여 최종적으로 결정하는 것이다. 계약에서의 형평성은 판사가 현재의 계약에 놓여 있고 또 수행되어져야 하는 상황들을 고려하여 결정할 수 있다.[49]

강행규정은 당사자의 개별적 의사에 반해서도 존재하지만, 형평성에서는 당사자가 합의한 것에 반하여 계약상 규율을 변형할 수 있는 권한은 없다. 다만 유일한 예외가 위약금약정에 관해서다. '위약금'(penale)은 주된 채무가 일부 이행된 경우 또는 채권자가 이행에서 얻는 이익을 고려했을 때 위약금액이 명백히 과다한 경우에는 판사에 의해 공평하게 감액될 수 있다(제1384조). 마찬가지로 소유권유보부 매매를 해제할 때 이미 지급한 할부금을 위약금(indennita)으로 보유한다고 약정한 때에도 판사는 사정에 따라 위약금액을 감액할 수 있다(제1526조 2항).

라. 판사에 의한 보충적 해석 당사자 합의에 공백이 있을 때 계약상 규율을 결정하기 위하여 판사가 참여하도록 하는 법률규정들이 있다. 이 경우 판사는 당사자의 '가상적 의사'를 가지고 보충하는 것이므로 당사자들의 의사를 뒤엎는 결과가 나와서는 안 된다.

예컨대 기간을 결정한다든지(제1183조, 제1331조 2항; 제1817조), 특히 계약의 목적을 정한다든지(제1349조[50]), 선택채무에서 급부의 선택이라든지(제1286조

49 제1226조; 제1371조; 제1384조; 제1447조 3항; 제1468조; 제1526조 1항; 1660조; 제1664조 2항; 제1733조; 제1736조; 제1738조; 제1749조 2항; 제1751조 1항; 제1755조 2항; 제2109조 2항; 제2110조; 제2118조 1항.

50 "제3자가 확정을 하지 아니하거나, 그 확정이 명백히 불공평하거나 잘못된 경우에는 판사에 의해

3항[51]), 하는 채무에서 대가의 결정을 하는 것이 그것이다(도급의 제1657조[52]; 위임의 제1709조; 매매위탁의 제1733조; 대리상의 제1751조 2항; 노동계약의 제2099조 2항; 자주적 노동의 제2225조, 지적 직업의 제2263조 2항 등).[53]

확정된다."

51 "③ 선택이 수인에 의해 행해져야 하는 경우에는 판사가 기한을 정할 수 있다. 선택이 정해진 기한 내에 행해지지 아니한 때에는 판사에 의해 행해진다."

52 "당사자가 대가의 액을 결정하지 않거나 그 결정의 태양도 정하지 않은 경우에는 대가는 현행 요금표 또는 관습을 참조하여 계산되고 그렇지 않은 경우에는 판사에 의해 결정된다."

53 Vincenzo Roppo, pp.376-381.

VI. 계약의 효과와 계약의 구속력

1. 계약의 효과와 계약의 유형

계약의 효과는 첫째 '내용'(contenuto), 둘째 '당사자'(soggetti) 변에서 고찰할 수 있다(제1372조). 계약은 발생시키고자 하는 효과의 내용에 따라서 다양한 유형으로 분류된다.

(1) 형성적 계약과 확인적 계약

'형성적 계약'(contratti di attribuzione)은 당사자 사이에서 재산이동을 결정하는 것으로서, 이미 존재하는 법적 상황을 변경하는 것이다. 채무를 발생하게 한다든지, 존재하였던 권리를 소멸하게 한다든지, 한 주체에서 다른 주체로 권리를 양도하는 계약 등이다. 사실상 대부분의 계약들은 형성적 계약이다.

'확인적 계약'(contratti di accertamento)은 법적 상황을 변경하는 재산이동이 아니라 이미 있는 법적 상태를 확인만 하는 계약을 말한다.

(2) 채권계약과 물권계약

가. 의의　계약의 효과에 따른 분류 중에서 가장 중요한 분류라고 할 수 있다. '채권계약'(contratti con effetti obbligazioni)은 채권적 효과를 발생시키는 계약으

로서, 이행할 채무와 급부를 받을 채권을 발생한다. 예컨대 임대차계약에서 임대인은 임차인이 물건을 평화롭게 향유할 것을 보장하면서 통상적이지 않은 수리를 관리해 준다. 임차인은 임대료를 지불하고 물건을 잘 보존하였다가 반환하여야 한다. 또는 노동계약에서 노동자는 노동을 제공하고 사용자는 보수를 주어야 한다.

'물권계약'(contratti con effetti reali)은 물권적 효과를 발생하는 계약으로서, 당사자들 사이에 물권을 형성하고 이전시킨다. 그 밖에 기타 권리들의 이전에 관한 것들 예컨대 채권의 양도나 특허권의 양도와 같은 것들은 물권계약에 들어가지 않는다. 물론 예컨대 매매계약에서 매수인은 가격을 지불할 의무를 부담하는 것처럼 채무를 발생시키기도 하지만 본질은 물권의 이전이나 물권 발생에 있다(이탈리아는 의사주의를 취하고 있다). 물권계약은 발생하는 효과들의 유형에 기초하여 구별된다.

채권계약과 물권계약에 대하여 전자는 '의무부담계약', 후자는 '처분계약'이라고도 한다.

나. 물권적 효과를 가지는 계약('의사주의') ㄱ) 의의: 특정물의 소유권의 이전, 물권의 설정 또는 이전 내지는 기타 권리의 이전을 목적으로 하는 계약에서는 그 소유권 또는 권리는 적법하게 표시된 당사자 '합의'의 효과에 의해 이전되고 취득된다(제1376조). 즉 이탈리아 민법은 이른바 '의사주의'('대항요건주의')를 취하고 있다(principio consensualistico). 예컨대 매매계약에서 매도인과 매수인 사이에 적법하게 계약이 체결되면 물권은 곧바로 이전된다. 여기서 '적법하게'란 예외적으로 요식을 요구하는 경우에는 이를 갖추어야 합법적인 것이 된다는 의미다. 재산권의 이전을 위하여 실제로 물건이 매도인에서 매수인에게 이전되거나 매수인의 대금 지급을 기다릴 필요가 없다.[54]

54 Francesco Macioce, pp. 190-194.

ㄴ) 연혁: 현대적 법체계에서 이와 같은 '의사주의'의 원리는 나폴레옹 법전이 처음이고 이탈리아 법이 이를 받아들인 것이다. 이것은 전통적인 로마법과 이를 유지하고자 했던 독일법과는 맞지 않는다. 이들 '형식주의'에서는 합의만으로 재산이 이전되는 것이 아니라 별개의 행동이나 이행이 필요하게 된다. 합의만으로 재산권이 이전되도록 한 것의 정당성은 경제적인 합리성에 있다. 즉 재산이 현실적으로 이전되어야 하는 구속에서 벗어나도록 한 것은 재산이 비물질화되는 현대적 경향에 따른 것이고, 신속하고 강력하게 유통되는 것을 선호해서이다. 대금을 실제로 현찰로 지급하는 구속에서 벗어나게 해주어 신용(credito)으로 가격을 지불하게 하는 발전된 수단들을 수용하고자 하는 것이다.

ㄷ) 관련 원리들: 재산권이 이전되는 시점이 규명되면 다음과 같은 관련 원리들이 확인될 수 있다.

첫째, 만약 매도된 물건이 이 시점 이전에 우연히 멸실된 경우에는 위험은 매도인이 부담하고 만약 우연한 멸실이 이 시점 이후에 발생한 경우에는 위험은 매수인에게 부담된다.

둘째, 만약 물건이 제3자에게 손해를 야기한 경우에는 손해의 순간에 재산을 소유하고 있는 자가 이에 대해 책임을 진다.

셋째, 물건이 매도인의 소유에 있는 경우에는 매도인의 채권자가 집행을 할 수 있고 재산이 이전되는 순간부터 이 물건은 매수인의 채권자에 대한 재산담보가 된다(처음부터 취소할 수 있는 행위를 실행한 경우는 제외한다).

ㄹ) 유통성 확보을 위한 제약: 합의에 의한 이전의 효과는 신뢰보호와 유통성 확보를 위하여 공시(publicitá) 수단에 의하여 제약된다. 예컨대 매매계약에서 매수인이 매매계약이 체결되자마자 등기된 부동산이나 동산의 소유권을 취득하지만, 이후 매도인이 이를 이중으로 제3자에게 양도한 경우에 만약 이 제3자가 먼저 등기를 하면 이 자가 권리를 취득하게 된다. 동일한 채권의 이

중양도의 경우에도 먼저 취득한 자가 우선하는 것이 아니라 먼저 채무자에게 통지해 준 자가 우선한다. 만약 등록되지 않는 동일한 동산을 두 주체에게 양도한 경우 먼저 인도를 받은 자가 우선한다.

이와 유사한 기준으로 다수의 대인적 용익권이 경합한 경우도 해결하고 있다. 예컨대 임대차에서 수인의 임차인의 권리가 경합한 경우다. 즉 제1380조는 '① 연속하는 계약으로 한 사람이 동일한 물건에 대한 상대적 대인적 용익권을 다수의 당사자들에게 양도한 경우에 그 용익권은 처음으로 양도한 사람에게 귀속한다. ② 계약 당사자 중 누구도 용익권을 취득하지 아니한 경우에는 먼저 확정일자 증서를 가진 자가 우선한다. ③ 이전등기의 효력에 관한 규정은 영향을 받지 아니한다'라고 규정하고 있다. 따라서 만약에 하나의 물건에 대하여 A에게 임대차를 한 후에 B에게 임대차한 경우, 용익권은 처음으로 양도한 사람에게 귀속하므로 이들 중 먼저 물건을 점유한 사람이 우선한다.

ㅁ) 특정물: 합의에 의한 이전효과가 발생하기 위해서는 하나의 조건이 충족되어야 한다. 즉 예컨대 저 그림, 저 자동차, 저 아파트처럼 '하나의 특정된 재산'이어야 한다.

만약 종류물채무 예컨대 보르도산 포도주 5,000리터와 같이 어떤 종류물의 일정량에 대한 합의의 경우에는 합의만으로 이전되지 않고 이후 공급할 물건이 특정화(구체화: individuazione)되었을 때 이전한다. 특정화는 당사자 사이의 합의 또는 당사자가 정한 방법에 의한다. 어느 장소에서 다른 장소로 운반해야 할 물건인 경우에는 운송인 또는 운송업자에게 인도한 때 특정된다(제1378조). 이 특정된 시점 이전에는 매매계약의 매도인은 특정을 위하여 필요한 급부를 하여야 할 채무를 부담할 뿐이다. 특정 전까지 이 매매는 물권적 효과가 발생하는 것이 아니라 채권적 효과만 발생한다.

종류물이면서 하나의 특정된 집합물건(una massa ben determinata)의 경우에 예컨대 매도인의 창고에 있는 포도주 전부를 판매하는 경우에는 마치 하나의 특정된 물건처럼 합의에 의해 이전된다(제1377조).

(3) 규준적 계약

규준적 계약(contratti normativi)(또는 전형적 계약)의 효과는 직접적으로 구체적인 법적 재산관계를 규율하는 것이 아니라, 미래에 체결하는 구체적인 일련의 계약들이 통일적으로 갖추어야 할 계약적 규율의 체계를 정의하는 데에 있다.

가장 중요한 예는 근로단체계약(단체협약)이다. 즉 사용자와 노동자 사이의 개별적인 미래계약에 그 내용이 삽입되어 의무들을 발생시키고 동일한 계약 약관이 단체협약으로 형성되기 때문이다.

(4) 일시적 계약과 계속적 계약

가. 일시적 계약(contratti con effetti istantanei)은 계약체결과 함께 효과가 발생하고 곧바로 이행이 실현되는 계약을 말한다. 특정한 물건을 매매한 경우 물건이 곧바로 이동하고 가격은 계약을 체결한 후에 곧 바로 지불되는 계약을 말한다.

나. 계속적 계약(contratti di durata)은 계약체결, 발생 또는 그 실현 사이에 일정한 기간이 경과하는 계약을 말한다.

① 사후이행계약: 사후이행계약(contratti a esecuzione differita)이란 계약상 급부 등을 당사자가 계약을 체결한 이후에 실행하도록 하는 계약을 말한다. 예컨대 매매계약에서 계약을 체결한 이후의 특정화단계에서 물건을 건네주거나 대금지급 때문에 물건은 6개월 지연하기로 미리 정해 놓은 경우 등이다.

② 정기급부계약: 정기급부계약(contratti a esecuzione periodica)은 정원사가 매주 화요일과 금요일 오후에 자신의 일을 하기로 하는 계약처럼 일정한 시간적 간격을 두고 급부를 하여야 할 계약을 말한다.

③ 계속적 이행 계약: 계속적으로 이행하여야 할 계약(contratti a esecuzione continuata)은 급부가 계속되어서 나뉘지 않는 계약이다. 예컨대 임대차계약처럼 임차인이 물건의 사용수익을 계속적으로 하고 임대인은 이를 방해하지 않을 의무를 계속 부담하는 경우다.[55]

2. 계약의 구속력과 자유

(1) 의의

계약의 효과에 대한 개념은 '계약상 구속력'(vincolo contrattuale)을 상기시킨다. 당사자 사이에서 구속력 있는 계약이 한 번 체결되면 그 효과들을 더 이상 제거할 수 없다는 의미가 되기 때문이다. 계약의 구속력이 발생하면 당사자에게 이익이나 불이익이 될 수 있는 의무들이 발생한다.

매매계약을 체결하면 매도인은 물권을 인도해 주어야 할 법적 구속을 받는다. 비록 그 사이에 후회하거나 되찾고 싶더라도 이런 구속을 방해하거나 다시 시작할 수는 없다.

매수인도 비록 그 사이에 구입한 것이 이익이 되지 않거나 그에게 적합하지 않다는 것을 깨달았어도 대금을 지급하는 것을 거부할 수 없고 반환을 받을 수도 없다. 이미 계약상 효과에 의해 발생한 의무에 구속되어 있기 때문이다.

이탈리아 민법에서는 'pacta sunt servanda'(계약은 지켜져야 한다)라는 오래된 원리를 더욱 엄격히 규정하고 있다. 즉, 계약은 당사자 사이에서 법률상 힘(forza di legge)을 가진다는 것이다(1372조 1항). 이 원리는 예컨대 사적 자치의 원칙이나 계약자유 원칙의 의미로 받아들이고 있다. 계약적 구속력은 계약자유에서 발생하기 때문이다. 청약철회를 할 것인지 승낙을 할 것인지 여부를 결정할 자유는 각자가 가지고 있다. 만약 승낙하기로 받아들였다면 그 효과들에 구속되어야 한다. 그 구속은 기꺼이(volontariamente) 한 것이므로 다시 철회

55 Vincenzo Roppo, pp. 383-385; Francesco Galgano, pp. 256-263.

될 수 없는 것이 된다. 사적 자치의 원칙는 그 자체가 법규범을 창조하는 힘이 있다는 것을 기억할 필요가 있다.

(2) 계약상 구속력에서의 자유

이와 같은 원리들은 실제로 엄격하게 또는 절대적으로 적용되지 않는 경우가 많다. 계약 당사자들이 어떤 경우에든 어떠한 방법으로든 계약의 구속력에서 벗어날 수 없다는 것은 타당하지 않기 때문이다. 계약의 효과를 거부하고 다시 검토할 수는 기회가 주어져야 한다. 계약상 구속은 선택될 수도 취소(cancellato)될 수도 있는 것이다. 계약상 결함(contratto difettoso)이 발생하였기 때문에 계약상 구속에서의 자유를 법적으로 용인해 주는 일련의 사안들이 있다. 이것들은 계약상 결함을 치유하는 데에 적용되어 당사자를 계약상 구속에서 벗어나게 한다(후술).

한편 당사자가 계약상 구속을 풀어 버릴 수 있는 사안들도 있다. 계약상 결함이 원인이 아니라 당사자가 상호 간 동의를 하지 않았다거나(mutuo dissenso) 일방적인 철회(recesso)를 한 경우이다.

(3) 상호 간 부동의

상호 간 부동의(mutuo dissenso)는 당사자가 계약의 효과를 해소하는 것에 대해 동의를 한 것을 말한다. 계약은 상호 간의 동의에 의해 해소될 수 있다고 규정하고 있다(제1372조). 이것도 계약을 해소하기로 합의한 것이다. 계약이란 당사자 사이의 법률관계를 설정, 규율할 수 있을 뿐만아니라 소멸시키기 위한 2인 또는 수인 사이의 합의를 말하므로(제1321조) 상호 부동의는 계약상 구속력를 위반하는 것이 아니다.

(4) 일방적 해약

가. 의의　계약은 계약 당사자 일방에 의해 해약될 수 있다(recesso unilaterale dal contratto). 물론 이것이 계약상 구속력의 원리를 무력화하는 것은 분명하지만, 합의해약에서는 적용되지 않으며, 일방적 해약도 해약하고자 하는 계약에서 그 권능이 주어진 경우에만 인정된다. 따라서 이것도 계약상 구속력을 위반하는 것이 아니다.

나. 해약금　당사자가 합의해약에 대비하여 '해약금'(caparra penitenziale)을 지불할 수도 있다(제1386조 1항). 해약금을 지급한 자는 해약금을 포기하고 수령한 자는 두 배를 지급하면서 해약할 수 있다. 해약은 이와 같은 지급이 이행된 경우에 효력이 발생한다(제1373조 3항).

다. 효력　계속적 또는 정기적 이행의 계약에서 이러한 해지권능은 이행이 이미 행하여진 후에도 행사될 수 있으나 이행이 종료되지 않는 한 해지의 효력이 생기지 않는다(제1373조 3항). 예컨대 임대차에서 2년이 지난 후에 해지할 때 임대인은 임대료를 받는 동안에는 원상회복할 수 없고, 임차인도 목적물에서 수익을 하는 동안에는 원상회복할 수 없다.

위 이외의 다른 계약에서는 이행이 개시되기 전에만 행사할 수 있다(제1373조 1항).. 그러나 합의만으로 이전의 효력이 생기는 물권계약에는 적용되지 않는다. 위의 각 경우에 다른 약정을 한 경우에는 이것이 우선한다(제1373조 4항).

(5) 법률상 해약

법률에 의한 해약(recesso legale)은 타방 당사자의 동의에 기하지 않은 일방 당사자에 의한 해약으로서 직접적으로 법률의 규정에 의한 것이다.

기간을 정하지 않은 계속적 계약이나 정기적 계약에서, 계약상 효과가 종료되는 시점을 정하지 않은 경우들에서 주로 발생한다. 예컨대 부정기계약(제1569조), 대리상계약(제1750조 1항), 사용대차(제1810조), 계정(제1833조 1항), 여신개설(제1845조 3항) 등이다. 위 이외에 기간을 정하지 않은 계약으로서는 예컨대 도급(제1671조), 직업계약(제2237조)이나 소비제품 판매계약 등이 있다.

법률이 규율하는 모습은 동일하지 않다. 당사자를 취급하는 방식에 따라 법률의 규정은 두 가지 형태로 나누어 볼 수 있다.

첫째는 도급인(제1671조)처럼 해약권이 대립 당사자 중 1인에게 주어진 경우이다.

둘째는 해약을 할 수 있는 권한이 당사자 모두에게 주어져 있으나, 일방은 아무런 한계나 정당성 여부를 따지지 않고 완전히 사유로이 실행할 수 있는 반면에 타방은 정당성이 있어야 하는 경우이다.

법률은 예컨대 고용계약에서는 해고라고 하거나, 도급에서는 해제, 계속적 계약에서는 해지라고 하는 등 이런 '해약'에 대하여 다양한 용어를 사용하고 있다.

3. 계약의 상대적 효과와 제3자를 위한 계약, 계약인수

(1) 의의

민법은 계약의 '상대적 효과'(relatività degli effetti)에 대하여, '계약은 제3자에 대해서는 효과가 생기지 않는다'(제1372조 2항)고 명문화하고 있다. 이것은 채권의 상대성을 의미하는 것으로서 제3자에게는 대항할 수 없다는 의미이다. 계약상 구속력은 당사자의 합의, 당사자의 의사에서 발생하기 때문에 그 효과들이 당사자들만 구속하는 것은 당연한 것이다. 제3자의 동의도 없었고 그 계약상 구속에 따른다는 의사표명도 하지 않은 제3자에게 구속력을 인정하는 것은 타당하지 않다.

계약의 상대적 효과에 의해서도 제3자의 이익이 간접적으로 또는 사실상 영향을 받을 수 는 있다. 예컨대 X가 A의 물건을 사고 싶은 생각이 있었는데 A가 이 물건을 B에게 매도하여 넘긴 경우, 이로 인해 X에게는 이 물건을 구입하지 못한 불이익이 생길 수 있다.

그러나 계약의 상대적 효과는 제3자에게 계약에서 발생한 구체적인 법적 의무를 부과하지 않는다는 것이다. 좀더 구체적으로 말하면, 첫째, 계약은 당사자가 아닌 제3자에게 채무를 발생시키지 않는다. 둘째, 계약의 채권적 효력는 제3자의 권리취득에 영향을 주지 못한다. 셋째, 가장 큰 의미로서는 계약은 제3자의 권리를 빼앗지 못한다는 것이다. 예컨대 A가 B에게 X의 물건을 매도할 때 타인 소유의 물건을 이전해 줄 채무를 부담할 뿐이므로 이 계약상 효력이 X의 권리를 상실시키지 않는다는 것이다.

세 번째 의미와 관련해서, 유통성 확보를 하기 위한 예외를 두고 있다. 즉 A가 B에게 등기된 부동산이나 동산, 등기되지 않은 동산, 채권을 매도할 때 이미 이 물건에 X가 권리를 가지고 있는 경우에 만약 B가 X보다 먼저 등기하거나, 먼저 물건을 인도받았거나, 먼저 채무자에게 통지한 경우에는 X의 권리는 상실한다.

(2) 제3자에게 행위할 계약

계약은 제3자에게 채무를 발생시킬 수 없다는 계약의 상대성원리는 제3자에게 행위할 계약(promessa del fatto del terzo)에도 적용된다. 예컨대 A가 B와 꽃을 구입하는 계약을 맺으면서 X에게 이 꽃을 배달해 달라고 하는 계약을 맺은 경우 B가 X에게 직접 채무를 부담하는 것은 아니다. 만약 X가 이를 거부하는 경우에는 A가 B에게 자신에게 손해배상을 할 것을 청구할 권리를 갖는다(제1381조). 이 경우에도 계약상의 효과들은 계약 당사자 내부에 머물러 있다.

여기에도 예외가 있다. 예컨대 A가 B에게 물건을 임대한 후 이 물건을 X에게 양도한 경우 이 임대차관계를 X는 침해해서는 안 될 의무가 있다. 임차인은 이 제3취득자에게 임대차를 가지고 대항할 수 있기 때문이다(제1599조 1항). A와 B 사이의 계약에서 발생한 의무들이 그 계약 당사자가 아닌 제3자인 X에게도 인정되는 것이다.

(3) 양도금지계약

계약의 상대성은 양도금지계약(patto di non alienare)에도 적용된다. '양도금지계약은 당사자 사이에서 효력을 가진다'(제1379조)고 명문화되어 있다. 예컨대 A가 B에게 어떤 물건을 매도하면서 제3자에게 양도하지 말 것을 합의하였다고 하더라도 A가 이 물건을 제3자인 X에게 매도한 경우 X의 권리에는 아무런 영향을 주지 못한다. A와 B 사이의 양도금지특약은 A, B 당사자 사이에서만 효력이 있기 때문이다.

다만 양도금지특약에는 두 가지 한계가 있다(제1379조). 첫째 당사자 일방의 이익으로서 정당하게 평가될 수 있는 것일 것, 둘째 적절한 시간적 한계가 포함되어 있어야 한다는 것이다.

(4) 제3자를 위한 계약

가. 의의 '제3자를 위한 계약'(contratto a favore di terzo)이란 당사자 중의 일방(낙약자)이 타방(요약자)이 지시한 제3자(수익자)에게 급부를 할 의무를 부담하는 계약을 말한다.

제3자를 위한 계약은 제3자에게 직접 낙약자에 대한 권리를 취득하게 한다. 예컨대 운송계약에서 수하인이 운송인에게 청구를 하면서 운송물에 대한 권리를 취득하는 것(제1689조), 그 외 제3자를 위한 종신정기금계약(제1875조)과 제3자를 위한 보험(제1920조), 면책적 채무인수(accollo) 등이 그것이다.

나. 효과 계약의 체결로 제3자의 낙약자에 대한 권리가 즉시 발생한다. 낙약자는 이 계약에 기한 항변을 할 수 있지만 요약자와 낙약자 사이의 다른 관계에 기한 항변은 할 수 없다(제1413조).

제3자가 권리를 취득하기 위해서 우리 민법처럼 제3자의 수익의 의사표시는 필요로 하지 않는다. 독일 민법(제333조)이나 프랑스 민법(제1121조)도 이탈리아 민법과 마찬가지다.

요약자나 낙약자를 상대로 하는 제3자의 수익의 의사표시는 제3자의 권리 취득에 관계되는 것이 아니고 최종단계(definitivo)에 영향을 준다. 즉 제3자의 수익의 의사표시 이전에 요약자는 계약을 철회할 수 있는데 이 이후에는 제3자는 권리를 잃는다(제1411조 3항[56]).

그런데 여기에도 예외가 있다. 즉 요약자의 사망 후에는 제3자의 수익의 의사표시 이후에도 요약자가 철회할 수 있는 권리를 가진다(제1412조[57]).

요약자의 철회나 제3자의 거부가 있으면 급부는 요약자의 이익을 위하여 존속하게 된다(제1411조 4항).

낙약자가 제3자에게 의무를 짐으로써 얻는 이익은 요약자에게서 얻는다. 계약이 효력을 얻기 위해서는 제3자의 권리에 기여하는 요약자의 이익도 있어야 한다(제1411조 1항). 그것이 정신적인 만족감일 수도 있고(제3자의 권리가 무상인 경우) 이미 있었던 의무이행이나 대가적인 요소일 수도 있다(유상인 경우).

제3자의 권리는 채권일 수도 물권일 수도 있다.[58]

---

56 "③ 그러나 이 특약은 제3자가 낙약자에게도 이것으로부터 이익을 받고자하는 의사를 표시하지 않는 동안에 취소 또는 변경될 수 있다."

57 요약자의 사망 후 제3자에 대한 급부: "① 급부가 요약자의 사망 후에 제3자에게 행하여져야 하는 경우에는 요약자는 제3자가 수익의 의사표시를 한 경우에도 유언으로 그 이익을 철회할 수 있다. 다만 요약자가 서면으로 철회권을 포기한 경우에는 그러하지 아니하다."

58 Vincenzo Roppo, pp. 388-390; Francesco Galgano, pp. 263-266; Francesco Macioce, pp. 177-178.

(5) 계약인수(계약양도)

가. 의의 A가 B와 계약을 맺은 상태에서 그 계약상 지위를 X에게 양도한 경우, B와의 계약관계에서의 A의 지위는 X에게 그대로 인수하게 된다(cessione del contratto). A를 계약상 지위의 양도인(cedente), X를 인수인(cessionario), 원래의 계약 상대방인 B를 피양도인(contraente ceduto)이라고 한다.

여기에는 두 개의 요건이 필요하다(제1406조[59]). 첫째 급부가 아직 이행되지 않았을 것, 둘째 양도인과 양수인의 동의는 물론 원래의 계약 상대방 즉 피양도인의 동의도 있어야 한다(3자 합의). 물론 미리 당사자의 일방이 동의를 할 수 있는데, 이 경우에는 승인이나 통지를 한 때에 효력이 발생한다(제1407조[60]).

예외적으로 동의가 필요없는 경우가 있다. 회사나 임대차의 경우이다.

나. 효과 양도인은 당사자의 교체가 유효하게 된 때로부터 피양도인과의 채무관계에서 면제된다(제1408조 1항). 미리 동의가 있는 경우에는 승인이나 통지가 있을 때부터 면제된다.

그런데 피양도인이 양도인을 면제시키지 않겠다고 표시할 수 있다. 이 경우 양수인이 그가 부담한 채무관계를 이행하지 않는 때에는 양도인에 대하여 소송을 제기할 수 있다(제1408조 2항). 이 경우 피양도인은 불이행이 발생한 날로부터 15일 이내에 양수인의 불이행을 양도인에게 통지하여야 하고 통지하지 않은 경우에는 손해배상책임을 진다(동조 3항).

피양도인은 양도인과의 계약에서 발생하는 모든 항변을 양수인에게 대항할 수 있지만, 양도인과의 다른 관계에 기초한 항변으로는 대항할 수 없다(제

59 "각 당사자는 대가가 아직 이행되지 않은 경우에 상대방이 이에 동의하는 한 대가적 급부를 갖는 계약으로부터 발생하는 법률관계에 자기 대신 제3자를 교체시킬 수 있다."

60 "① 당사자의 일방이 계약으로부터 생기는 법률관계에 자기를 대신하여 제3자를 교체시키는 것에 미리 타방 당사자가 동의한 경우에는 그 교체는 교체의 통지를 받거나 교체를 승인한 때로부터 그에 대한 관계에서 유효하다."

1409조).

양도인과 양수인 사이의 관계에서, 양도인은 계약의 유효성을 담보해야 할 책임이 있다. 즉, 양도인이 계약의 이행을 담보한 경우에는 피양도인과의 계약상 채무에 대하여 보증인으로서의 책임을 진다(제1410조).

다. 하부 계약　계약인수계약과 하부(下部)계약(subcontratto)과는 구별해야 한다. 예컨대 A가 B에게 방이 10개 있는 건물을 임대하였는데, 임차인 B가 X에게 그중 3개의 방을 다시 임대해 준 경우(일부 임대차)나, A가 B에게 도급을 주었는데 B가 이 중의 일부를 X에게 도급을 준 경우(하도급)와 같은 계약은 하부계약으로서 계약인수계약과 혼동해서는 안 된다.

하부계약에서는 근본적으로 첫째 기본계약 당사자의 동의가 필요한 것인가(위 예에서 임대인 A의 동의), 둘째 원 임대인이나 원도급인과 제3자와의 사이에는 어떤 법률관계가 발생하는 것인지가 문제되는데, 사안에 따라 해결이 달라질 수 있다.[61]

61 Vincenzo Roppo, pp.390-391; Francesco Macioce, pp.186-187.

VII. 조건·기한, 신용계약, 가장행위

1. 서언

당사자들은 사적 자치의 원칙에 근거하여 합의된 계약상 규율을 하면서 그들의 이익을 보다 더 적절하게 실현하려고 한다. 계약의 효과에 추가적으로 영향을 미치는 '조건'(condizione)이라든지, 계약의 시간적 효과에 영향을 미치는 '기한'(termine)과 '예약'(contratto preliminare), 그리고 물권적 효과와 채권적 효과를 결합함으로써 당사자 사이의 특별한 이익을 실현하고자 하는 '신탁계약'(contratto fiduciario), 진정한 상황과는 다른 법률상 외관을 창조할 이익을 가지고자 하는 '가장행위'(simulazione del contratto)가 그것이다.

2. 조건

(1) 조건의 의의

조건이란 계약상 효과의 발생 또는 소멸이 장래의 불확실한 사실의 발생에 의존하는 약정을 말한다. 예컨대 건축업자 A가 B토지를 매수하여 건물을 짓고자 하는데, 혹시 이 지역에 건축을 할 수 없을지도 모르는 위험성이 있으면, '만약 건물을 지을 수 없는 상태가 된다면 계약은 없었던 것으로 하겠다'는 조건을 걸면 유리하다. 과거에는 조건과 기한이 우연적인 요소이거나 예외적인 요소로 분류되었으나 이제 별다른 의미가 없는 것이 되었다.

(2) 조건의 종류

가. 정지조건과 해제조건 조건에는 정지조건(condizione sospensiva)과 해제조건(condizione risolutiva)이 있다(제1353조). 정지조건은 미리 예견된 사실이 성취될 것을 기대하면서 계약상의 효과를 정지시켜 놓은 것이다. 상기 예처럼 A가 B의 토지 위에 건물을 건축할 수 있을 것을 매수의 조건으로 한 경우이다. 해제조건은 일단 계약상의 효과는 발생하였지만 미래 예견된 사실이 성취되면 효과가 소멸하도록 한 것을 말한다. 예컨대 A가 속초에 있는 산속 별장 집을 매수하였는데 회사가 대전으로 옮기면 A도 같이 이사를 가야 할 상황이라서, 회사가 대전으로 이사하는 것을 매수의 해제조건으로 한 경우다. 일단 계약상 효과는 발생하므로 A는 가옥의 소유권을 취득하고 매매대금을 주어야 하지만 해제조건이 성취되면 가옥의 소유권을 매도인에게 돌려주고 대금을 돌려받을 수 있게 된다.

조건은 직접 계약상 효과에 영향을 주는 요소(elementi)라는 점에서, '동기'와는 구별하여야 한다.

조건에 관한 규정(제1353조-제1361조)은 단독행위에도 적용된다. 법률에 특별한 규정이 있는 경우를 제외하고 계약을 규율하는 규범들은, 양립이 가능한 한, 재산적 내용을 갖는 단독행위에 대하여도 적용되기 때문이다(제1324조).

조건을 붙이는 것이 금지된 경우가 있다. 예컨대 혼인이나 인지, 상속의 승인과 포기와 같은 신분행위와 어음의 발행과 같은 주요 어음행위에서 그러하다.

조건 중에는 법정조건이 있는데, 일종의 '허가'의 의미로서 계약을 할 때 공적 관리 차원에서 승인을 받게 하거나, '인가'의 의미로서 효력을 보충하기 위하여 부과한다.

나. 수의조건, 우연조건, 혼합조건 수의조건(condizione potestativa)이란 예컨대 '내년에 내가 이 자리를 사임하면'과 같이 당사자의 일방적 의사에 의존하는 조건이다. 우연조건(condizione casuale)이란 당사자들의 의사와는 독립된 외부적인 것, 주로 자연발생(아이 출생이나 사람의 연령)이나 정치·경제·사회적 사실(예컨대 의회가 해산한다면)을 조건으로 하는 경우이다. 혼합조건(condizione mista)이란 예컨대 포스코의 경영진을 현대가 맡게 된다면 등과 같이 당사자의 의사와 외부 상황이 혼합된 조건이다.

그런데 예컨대 '내가 원한다면'과 같이 당사자 일방의 순수한 의사로만 좌우되는 이른바 '순수수의조건'이 정지조건이라면 무효로 보아야 한다. 민법도 '정지조건에 따르는 권리의 양도나 채무의 부담이 양도인 또는 채무자의 단순한 의사에만 의존하는 것은 무효'라고 규정하고 있다(제1355조). 당사자의 의사가 법적인 의무를 진정하게 부담할 의도가 없다고 보아야 하기 때문이다. 해제조건에 대해서는 명문의 규정이 없지만 의무부담에 대한 것은 역시 무효로 보고, 권리의 양도에 대한 것은 허용하는 것이 타당하다.

다. 불법조건과 불능조건 불법조건(condizione illecita)이란 강행규정 또는 공공의 질서, 공서양속에 반하는 것을 내용으로 하는 조건이다. 불법 정지 내지 해제조건부 계약은 무효다(제1354조 제1항). 즉 일반적 이익이나 법적인 기본가치에 반하는 것을 계약에 부가하는 것은 인정되지 않기 때문이다.

조건이 되는 사실 그 자체가 불법의 결과를 가져오는 것(예컨대 세금을 덜 내게 해주면 뇌물을 주기로 한 조건)은 위법행위에 대한 유인이 되기 때문에 무효이다. 그런데 그 자체가 불법은 아니지만 법의 원리나 기본가치를 위반하는 계약이 되기 때문에 무효가 되는 불법조건도 있다. 예컨대 '남편과 이혼한다면', '네가 나의 종교로 개종한다면'과 같은 경우인데, 이혼의 자유, 개종의 자유가 있으므로 이 자체가 위법은 아니다. 문제는 이런 자유는 최대한의 자유가 보장된 상태에서의 선택이어야 하는데, 계약의 효과에 조건화하게 되면 자유가 제한될 염려가 있기 때문에 금지하는 것이다.

불능조건(condizione impossibile)이란 예컨대 '다음 교황이 여자라면' 또는 '네가 하늘을 만진다면 100억을 준다'와 같이 확실히 또는 적어도 합리적으로 실현될 수 없는 조건을 불능조건이라고 한다. 민법은 '불능조건이 정지조건인 경우에는 계약은 무효로 하고, 해제조건인 경우에는 이를 붙이지 아니한 것으로 본다'(제1354조 제2항). 이런 일은 결코 일어나지 않을 것이므로 이를 정지조건으로 하면 무효가 되어야 하고, 해제조건으로 했으면 기존의 효과가 계속 발생하게 될 것이므로 조건을 붙이지 아니한 것으로 한 것이다.

(3) 조건성취의 미정

가. 조건부 권리 조건성취가 아직 미정인 때에도 당사자 일방은 조건부 권리(diritto condizionato)를 가진다. 예컨대 건축할 수 있을 것을 조건으로 토지를 매도한 자는 정지조건부 권리를 양도한 것이 되고, 회사가 다른 도시로 이사가는 것을 해제조건으로 건물을 매수한 자는 해제조건부 권리를 취득한 것이 된다. 이들은 비록 조건부이지만 현재 권리를 가지고 있다. 전자는 아직 권리를 잃어버리지 않았고 후자는 권리를 이미 취득하고 있기 때문이다.

상대방은 권리의 기대를 가지고 있다. 즉 전자의 경우는 정지조건부 권리를 취득하고 후자는 해제조건부로 권리를 양도하였기 때문이다. 그러나 위와 달리 권리를 취득하지는 못한다. 전자의 경우는 아직 발생하지 않았고 후자의 경우는 권리가 양도되었기 때문이다. 그러나 조건이 성취되면 권리를 취득 또는 재취득되는 기대는 가지고 있다.

나. 조건부 권리의 보호 조건부 권리가 '현재'의 권리로서 보호되는 모습은 다음 세 가지가 있다.

① 처분행위: 조건부 권리를 제3자에게 매매나 증여 등으로 양도할 수 있다. 그러나 제3자가 조건을 철회할 수도 있기 때문에 '각 처분행위의 효과는 동일한 조건에 따른다'고 규정하고 있다(제1357조).

② 관리행위: 예컨대 조건부 목적물을 임대하거나 조건부 채권을 추심하는 행위와 같은 관리행위를 할 수 있다.

③ 보존행위: '해제조건에 따르는 권리의 취득자는 조건이 미정인 동안에 그 권리를 행사할 수 있고, 계약의 상대방은 보존행위를 할 수 있다'(제1356조 제2항). 예컨대 해제조건부로 건물에 대한 소유권을 취득하기로 한 경우에 조건이 미정인 동안에 이 건물이 훼손되는 것을 막을 필요가 있어 계약의 상대방 즉 건물매도인이 이를 보존할 수 있도록 한 것이다. 그리고 이에 대응하는 상대방에게 신의성실하게 행동할 의무를 부과하고 있다. 즉 '정지조건부 채무를 부담하거나 권리를 양도한 자 또는 해제조건부로 권리를 취득한 자는 조건성취가 미정인 동안에 다른 당사자의 권리를 완전히 보전하기 위하여 성실하게 행동하여야 한다.'고 규정하고 있다(제1358조). 이런 신의성실의무를 위반하면 특별한 효과를 가지게 된다. 예컨대 고의나 과실에 의하건 상기 정지조건부 예에서 건축업자 A가 생각이 바뀌어서 건축에 더 이상의 흥미가 없어 지자 관청에 분쟁신고를 하여 그 토지에 건물을 지을 수 없는 상태로 만드는 경우와 같이 신의칙에 위반하는 행위를 하는 경우들이 있다. 민법은 이런 경우에 성취의제를 한다. 즉 '조건의 성취에 반대이익을 가진 당사자에게 귀책시킬 수 있는 사유로 인하여 성취되지 아니한 때에는 성취된 것으로 본다'(제1359조). 따라서 건축업자는 비록 매수한 토지에 건축을 할 수 없더라도 토지를 취득한 것이 되고 토지대금을 지급하여야 한다.

(4) 조건의 성취

조건이 성취되면 현재의 상황이 번복된다. 즉 정지조건부는 정지되었던 계약의 효과를 발생시킨다. 상기 예에서 토지재산권이 이전되고 대금지급을 하여야 한다. 해제조건인 경우에는 지금까지 적용되던 효과가 더 이상 발생하지 않는다. 따라서 상기 예에서 건물소유권을 매도인에게 넘겨야 하고 대금을 반환하여야 한다.

조건이 성취되었을 때, 위와 같은 효과가 소급한다고 할 것인가? 이탈리아 민법은 독일 민법(제158조·제159조)이나 우리 민법과 달리 소급효를 원칙으로 한다. 프랑스 민법 제1179조도 소급효가 원칙이다. 즉 '조건성취의 효과는 계약을 체결한 때에 소급한다'(제1360조 1항). 그런데 조건이 미정인 동안에 제3자에게 양도하게 되면 그 조건성취로 인하여 제3자가 손해를 보는 경우가 있기 때문에 많은 예외규정을 두고 있다. 첫째, 당사자의 의사 또는 법률관계의 성질에 의해 배제될 수 있다(제1360조 1항). 둘째, 해제조건이 계속적 또는 정기적 급부를 목적으로 하는 계약에 붙어 있는 경우에는 조건의 성취는 반대약정이 없는 한, 이미 이행된 급부에는 영향을 주지 아니한다(제1360조 2항). 셋째, 조건이 미정인 동안에 당사자가 수행한 관리행위의 효력을 해하지 않는다(제1361조 1항). 넷째, 법률 또는 별도의 약정이 있는 경우를 제외하고는 수취한 과실은 조건이 성취된 날로부터 지급하여야 한다(제1361조 2항).[62]

3. 기한

(1) 의의

기한(termine)이란 장래의 시간이 부과된 약정을 말한다. 장래 도래가 확실한 사실을 약정한 점에서 조건과 다르다. 예컨대 A와 B가 계약을 맺으면서 'A가 사망할 때'라고 한 것처럼 불확정기한인 경우에도 언제 도래할지가 불확실할 뿐이다.

62 '법정조건'에는 소급효가 적용되지 않는다(Francesco Galgano, p. 234).

(2) 시기와 종기

시기(termine iniziale)는 효과가 발생하는 시점이고, 종기(termine finale)는 합의로 연기하지 않는 한 효과가 종료하는 시점이다.

예컨대 A가 B에게 2011년 1월 15일에 임대차계약을 하면서 임대기간을 2011년 7월 1일부터 2012년 6월 30일까지로 했을 때, 7월 1일이 시기이고 6월 30일이 종기이다.

이것은 계약의 효과에 관한 시점으로서 '이행기'(termine adempimento)와는 다르다. 예컨대 B가 임대료를 매달 5일에 지급하기로 하였다면 이 매달 5일이 이행기이다.

종기에 관해서는 여러 가지 경우가 있다. 먼저 계속적 계약에서 당사자가 종기를 약정하지 않은 경우에는, 첫째 법률이 중단의 원인이 개입할 때까지 계속 진행할 수 있도록 한 경우와 법률이 최종 기한을 정하거나 판사에게 일임한 경우가 있다. 전자의 예로서는, '공급의 존속기간이 정하여져 있지 아니한 때에는 각 당사자는 약정된 또는 관습에 의하여 정하여진 기간 내에 또는 이러한 약정이나 관습이 없는 경우에는 공급의 성질을 참작하여 적당한 기간 내에 예고를 함으로써 계약에서 탈퇴할 수 있다(제1569조; 제1750조, 제1810조, 제1833조). 후자의 예로서는, 당사자가 임대차의 존속기간을 정하지 않은 경우에는 제1574조에서 정한 기간으로 합의한 것으로 추정하거나(n. 392/1978), 소비대차계약에서 반환 시기가 정해져 있지 아니한 때에는 판사가 여러 사정을 참작하여 정하도록 하였다(제1817조).

둘째, 법률이 기한을 정했을 뿐만 아니라 나아가 강행규정화하는 경우도 있다. 예컨대 경쟁을 제한하는 약정은 5년을 초과하지 못하는 것(제2596조 1항)처럼 '최장기간'(termine massimo)을 제한한 경우[63]와 부동산임대차에서 각 경우

63 양도금지계약에서 적절한 시간적 한계를 초과한 경우에는 효력이 없도록 한 경우(제1379조), "법률에 달리 규정된 경우를 제외하고, 임대차계약은 30년을 초과하는 기간으로 약정하지 못한다. 이보다

마다 4년, 6년, 9년을 넘지 못하도록 '최단기간'(termine minimo)을 보장해 주는 경우이다.

근로계약은 근로자를 위하여 특별한 규정을 두고 있다(d.lgs. n 276/2003).

(3) 효과

기한은 소급되지 않는다. 소급효는 기한의 본래의 기능에 위반하기 때문이다. 당사자는 다른 날짜가 아닌 바로 그 기한에 계약의 효과를 발생하고 종료하려고 하였기 때문이다(당사자의 기한의사).[64]

4. 예약

(1) 의의

예약(contratto preliminare)이란 장래 본계약(contratto definitivo)을 체결할 것을 미리 약속하는 계약을 말한다. 예컨대 아파트를 매수하려고 대출금 신청을 해 놓고 있는데 매도인이 다른 사람에게 팔지도 모른다고 생각되는 경우에는 예약을 걸어 두면 유익하다.

예약은 장래 본계약을 체결해야 할 채무를 부담하는 채권계약이다.

민법은 두 가지 측면 즉 '방식'과 '강제집행'에 대하여 규정하고 있다.

(2) 예약의 방식

민법은 '법률이 본계약에 대하여 규정한 것과 동일한 방식으로 행하여지지 아니한 경우에는 무효'(제1351조)라고 규정하고 있다. 따라서 아파트매매예약은 등기를 하지 않으면 무효가 된다.

더 긴 기간으로 또는 영구적으로 약정한 계약은 30년으로 단축한다"(제1573조)와 "식목을 위한 농지의 임대차는 최대한 99년의 기간으로 계약할 수 있다"(제1629조) 등이 있다.

64 제647조 · 제648조(부담) · 제793조(부담부 증여) 등 무상행위에서의 '부담'(modus)에 대해서는 Francesco Macioce, p. 197; Guido Alpa, p. 179.

(3) 본계약과의 구별

예약과 본계약을 구별하는 것이 쉽지는 않다. 당사자들이 애매한 언어들을 사용하기 때문이다. 따라서 계약의 해석이 필요한데 계약이 연속적이라고 나온다고 해서 예약을 맺은 결과라고 생각해서는 안 된다. 예컨대 이것은 단순히 이전에 맺은 계약을 한 번 더 하는 것일 수도 있기 때문이다.

(4) 예약의 내용과 종류

예약도 계약이므로 계약자유의 원칙에 따라 예컨대 조건이나 당사자 등 다양한 내용을 합의할 수 있다. 또한 당사자의 일방만이 채무를 부담하는 계약(편무예약)도 가능하다.

(5) 한계

예컨대 본계약인 물권계약에서 불확실한 예약을 맺는 것이 배제되는 경우처럼 계약자유원칙에는 한계가 있다.

(6) 예약의 불이행

가. 예약상 본계약을 체결하여야 할 채무를 부담하는 자가 이행하지 않은 경우에는, 계약체결의무에 대한 특별집행(sentenza costitutiva)을 할 수 있다.[65]

나만 두 개의 요건이 필요하다. 즉 '이행이 가능하고 금지되지 않은 경우'여야 한다(제2932조 1항). 또한 계약의 이행을 청구하는 당사자는 자신의 의무를 이행하여야 하고, 법률이 정하는 방식으로 의무이행을 제의하여야 한다(제2932조 2항).

---

65 "계약을 체결할 의무를 부담한 자가 그 의무를 이행하지 아니하는 때에는 상대방은 그렇게 하는 것이 가능하고, 증서에 의하여 금지되지 아니한 한, 체결하지 아니한 계약과 동일한 효력을 생기게 하는 판결을 얻을 수 있다"(제2931조). Francesco Galgano, pp. 197-198; 계약체결의무를 특별한 방식으로 이행하기 위한 청구(제265조 2). Francesco Macioce, p.194.

나. 예컨대 매도를 예약한 매도인이 본계약 이행 전에 그 물권을 제3자에게 넘기는 예약이 가능한지에 대하여, 이전과 달리 1997년 새로운 규정을 추가하여 예약을 등기할 수 있게 되었다(제2645조 bis).[66] 따라서 등기가 된 이후에는 이런 예약을 반대할 이유는 없다.

5. 신탁계약

(1) 의의

신탁계약(contratto fiduciario)이란 당사자 중의 일방인 신탁자(fiduciante)가 타방인 수탁자(fiduciario)에게 물건을 이전해 주고 수탁자는 신탁자의 지시에 따라 취득된 재산을 집행할 의무를 부담하기로 하는 계약을 말한다. 신탁계약은 물권적 효과와 채권적 효과를 결합하여 당사자의 최대한의 이익을 실현시키고 있다. 신탁계약은 법률의 규정이 아니라 계약자유의 원칙상 허용되는 것이고, '가장행위'가 아니다.

신탁계약은 당사자들의 다양한 이해관계에 제공되고 있다. 가장 우선적인 것은 위탁자의 이익을 위해 제공된다. 예컨대 A는 물건을 X에게 양도하고 싶은데 X가 이 물건을 받을 수 없는 상황인 경우에 일단 수탁자인 B에게 양도하고, B가 직접적으로 X에게 양도하는 경우이다. 여기서 B는 자기의 이름으로 양수하는 것이므로 A의 이름으로 행하는 대리와는 다르다. 또, A가 주식과 유가증권을 신탁회사에게 관리해 달라고 맡기면서 이것을 매도한 경우에는 그 수익으로 다른 유가증권을 취득하도록 관리하는 경우이다(관리신탁, gestione fiduciaria). 수탁자의 이익을 위한 것도 있다. 예컨대 A의 채권자인 B가 A의 물건을 양도받고 A가 채무를 이행했을 때 반환하기로 약정하는 경우이다(담보목적신탁, fiducia a scopo di garanzia).[67]

---

66 Legge. n.30/1997.

67 강행규정을 회피하기 위한 수단으로서의 신탁행위는 탈법행위(제1344조)로서 무효다(Fran-

(2) 두 가지 유형

신탁계약의 법적 효과는 로마식 신탁계약형(fiducia romanistica)과 게르만식 신탁계약형(fiducia germanistica)에 따라 달라진다.

이탈리아에서는 전통적으로 로마식 신탁계약형에 따르고 있다. 즉 수탁자가 물건의 완전한 소유권을 취득하고 신탁자에게는 물권이 없는 대신 오직 수탁자에 대한 반환채권만을 가진다. 수탁자가 신뢰를 위반하고 반환의무를 이행하지 않으면 동일한 효과를 발생하는 판결을 받을 수 있다(제2932조). 만약 수탁자가 신뢰를 배반하고 이 물건을 제3자에게 양도한 경우에 신탁자는 제3자에 대하여 대항할 수 없다. 당사자 사이의 신뢰는 물권적이 아니라 오로지 채권적 효과만 가질 뿐이기 때문이다(상대적 효과). 이 경우는 수탁자를 상대로 신탁계약상의 의무위반를 이유로 손해배상청구를 할 수 있을 뿐이다. 거래안전을 보호하기 위하여 제3자의 보호를 신탁자 보호보다 우선시킨 것이다.

게르만식 신탁계약형은 신탁자의 지위가 보다 더 강화되어 있다. 수탁자는 형식적인 소유권만을 가진다. 형식적인 소유권이란 신탁자의 이익을 위해서만 제3자에게 유효하게 소유권을 행사할 수 있도록 하는 것이다. 실질적인 소유권은 여전히 신탁자가 가지고 있다. 물건에 대한 재산권 행사는 순전히 신탁자의 이익을 위한 것이기 때문이다. 따라서 제3자에게도 대항할 수 있다.[68]

(3) 신탁행위

게르만법에서의 신탁(fiducia)은 코먼로(common law)에서의 재산법리인 신탁행위(trust)와 유사하다. 신뢰에 의해 재산을 맡은 수탁자(trustee)는 신탁자의 지시에 따라 신탁자나 수익자의 이익을 위하여 관리를 할 의무를 부담하기 때문이다. 그런데 수탁자의 재산과 혼동되지 않는다는 점이 중요하다. 수

---

cesco Galgano, p. 240).

68 Vincenzo Roppo, pp. 399-400.

탁자의 재산에서 분리되어 자치적으로 존재한다. 즉 신탁계약의 물권적 효과가 완화된 것으로 평가할 수 있다. 이런 신탁행위도 이탈리아 법에 수용되어 있다.[69]

6. 가장계약

(1) 의의

가장계약(simulazione del contratto: 위장계약, 허위계약)은 당사자들이 진정한 상황(situazioni)과는 다른 외관상의 법률적 상황을 가장하기로 합의한 것을 말한다. 당사자들이 이런 법적 외관을 창조할 만한 이익을 가질 때 흔히 의존하는 수단이다. 당사자들은 실질적으로 특정한 계약을 맺을 것을 합의를 하고 외관상의 가장계약은 원하지 않는 것으로 합의한 것이다. 가장계약은 허위상황을 발생하는 오직 외관에 불과하고, 반대로 이들이 원래 의욕하는 효과가 진정한 상황이 된다.

(2) 두 유형

가장장행위의 유형에는 두 가지가 있다.

첫째, '절대적 가장행위'(simulazione assoluta)로서, 당사자들이 가장행위를 할 때 어떠한 진정한 계약도 원하지 않은 경우이다. 예컨대 A와 B가 가장매매계약을 체결할 뿐이고 실질적으로 다른 어떠한 계약도 맺지 않은 경우이다.

둘째, '상대적 가장행위'(simulazione relativa)로서, 당사자들이 가장행위를 하면서 다른 진정한 계약(contratto dissimulato)을 의욕하는 경우이다. 이른바 '은닉행위'(nascosto)를 한 것이다. 예컨대 A와 B가 매매계약을 맺으면서 물건가격을 20만 원으로 표시하였지만 실제 매매가격은 50만 원으로 하기로 하거

69 제22조 d.lgs. n.58/1998, legge n.364/1989, 제2645조 legge n.51/2006(Francesco Macioce, pp. 182-183).

나, 매매라고 하였지만 실제는 증여의 합의를 한 경우, 또는 실제의 매수인은 B가 아니라 제3자 X인 경우[70] 등이다.

당사자 사이에서는 외관과 다른 진정한 계약에 대한 합의가 있어야 하므로, 만약 어느 일방만이 이런 허위의도가 있고 타방은 모르고 있었다면 이것은 단순히 당사자 일방의 동기(reserva mentale)에 불과하다.

당사자들이 외관을 창출하는 이유들은 다양하다. 예컨대 삼촌이 조카에게 물건을 증여하려는데 다른 조카들의 질투나 불평을 생각해서 매매로 가장하는 경우도 있지만, 세금을 적게 내려고 매매가를 적게 쓰거나 채권자의 강제집행을 면탈하려고 타인에게 물건을 매도한 것처럼 가장한 경우 등 위법한 목적인 경우가 많다. 당사자들이 의욕했던 위법성은 사법상 위법행위가 되는 것이 아니고 세법상 처벌을 받을 뿐이다.

(3) 당사자 사이에서의 효과

가장행위의 당사자 사이에서는 어떠한 효과도 발생하지 않는다(제1414조 1항). A와 B가 허위의 매매계약을 맺어도 매매계약의 효과는 전혀 발생하지 않는다. 만약 당사자가 그 외관과 다른 계약, 즉 은닉된 계약을 체결하고자 한 경우에는 은닉된 계약의 본질적인 요건과 방식상의 요건을 갖춘 경우에는 효력을 가진다(제1414조 2항). 예컨대 은닉행위가 증여인 경우에는 외관상의 매수인은 대가를 줄 의무를 부담하지 않고 물건을 무상으로 얻게 된다. 또 매매가격이 20만 원이 아니라 50만 원인 경우에는 매수인은 50만 원을 지급할 의무를 부담한다. A에서 B로의 매매가 가장된 경우에 B에게는 매매물건에 대한 권리나 매매가격에 대한 채권이 발생하지 않는다.[71]

---

70 이것만 따로 분류하기도 한다(interposizione fittizia di persona)(Francesco Galgano, pp. 235-236).

71 전술한 신탁계약과는 구별하여야 한다. A와 B의 신탁계약에서는 신탁의 내용을 가진 진정한 합의가 있지만, A와 B의 가장계약에서는 아무런 효과가 발생하지 않는다.

다만 은닉행위에서는 그 본질적인 요건과 형식상의 요건을 갖추어야 한다. 여기서 '본질적인 요건'(sostanza)이란 은닉계약에서 무효가 될 만한 것이 없어야 한다는 것을 말한다. 예컨대 매매의 배후에 있는 은닉된 계약이 증여계약인 경우에 미래의 물건을 증여하기로 합의한 경우는 인정되지 않는다. 미래의 물건을 증여하는 것은 금지되기 때문이다.[72] '방식적인 요건'(forma)이란 가장계약 자체에서 법률이 은닉행위에 요구하는 방식이 갖추어져 있어야 한다는 것을 의미한다. 예컨대 가장매매에서 증여가 은닉행위라면 매매계약이 공정증서에 의해 작성되어 있지 않으면 증여계약의 효력이 발생하지 않는다는 것이다.[73]

당사자 일방의 수정이나 해약과 같은 '상대방 있는 단독행위'에도 가장계약의 규정이 적용된다(제1414조 3항). 그러나 유언과 같이 '상대방이 없는 단독행위'에는 적용되지 않는다.

가족행위에서는 특별한 규정들을 두고 있다.

(4) 제3자에 대한 효과

가장행위의 중심적인 문제는 외관에 대한 효과를 주느냐 표시되지 않은 진정한 합의에 효과를 주느냐에 있다. 즉 '외관'(apparente) 또는 '진정'(realtà) 중에서 어느 것을 우선시킬 것인가이다. 전술한 대로 당사자 사이에서는 진정한 것이 우선한다. 그러나 민법은 제3자에 대해서는 거래안전을 위하여 외관을 우선시킨다. 즉 가장행위는 당사자 또는 그 권리의 승계인 또는 가장양도인의 채권자는 외관상 명의인으로부터 권리를 취득한 선의 제3자에게 대항할

72 "증여에는 증여자의 현존 재산만을 포함시킬 수 있다. 증여에 장래의 재산이 포함된 경우에는 이에 관하여서만 무효로 한다. 다만, 장래의 재산이 아직 원물로부터 분리되지 아니한 과실로 구성되어 있는 때에는 그러하지 아니하다"(제771조 1항).

73 "증여는 공정증서에 의하여 행하여야 하며, 그렇지 않으면 증여를 무효로 한다. 증여가 동산을 목적으로 하는 경우에는 증여와 동일한 문서 또는 증여자, 수증자 및 공증인이 작성한 다른 문서에 그 가액을 명시한 때에만 유효하다"(제782조 1항).

수 없다. 단 가장행위로 하게 된 등기의 효과를 방해하지는 않는다(제1415조 1항). 그리고 가장행위로 인하여 자신의 권리가 침해받은 제3자는 당사자에 대하여 가장행위를 주장할 수 있다(제1415조 2항). 선의 제3자에 대립되는 진정한 의도를 구현하려는 어떠한 이익도 보호하지 않겠다는 것이다. 그래서 '그 권리의 승계인 또는 가장양도인의 채권자'들도 대항할 수 없도록 한 것이다.

(5) 채권자들과의 관계

채권자들과의 관계에서는 어떤 채권에 우선권(prelazione)을 주느냐를 결정하여야 한다. 가장양도인의 채권자는 진정성에 이익을 가지고, 가장양수인의 채권자는 외관에 이익을 가지므로 이에 대한 법적 결단이 필요하기 때문이다.

우선, 가장양도인의 채권자를 보호하기 위하여 가장양도인은 그 권리를 해하는 가장행위를 주장할 수 있도록 하였다(제1416조 2항 전단). 그러나 가장양수인이 있는 경우에는 순서적인 방법으로 해결하였다. 즉, 가장양수인의 무담보채권자와의 대항관계에서는 가장양도인의 채권이 가장행위에 선행한 경우에는 이를 무담보채권에 우선시킨다(제1416조 2항 후단). 가장양도인의 채권이 가장행위보다 우선한다면 민법은 진정을 우선시켜 가장양도인의 채권자를 보호하고, 이후에 발생한 것이라면 외관을 우선시켜 외관상 취득자 즉 가장양수인의 채권자를 우선시키겠다는 것이다.

선의로 가장계약의 목적물이 된 재물에 집행행위를 한 가장명의인의 채권자는 우선적 지위를 갖는다. 즉 가장계약 당사자는 선의로 가장계약의 목적물이 된 재물에 집행행위를 한 가장명의인의 채권자에게 가장행위를 주장할 수 없게 하여(제1416조 1항) 외관을 진정에 우선시켰다.

(6) 가장행위의 입증

입증책임분배의 원칙에 따라서 무효주장으로 이익을 받는 자가 가장행위였음을 입증하여야 한다. 민법은 당사자와 제3자로 경우를 나누어 규정하고 있다. 즉 증인에 의한 가장행위의 입증[74]은 채권자 또는 제3자에 의해 청구된 경우 및 비록 당사자에 의한 것이라도 은닉계약의 불법성을 주장하는 것일 때에는 제한없이[75] 인정된다(제1417조).[76]

74 당사자가 은닉하기로 한 경우에는 서증을 준비하기가 어렵다(Francesco Galgano, p. 238).

75 제2721조와 제2722조 참조.

76 Vincenzo Roppo, pp. 400-403; Francesco Macioce, pp. 217-218.

VIII. 계약상 구제수단

1. 계약상 구제

계약상 구제수단들이란 지금까지 검토한 계약상 효과들을 무효로 돌리는 수단들을 말한다. 민법은 계약상 구속력이 당사자에게 있더라도 하자 있는 계약으로 인하여 현재 또는 잠재적 피해자가 생긴 경우에는 계약상의 효과들이 발생하지 않도록 하여 계약의 구속력에서 해방될 수 있는 기회를 인정하고 있다. 이러한 구제수단으로서 정당하지 못하거나 바람직하지 않은 결과들을 회피할 수 있고, 계약상의 하자로 손해를 입은 당사자들을 구제할 수 있다.

2. 4가지 구제수단과 구제유형

민법상의 구제수단으로는 첫째, 계약의 무효(nullità), 둘째, 계약의 취소(annullabilità), 셋째, 계약의 파기(rescissione), 넷째, 계약의 해제(risoluzione)로서 네 가지 유형이 있다.

네 가지 유형의 공통점은 계약상 효과를 발생시키지 않는다는 점과 계약의 하자를 확인하는 판사의 행위를 요구한다는 점이다.

그런데 다양한 계약의 모습에 따라 그 하자도 다양할 수 밖에 없어서 구체적인 사안에 따라서 사법적 판단들이 서로 달라질 수 있다. 따라서 계약상 구제수단들을 적절한 기준으로 유형화할 필요가 있다.

첫째, 보호하고자 하는 이익의 모습에 따라 다음과 같이 나누어 볼 수 있다. ① 일반적 이익(interesse generale)을 보호하고자 하는 경우이다. 문제된 계약상 효과가 발생하면 사회적 손해가 발생할 우려가 있어서, 사회적인 근본원리나 근본적 가치를 보호하고자 하는 경우이다. 이 경우의 구제수단은 '무효'다. ② 이에 비해서 계약 일방 당사자의 특수한 이익을 보호하고자 하는 경우에는, '취소'나 '파기' 또는 '해제'가 구제수단이 된다.

둘째, 하자가 발생하는 시점을 기준으로 나누어 볼 수 있다. ① 계약이 형성되기 전이나 그 시점에 이미 원시적 하자가 있는 경우이다. '무효', '취소'와 '파기'가 구제수단이 된다. ② 계약이 성립된 이후 계약관계가 실행하는 단계에서 후발적 하자가 있는 경우이다. '해제'가 구제수단이 된다.

이와 같은 기준에 의한 구제유형들은 하나의 경향이지 절대적인 것은 아님을 유의할 필요가 있다. 예컨대 계약의 해제에 원시적인 결함이 포함되는 경우를 다음 해제를 설명할 때 보게 될 것이다. 무효와 취소, 파기는 계약의 성립상의 결함에 대하여 이의를 제기하는 것(impugnazioni)이다.

3. 계약의 '효력없음'과 '무효'와 '취소'

하자 있는 계약현상과 관련된 또 하나의 개념으로서 '효력없음'(invalidità)이 있다. '무효'와 '취소'가 계약의 '효력없음'을 표현하는 두 가지 범주다.

'효력없음'이라는 개념은 법규정에 의한 것이라기보다는 학문적인 분류에 속한다. 법규정에서 이것에 대해 정의 내리는 규정은 없고, '효력있는' 또는 '효력없는', '유효' 등 다양하게 사용하고 있을 뿐이다(제1234조 2항, 제1338조, 제1347조, 제1352조, 제1404조, 제1410조).

전통적으로 계약상 '효력없음'은 계약을 구성하는 필수요소가 없거나 하자가 있는 것을 말한다. 예컨대 동의나 원인, 객체, 형식 등 계약의 '요건'

(requisito)(제1325조)들을 갖추지 못한 경우이다. 이렇게 계약을 효력 없게 하는 결함(difetti)을 계약의 하자(vizi)라고 한다.

이런 하자 있는 계약에 대해 이의를 제기할 수 있는 점에서는 무효와 취소는 같으나, 무효는 일반적 이익을 위반하는 경우에, 취소는 보호할 만한 계약일방당사자의 특수한 이익을 침해하는 경우에 적용된다는 점에서 차이가 있다.[77]

4. 무효

(1) 계약의 '효력없음'과 '효력불발생'

계약의 '효력없음'은 계약의 '효력불발생'(효력장애, inefficacia)과 다르다. 후자는 법적으로 발생시키고자 했던 효력이 발생하지 않는다는 의미다(non produttivo di effetti). '효력없음'은 법에 의해 마련된 요건을 위반했을 때 사용하는 것이고, '효력불발생'은 당사자가 원하는 대로 되지 않아서 효과가 발생하지 않은 것을 말한다. 예컨대 선박이 항구에 도착하면 대금지급을 하기로 한 경우에 약속했던 선박이 항구에 도착하지 않아서 도착을 전제로 하는 효과는 아직 발생하지 않는다고 할 때 사용한다.[78]

양자는 위와 같이 세부적인 차이점이 있지만 중복적으로 사용될 수 있다. '효력없음'은 계약에서 하자 있는 계약에 대한 구제작업으로서 효과발생을 저지하는 것이다. 계약의 '효력없음'(invalidità)이 곧 '효력불발생'(inefficacia)인 것이다. 한편 '효력불발생'(inefficacia)은 '효력없음'의 두 유형과의 관계에서 다르게 표현된다. 계약의 무효(nullo)는 처음부터 계약의 효력이 없는 것을 말하지만, 취소는 효과가 발생하였지만 판사가 취소를 선언을 한 이후에 효과발생이 중지된다는 점에서 다르다. 취소는 계약이 유효(valido)하였더라도 '효력

77 계약의 병적 현상(patologia)으로 설명하는 견해로는, Francesco Macioce, pp. 209 이하.
78 Guido Alpa, p. 182.

불발생'이 될 수 있다는 것을 의미한다. '효력없음' 대신 '효력불발생'이라고 말하게 되면 우선적으로 유효한 계약이 더 이상 효력을 발생하지 않는다는 것을 의미하게 된다.

계약의 '효력불발생'(inefficacia)에는 다양한 유형이 있다. 우선 계약의 효력을 발생할 수 없는 시점을 기준으로, 원시적 무효와 후발적 무효로 나뉜다. ① '원시적 무효'(inefficacia originaria)는 계약이 성립된 때부터 효력이 발생하지 않는 것을 말한다. 예컨대 무권대리, 정지조건이 아직 성취되지 않은 경우 등이다.

② '후발적 무효'(inefficacia sopravenuta)는 처음에는 효력이 발생하였는데 어떤 시점부터 더 이상 효력이 발생하지 않는 것을 말한다. 예컨대 해제조건이 성취되지 않은 경우나 계약에 대한 철회권행사가 승인된 경우 등이다.

다음에는 무효의 범위에 따라서 절대적 무효와 상대적 무효로 구별된다. ① '절대적 무효'(inefficacia assoluta)는 당사자뿐만아니라 제3자에게도 효력이 발생하지 않는 것이다. 무권대리, 정지조건이 아직 성취되지 않은 경우 등이다. ② '상대적 무효'(inefficacia relativa)는 당사자 사이에서만 효력이 발생하거나, 모든 사람들에게 유효한 계약이 오직 이 제3자에게만 효력이 발생하지 않는다든가 이 제3자에게만 대항할 수 없는 경우들을 말한다. 예컨대 후에 등기된 것은 오직 먼저 등기된 것에만 효력이 없다든가, 채권양도 시 채무자에게 통지를 하지 않은 채권양도는 선의로 양도인에게 변제한 채무자에게만 효력이 없는 경우 등이다.

효력이 발생하지 않는 계약(contratto inefficace)은 예컨대 매매계약에서 재산권의 이전이나 매매대금의 지불과 같이 본래의 효과를 발생시키지 않지만, 그 이외의 효과발생까지 막는 것은 아니다. 예컨대 정지조건부 계약에서 선의로 행동할 의무 등이 그것이다.

법률에서 규정된 용어가 여기서 설명한 것과 반드시 일치하는 것은 아니다.

예컨대 무권대리인의 책임규정(제1398조)에서 '계약의 유효를 믿음으로써 받은 손해', 즉 신뢰이익배상에서의 '유효'(validità)는 계약의 효력발생(efficacia)이라고 보는 것이 더 적합하다.

(2) '무효'의 근거

민법상 계약의 무효원인은 제1418조에 상세히 규정되어 있다. '① 계약은 강행규정에 위반하면 무효다. 단 법률에 다른 규정이 있는 경우에는 그러하지 아니하다. ② 제1325조(계약의 요건)의 요건 중 하나가 흠결되거나, 원인의 불법, 제1345조에 규정된 동기의 불법 및 제1346조 소정의 목적이 흠결된 계약은 무효다. ③ 계약은 법률에서 정한 기타의 경우(190, 226, 458, 778 이하, 780 이하, 788, 794, 1261, 1344 이하, 1350, 1471, 1472, 1895, 1904, 1972)에도 무효다'(제1418조).

이를 분석하면 크게 두 가지 유형으로 나눌 수 있다.

첫째, 불합리한 계약(contratto assurdo)이다. 계약이 터무니없어서(assurdo) 당사자에게 계약을 무효로 돌릴 만한 원인을 갖고 있는 경우다. 예컨대 거짓계약, 경제적으로 그것이 실현될 수 없고 무분별한 것이어서 법적으로 승인할 수 없는 경우들이다.

둘째, 허용되지 않는 계약(contratto disapprovato)이다. 계약이 터무니없는 것이 아니라 법이 보호하고자 하는 가치나 원리에 비추어 허용되지 않는 계약을 말한다. 예컨대 A가 B에게 물건을 매도할 때 어떤 물건인지 정해지지 않았거나 정해질 수 없는 계약은 불합리한 계약이다. 그러나 계약의 물건이 정해졌다고 하더라도 법률이 일반적 이익을 위하여 판매를 금지시키는 계약이 허용되지 않는 계약이다.

(3) 불합리한 계약

가. 의의 일반적 이익을 위반한 것은 아니지만 계약이 불합리한 경우(contratto assurdo)에는 법적 효력이 발생하지 않는다. 예컨대 무분별(insensata)하거나, 이해할 수 없는 경우, 실현할 수 없는 경우에 관한 계약은 무효다. 제1418조 제2항에 의하면, 계약의 성립요건(제1325조) 중의 하나가 흠결되거나, 목적이 흠결된 계약(제1346조)이 그것이다. 계약의 성립요건으로는 ① 당사자의 합의, ② 원인, ③ 목적, ④ 위반 시 무효의 결과가 되도록 법률에 규정된 방식, 예컨대 서면행위(제1350조 · 제1351조) 위반을 말한다.

ㄱ) 계약의 본질적 요소가 흠결된 경우: 합의가 결여된 계약은 무효다. 비록 합의가 된 것처럼 표시되어 있더라도 실제로 합의가 없는 경우도 포함된다. 예컨대 수면 중의 서명행위같이, '물리적으로나 심리적으로 심한 억압상태에서 한 경우', 부동산매매계약에서 여섯 살 된 어린이가 서명한 경우처럼 '의사무능력'인 경우, 예컨대 위조된 서명이나 존재하지 않는 이름으로 대리행위를 한 경우처럼 '귀속의 주체를 모르는 경우', '친구들끼리 농담'으로 한 계약이나 '무대대사'나 '강학용 예시행위', 예컨대 A는 B에게 '현대자동차'를 판다고 하였을 때 A가 의도한 것은 현대자동차였는 데 B는 현대오토바이를 의도한 경우처럼, 외부적으로는 일치하더라도 당사자가 서로 다른 것을 의욕한 '숨은 불합의'(dissenso occulto) 등이다.

ㄴ) 계약의 원인, 동기, 목적, 조건이 흠결된 경우: 계약의 원인(제1343조)이나 동기(제1345조), 계약의 목적(제1346조)을 흠결한 경우이다. 계약의 목적이 '가능, 적법, 확정 또는 확정할 수 있는 것'을 말한다. 제1354조(조건)에 관한 것으로서 정지조건이 불능이 된 경우도 무효다. 순수수의조건(제1355조)도 마찬가지다.

ㄷ) 법정 방식에 위반한 경우: 제1350조와 제1351조의 서면방식을 갖추지 않으면 무효이다. 엄밀히 말하면 이런 경우를 불합리한 계약이라고 말하기

는 어렵다. 법률은 계약의 명확성과 확실성을 위하여 방식을 요구하기 때문이다.

나. 계약의 무효와 부존재 무효는 계약이 존재하는 것을 전제하는 것이므로, 계약의 부존재와는 구별해야 한다. 예컨대 A가 B에게 청약을 하였으나 B가 거절한 경우에는 A와 B 사이에는 계약이 존재하지 않는다. 계약이 성립되지 않았기 때문이다.

무효와 부존재의 한계는 매우 애매한 경우가 자주 있다. 계약의 합의가 없었다고 볼 만한 것들이 이론적으로는 무효사유가 되기도 한다. 예컨대 물리적 압박이나 농담, 무대나 강학용 표현, 의사무능력 등이다. 그런데 일부는 부존재이므로 결국은 구체적인 사안별로 최소한의 계약상 외관을 갖추는 데 필요한 요소를 갖추었느냐 여부를 가지고 정당하게 판단하는 수밖에 없다.

계약의 부존재라는 유형은 실제적으로 그 중요성이 적다. 오히려 예컨대 소집되지 않은 단체에서 결의가 있었던 경우처럼 단체계약에서 중시되고 있다.

(4) 허용되지 않는 계약

가. 의의 사법질서상 허용되지 않는 위법한 계약(contratti illeciti)은 계약의 요건(제1325조) 중 하나가 흠결되거나, 원인의 불법(제1343조), 동기의 불법(제1345조) 및 목적이 흠결된 계약(제1346조)이다(제1418조 2항). '위법한 목적'(oggetto illecito)은 이 목적 자체를 이행하는 것이 법률규정에 위반되기 때문이고, '원인의 불법'(causa illecito)은 법률에 위반하여 계약상의 급부나 기능을 변경하는 경우이거나 탈법행위이기 때문에 허용되지 않는 것이다. 또한 '불법조건'(condizione illecito)은 위법한 결과를 유발하기 때문이며 '공통된 동기의 불법'(motivo illecito commune)(제1345조)은 예컨대 임차건물을 매춘장소로 사용하려고 표시하였을 때 상대방이 이를 인식한 것은 이런 위법상태를 상대방이

이용하려고 하는 것이므로 금지하는 것이다. 일반적으로 이런 불법동기는 예외적으로만 계약의 동기가 된다.

나. 위법의 기준—강행규정, 공공질서, 선량한 풍속 목적, 원인, 조건, 동기가 위법인 이유는 제1343조에 규정된 대로 '강행규정', '공공질서', '선량한 풍속'에 위반되기 때문이다.

ㄱ) '강행규정'(norme imperative): 강행규정은 사회의 기본적이고 일반적인 이익을 보호하기 위한 것이다. 물론 특별히 보호할 가치가 있는 특별한 이익도 포함될 수 있다. 강행규정을 관철하기 위해서는 특정 행위를 금지시키거나 행위의 결과를 무효로 하거나 특정한 방법만을 강요하는 모습 등 다양한 방법이 있다. 강행규정들은 사법규정일 수도 공법규정일 수도 있다.

강행규정은 공통적인 요소를 가지고 있다. 즉 금지되는 것을 명확히 한다는 점에서 상세하고 특수하다는 점이다. 이렇게 무효로 해야 할 목표을 확실히 하는 것은 장점이 되지만, 입법자가 근본적인 가치와 사회일반적 이익에 배치될 수 있는 모든 계약을 입법화할 수 없는 단점도 있다. 그 결과 법질서(ordinamento giuridico)에 위반한 계약이라도 강행규정이 없다면 무효로 할 수 없게 되는 문제점이 발생한다. 그러나 강행규정이 없더라도 공공질서와 선량한 풍속에 위반된 행위는 역시 무효로 선언되어야 한다.

ㄴ) '공공질서'(ordine pubblico)는 사회의 정치와 경제적 조직을 형성하는 원리와 가치를 포함하는 기초적 법질서를 말한다. 이것은 계약의 해석에 의해서만 도출될 수 있는 것이 아니고 헌법의 원리나 규정 또는 전체 강행규정의 규범적 기초에서 도출할 수 있는 것이다. 예컨대 어떠한 강행규정도 특정인에게 혼인할 수 없다든가 특정인과 혼인할 수 없다든가 특정인하고만 혼인할 수 있다는 계약을 강요할 수 없다. 마찬가지로 유럽인이나 흑인이나 아랍인 또는 아시아인과의 아파트 임대차계약을 할 수 없다는 계약도 마찬가지다. 이것은

인종차별을 금지하는 헌법에 위반한다. 또한 형사상 책임에 대한 면책계약은 형벌효과를 침해하는 것이므로 범죄행위를 방지하고자 하는 원리에 위반한다. 또한 특정 정당에 가입하도록 강요하거나 탈퇴하도록 하는 계약은 헌법상 보장되는 정치적 자유를 침해하는 계약이다.

ㄷ) '선량한 풍속'(buon costume)이란 사회에 널리 퍼져 있거나 사회에서 결정된 윤리의식에 따라 행동하는 것을 규율하는 것이다. 이것을 위반하는 것은 일반적으로 부도덕하거나 보기 흉하게 되는 것을 말한다. 성도덕(매춘계약 또는 경제적 대가로 성을 제공하는 것)이나 정치적 도덕, 전문가들의 직업윤리 등에 관한 것으로서, 예컨대 국회의원에게 국회에서 어떤 투표를 할 것인가 안 할 것인가에 대한 의무를 부과하거나 축구선수에게 자기 팀의 패배에 도박을 건 사람을 위하여 소속 팀을 배반하도록 의무를 부과하는 계약 등이 그 예이다.

단순히 강행법규나 공공질서에 위반한 계약도 부도덕하기 때문에 두 경우 모두 무효가 되는 위법한 계약일 수 있다.

그런데 계약의 객체나 원인의 위법성으로 무효가 되어 계약의 급부나 기능을 금지하는 것과 계약성립 시의 외부적 행위를 금지하는 것과는 구별해야 한다. 전자는 계약의 본질적인 요소에서 위법한 것이지만 후자는 계약의 외부적인 요소 때문에 위법한 것이 된 것이다. 예컨대 사기가 금지되고 형사처벌을 받는다 해도 계약은 무효가 아니고 취소사유가 된다.

(5) 법률회피계약(탈법행위)

법률회피계약(contratto in frode alla legge)이란 계약이 강행규정의 적용을 배제하기 위한 수단을 구성한 경우를 말하는데, 이것은 위법한 원인이므로 그 계약은 무효다(제1344조).

법률을 회피하는 계약은 목적과 수단의 관계에 있다. 강행규범은 바람직하지 않은 사회적 결과를 방어하려고 하므로 예컨대 약한 채무자를 보호하기 위하여 유질계약을 금지(제2744조)하여 그 수단이 되는 행위를 금지한다. 그런데 당사자들이 실질적으로는 금지하고 있는 유형을 실현하면서 그 자체로는 금지되지 않는 다른 계약으로 금지사항을 우회하는 경우가 있다. 예컨대 본질적으로 유질계약과 동일한 결과를 실현시키는 매도담보계약은 법률을 기만하는 계약으로서 무효가 된다.

법률의 기만은 계약형태를 연결해서도 할 수 있다. 예컨대 양도금지를 회피하는 경우를 살펴보자. 강행규정 중에는 A가 물건을 B에게 양도하는 것을 금지하는 경우가 있다. 예컨대 법원의 판사는 중개인을 통하는 경우에도, 그 법원에서 당사자가 된 쟁송에 관계된 권리나 그 법원의 직무로 행사한 것에 관계되는 권리의 양수인이 되지 못한다(제1261조와 제1471조). 그런데 A는 이런 물건을 C에게 주고 C가 다시 이를 B에게 양도하도록 한 계약은 두 개의 양도를 연결하여 회피하는 것이므로 이 연결된 계약들은 모두 무효가 된다.

법률을 기만하는 계약은 위법한 원인이 된다. 비록 경제사회적인 행위 면에서 추상적으로는 정당한 것으로 보일지라도 구체적으로 손해를 야기하는 것은 위법하기 때문이다.

법률을 기만하는 계약은 신용계약에서의 간접협상(negozio indiretto)의 유형에 속한다. 간접협상은 당사자들이 본래의 협상의 유형과 다른 목적을 실현시키려는 것이다. 간접협상은 경우에 따라 신용거래를 적용한다는 점에서는 적법할 수 있고 법률을 기만한다는 점에서는 부적법할 수도 있다.[79]

법률을 기만하는 계약은 가장계약과 혼동되어서는 안 된다. 왜냐하면 당사자가 진정으로 계약으로 실현하려고 하는 것에 실질과 외양 사이에 분열이 없기 때문이다.

---

79 Francesco Galgano, p. 241.

(6) 형식적 무효와 실질상 무효

계약이 무효가 되는 경우는 제1418조 2항에서 정한 것에 한정되지 않고 제1항에서 규정한 것, 즉 강행규정 위반도 포함되므로 양자의 관계가 문제된다. 이론적으로는 중요하지만 현실적으로는 어차피 무효가 된다는 점에서 크게 문제되지는 않는다.

제1418조 제2항에서 규정한 것 중 어느 하나를 위반하거나 동 조 제3항에 규정된 법률규정에 위반하면 무효의 원인을 조사할 필요가 없이 명시된 법규정 위반으로써 무효가 된다('형식적 무효', nullitá testuale).

이런 법규정들은 다수 있다. 민법상으로는 책임면책약관에 관한 제1229조, 유질계약금지에 관한 제2744조 , 기타 제778조 3항, 제779조 1항, 제785조 2항, 제788조, 제794조, 제1354조 1항과 2항, 제1471조, 제1472조 제2항, 제1895조, 제1904조, 제1972조 1항 등이다(제1418조 3항 참조).[80]

제1418조 1항에서 강행규정을 입법한 이론적 가치는, 비록 계약의 무효가 개별 법규정상의 문언으로 규정되어 있지 않더라도 강행규정에 위반되는 것은 모두 무효라고 평가하는 데에 있다('실질적 무효', nullità virtuale). 예컨대 아파트와 그 토지를 분리하는 계약은 무효라고 하는 것이다. 이렇게 무효인 사안들은 제1418조 2항에 의할 수도 있다. 강행규정에 위반한 계약은 원인 또는 목적이 위법한 계약이기 때문이다.

그런데 강행규정에 위반하여 무효인 계약이더도 자동적 삽입규정 등과 같은 '다른 규정'이 있을 때는 그러하지 않는다(제1418조 1항 단서). 예컨대 강행규정에 위반한 매매가격을 합의하였더라도 법률에 의하여 부과된 가격이 계약에 당연히 삽입된 결과 유효할 수 있기 때문이다(제1339조). 또한 예컨대 매수가 금지되는 유형 중 제1417조1항의 1호(국가, 시·읍·면, 도 또는 기타 공공단체

80 특별법으로는 제46조 d.P.R. n.380/2001, 제79조 legge n.392/1978, 제24조 d.lgs. n.58/1998, 제2조 n.287/1990 등이 있다.

의 재산관리인은 그 관리에 위탁된 재산)와 2호(공무원은 그 직무의 수행으로 매각하는 재산)는 무효사유가 되지만, 3호(법률 또는 국가기관의 처분에 의하여 타인의 재산을 관리하는 자의 관련 재산)과 4호(수임자가 제1395조를 제외하고 판매를 위탁받은 재산)는 취소만 할 수 있도록 한 규정도 마찬가지다(제1417조 2항).[81]

5. 취소

(1) 취소의 원인

계약의 취소를 발생하게 하는 결함은 기본적으로 두 가지이다. 하나는 '행위무능력'(incapacità di agire)이고 다른 하나는 '의사의 결함'(vizi della volontà)이다.

'행위무능력'은 제1425조에 의해 취소사유가 된다. 즉 계약은 당사자의 일방이 법적 무능력자인 경우에는 취소할 수 있다(제1425조 1항). 마찬가지로 제428조(의사무능력: incapace d'intendere di volere)에서 규정된 요건들이 발생한 때에는 의도 또는 의욕할 수 없는 자(제1191조, 제1934조 등)에 의해 체결된 계약도 취소할 수 있다(제1425조 2항).

법적 행위무능력(incapacità legale)(제414조 이하)과 자연적 행위무능력(incapacità naturale)(제428조: 의사무능력자)을 구별해야 하고, 전자에는 다시 절대적 행위무능력과 상대적 행위무능력이 있다.[82]

그러나 미성년자가 사술(raggiri)을 사용한 경우에는 취소할 수 없다(제1426조).

'의사의 결함'이란 당사자 일방에게 계약적 의사를 형성하는 과정에서 혼란스럽게 하거나 혼란을 유발시켜 결과적으로 당사자의 계획과 일치하지 않는 계약를 체결하도록 하는 것을 말한다. 동의(합의)의 결함(vizi del consenso)이라

---

81 이탈리아 소비자법(codice del consumo)에서의 관련된 규정에 대해서는 Francesco Macioce, pp. 212-213.

82 법적 행위무능력자로는 18세 미성년자(제2조: minore età), 성년의제(제390조: minore emancipato), 금치산자(제414조: interdizione giudiziale), 준금치산자(제415조: inabilitazione), 그 외 자연적 행위무능력자에 대해서는 Francesco Galgano, pp. 211-215.

고 한다. 동의는 두 당사자 의사의 결론(sintesi)인데, 이들 중 하나에 결함이 있으면 동의에 하자가 있는 것이 된다. 여기에는 세 가지가 있다. '착오', '강박', '사기'가 그것이다. 즉 동의가 착오에 의해 주어지거나, 강박에 의해 강요되거나, 사기로 편취당한 계약 당사자는 취소를 주장할 수 있다(제1427조).

이 이외의 경우에도 취소할 수 있는 사유로는, 크게 두 가지가 있다. 하나는 대리인의 자기계약에서 본인이 취소할 수 있도록 한 것(제1395조 2항), 다른 하나는 법률 또는 국가기관의 처분에 의하여 타인의 재산을 관리하는 자가 관련된 재산(제1471조의 3호)을 매수하는 것과 수임자가 제1395조에 규정된 경우를 제외하고, 판매를 위탁받은 재산(동조 4호)을 매수하는 행위다.[83]

(2) 취소원인의 특징

법률에 의해 규율되는 취소의 원인은 무효와 구별할 수 있는 공통된 유형을 형성한다. 즉 무효의 원인은 일반적 이익을 침해하는 것이므로 그 효과를 일소(spazzare)해야 하는 결과 때문에 다소간 건조하고 급진적이다. 이에 비해 취소원인은 계약의 특수한 이익에 관한 것이기에 훨씬 생동적이고 형평성을 고려한다. 상대방과의 대립된 이익 사이에서 형평을 유지할 수 있는 합리점을 모색하기 때문이다.

당사자 중 일방은 계약을 취소함으로써 이익을 얻고자 하는 반면에 다른 당사자는 반대로 효과가 유지되기를 원한다. 취소의 중심적인 문제는 이 두 이익을 조화롭게 합리적으로 결정하는 데에 있다. 이를 위한 결정적인 역할을 하는 것은 '신뢰보호'이다.[84]

83 Francesco Macioce, p. 224.

84 Francesco Macioce, p. 209.

6. 착오

(1) 의의

체결하고자 하는 계약의 중요한 요소에 대해 모르거나 잘못된 인식을 한 것을 착오라고 한다. 예컨대 A가 B에게서 자동차를 매수하였는데 디젤차인 줄 알았는데 휘발유차인 경우, A는 이 계약을 취소하여 잘못된 차를 돌려주고 대금을 지급하지 않으려 할 것이고, 상대방 B는 A가 차를 선택할 때 결정과정에서 스스로 잘못한 것 때문에 취소를 하는 것은 그 의사표시에 대하여 신뢰를 보여 준 대립 당사자의 이익을 침해하는 것이라고 강력하게 반대할 것이다. 상대방에게도 거래안전과 법적 유통의 신속성에 대한 이익이 있는 것이다.

민법은 서로 대립하는 이런 이익들을 고려하여 모든 착오가 취소할 수 있는 것이 아니고, 두 가지 요건을 충족하도록 하였다. 즉 착오는 '본질적'이고 '타방 당사자가 인식할 수 있을 때'에 계약의 취소원인이 된다(1428조).

(2) 착오의 유형

착오의 유형으로는 다음과 같이 두 가지가 있다.[85] '동기착오'(errore motivo) 내지 '하자착오'(errore vizio)로서 의사형성과정에 관한 착오를 말한다(formazione della volontà). 계약을 체결할 때 평가과정이나 결정과정에 착오가 영향을 준 것이다. 이와 대비되는 것으로 '장애착오'(errore ostativo)가 있다. 이것은 의사가 상대방에게 표현되거나 전달하는 과정, 즉 의사의 대화과정에서 영향을 준 것이다. 예컨대 A가 B의 물건을 75,000 캐나다 달러로 구입하고자 하였는데, B에게 청약을 할 때는 95,000달러로 잘못 썼거나 U.S.달러로 잘못 쓴 경우들이다. 장애착오는 '표시상 착오'(errore nella dichiarazione)라고 하거나 담당자나 담당 관청에 의하여 부정확하게 전달된 '전달상 착오'(errore nella trasmissione)라

85 프랑스 민법에서는 '합의형성에 장애가 되는 착오'(erreur-obstacle)와 '합의의 하자가 되는 착오'(errur vice du consentement), '합의에 영향을 주지 않는 착오'(erreur indiffèrente)로 분류된다(山口俊夫, 27-29頁).

고도 한다. '장애착오'도 '동기착오'와 동일하게 취급되어 본질적이고 인식할 수 있을 때에 취소할 수 있게 된다(제1433조).

착오의 원리는 유상계약에 적용된다. 예컨대 증여와 같은 무상계약에는 다른 원리가 적용된다. 유언, 유산의 분할, 상속승인, 인지, 혼인 등도 그렇다.

(3) 착오의 요건

가. 본질적 착오 착오는 동의의 결정적 요인에 그치는 것이 아니라 계약목적(obiettivi)의 결정적 요인이 되었을 때에도 본질적인 것으로 평가한다. 다음과 같은 착오는 본질적인 것이다(제1429조).

ㄱ) 계약의 '성질': 계약의 성질(natura del contratto) 또는 목적에 관한 때이다(제1429조 1호). 예컨대 매매대금만 나중에 지불하는 매매인 줄 알았는데, 실제는 소유권유보부 매매인 것처럼 계약의 유형을 잘못 안 경우다.

ㄴ) 계약의 '객체'(물건): '급부 목적의 동일성'(oggetto del contratto)에 관한 착오(제1429조 2호)다. 예컨대 매도하려는 세 채의 아파트 중 매입하려는 아파트를 잘못 고른 경우, '공통적인 평가나 주위사정에 의해 동의의 결정적 요인으로서 인정되어야 할 목적의 성질에 관한 때'(제1429조 2호)로서 예컨대 디젤차를 구입하려고 하였는데 알고 보니 구입한 것이 휘발유차인 경우 등이다.

ㄷ) 다른 계약 당사자의 '인'(人)에 관한 것(persona dell'atltro contraente): '계약사가 동의의 결정적 요인이 되었던 다른 계약 당사자의 동일성'에 관한 것(identità della persona)(제1429조 3호). 예컨대 두 명의 지원자 중 A가 훨씬 우수해서 A를 채용하기로 했는데 채용계약서에는 착오로 B를 기재한 경우. 또한 계약자의 '성질'에 관한 때(qualità della persona)(제1429조 3호). 예컨대 피아노 바(bar)의 지배인이 피아니스트로 음악원학위를 받은 자인 줄 알고 고용하였는데 실은 중간실력 정도의 아마추어에 불과한 경우 등이다.

그러나 계약 당사자의 '동일성'이나 '성질'의 경우에도 계약 동의의 결정적 요인이 되었어야 한다. 예컨대 피아노 바의 피아니스트가 M 시 출신의 기독교인이어야 자격이 있다고 하였는데, 실제로는 A 시 출신의 불교 신자인 경우에는 본질적인 것이 되지 못한다.

착오가 계약의 객체(물건)나 사람에 관한 경우는 하자착오보다는 장애착오로 보는 것이 훨씬 용이하다.

ㄹ) 법률의 착오: 사실요소에 관한 '사실의 착오'(errore di fatto)에 대비되는 것으로서 '법률의 착오'(errore di diritto)가 있다. 법률을 모르거나 잘못 해석하여 계약의 객체나 당사자에 대한 '법적 성질'(qualità giuridiche)에 대하여 잘못된 인식을 한 경우다. 예컨대 어느 미국인이 보스턴에 있는 자기 집에 걸려고 명화를 구입하였으나 국외로 반출할 수 없다는 이탈리아 법을 모르고 구입한 경우다. 법률의 착오도 본질적인 경우에만 취소할 수 있다.

법률의 착오에서는 두 가지 점을 주의하여야 한다. 첫째, 법률의 착오가 계약상 규범의 착오(disciplina giuridica del contratto)와 혼동되어서는 안 된다. 만약 매수인이 인도장소에 관한 제1510조 1항,[86] 즉 계약체결 당시 물건이 있던 장소로 인도하여야 하는 것을 모른 경우에는 착오를 이유로 취소할 수 없다.

둘째, 법률의 착오는 '법률의 무지는 용서되지 않는다'는 원리, 즉 법은 당사자가 몰라도 지켜야 한다는 원리와 모순되지 않는다는 점이다. 상기 예에서 미국으로 그림을 가지고 갈 수 없다는 법률을 모르더라도 당사자는 이를 지켜야 한다. 따라서 법적 금지가 그의 의무가 되는 결과 구매계약을 취소할 수 있는 것이다.

ㅁ) 동기의 착오: 만약에 착오가 위에서 검토한 제1429조(본질적 착오)가 규정한 계약의 객관적 요소들 중의 하나에 해당되지 않는다면, 비록 이 착오가

86 "물건 인도는 반대의 약정 또는 관습이 없는 경우에 당사자가 물건이 있는 장소를 알고 있는 경우에는 매매 당시 물건이 있는 장소에서 또는 기타의 경우에는 매도인의 주소지 또는 사업의 본거지에서 행하여야 한다"(제1510조 1항).

없었더라면 계약을 체결하지 않았을 것이라는 결정적인 착오가 있었더라도 본질적인 것이 되지 못한다. 예컨대 남편이 이미 부인이 다른 가게에서 구입한 줄 모르고 냉장고 한 대를 구입하는 경우 등이다. 이런 종류의 착오를 '동기착오'라고 한다. 주관적 가치평가, 개인적 계획, 잘못된 개인적 기대 등 계약의 객관적 요소가 아닌 것에 의하여 상대방의 계약상 지위가 영향을 받는다는 것은 옳지 못하기 때문이다. 예외적으로 유언이나 증여에서의 동기의 착오는 중요하다. 여기서는 의사표시자의 의사보다 상대방의 신뢰보호가 덜 중요하기 때문이다.[87]

동기착오의 대표적인 경우가 '예견의 착오'(errore di previsione)이다. 예컨대 A가 앞으로 콩값이 급등할 것으로 예상하고 완두콩을 대량으로 구매한 경우다. 이것은 '가치의 착오'(errore sul valore)에 불과하다. 예컨대 A가 X라는 그림이 자신의 BMW 자동차와 앞으로 같은 가치가 될 것으로 예상하고 교환하였는데, 이 그림 가치가 자신이 생각했던 것에 훨씬 못 미치는 경우다. 두 경우 모두 본질적인 착오가 되지 못한다. 주의할 것은, 이 그림의 그림 값이 오르지 않은 것과 이 그림이 진품이 아니라 복사본이었다는 것과는 다르다. 후자는 제1429조 2항의 목적물의 성질의 착오에 해당되어 본질적인 것이 될 수 있다.[88]

ㅂ) 양적 착오와 계산의 착오: 급부의 '양적 착오'(errore sulla quantità)는 본질적인 것이 될 수 있다. 예컨대 A가 자기 집에 3개의 텐트를 만들어야 하는데 기술적인 것을 몰라서 필요한 것보다 10배가 넘는 천을 주문한 경우에 이 양적 착오는 본질적인 것이 되어 취소될 수 있다. 만약 필요한 것보다 몇 미터 정도 초과한 것은 그렇지 않다. 이것과 '계산의 착오'(errore di calcolo)와는 구별을

87 제787조(증여동기의 착오) "동기의 착오로 인한 증여는 이 착오가 사실 또는 법률에 대한 착오 여하를 불문하고, 문서에 의하여 착오임이 명백하고, 증여자가 증여를 하게 된 유일한 동기인 때에는 이를 부인할 수 있다."

88 '가격 착오'(errore prezzo)와는 구별해야 한다(Francesco Galgano, p. 216).

해야 한다. 즉 미터당 만 원씩 예컨대 10미터의 천을 샀다면 10만 원이 되는데, 곱셈을 잘못해서 15만 원으로 계산한 경우다. 이런 경우는 계약을 취소할 필요가 없고 다시 올바르게 곱셈을 하여 10만원으로 수정하면 된다. '계산의 착오는 계약의 취소를 생기게 하지 않고 양에 관한 착오로 구체화되어 결정적으로 동의를 하게 된 경우를 제외하고는 수정할 수 있을 뿐이기 때문이다'(제1430조).

나. 착오에 대한 인식가능성 착오를 이유로 계약을 취소하기 위해서는 본질적인 것이라는 것만으로는 부족하고 '타방 당사자의 인식가능성'(riconoscibile dall'altro contraente)이 있어야 한다. 계약의 내용, 주위의 사정 또는 계약 당사자의 성질 등에 관하여 통상적인 주의를 기울이면 이를 알 수 있었을 때(제1431조)에는 인식가능성이 있는 것으로 본다.

이 요건은 상대방의 신뢰보호에 관한 것이다. 디젤차인 줄 알았는데 휘발유차인 경우처럼 비록 본질적인 착오라도 합리적인 이유 없이 다른 당사자에게 착오의 결과에 승복하라는 것은 타당하지 않다. 만약 이 경우에 매수인이 금전을 절약하려고 휘발유차 대신 디젤차를 구입하려고 한다는 것을 밝힌 경우에는 매도인을 보호해야 할 이유가 없어지기 때문에 취소할 수 있는 것이다.

착오를 구체적으로 인식한 경우에는 신뢰를 보호해야 할 근거가 없어진다. 법원은 인식된 착오가 비록 추상적으로 인식할 수 없는 착오라도 계약을 취소할 수 있다고 본다. 추상적으로는 인식할 수 없는 착오라도 두 당사자 사이에 공통된 경우(모든 동의의 요소가 아니라도)에는 관련될 수 있다고 보고 있다.

끝으로, 착오가 본질적이고 인식 가능한 경우라도 상대방이 착오를 피할 수 있는 방법이 있다. 즉 착오에 빠진 자가 손해가 발생하기 전에 다른 당사자가 착오자가 체결하고자 의도했었던 계약의 내용과 방식에 일치하는 계약을 이행하겠다는 것을 제의한 경우에는 취소할 수 없다(제1432조).

7. 사기

(1) 의의

'사기행위'(dolo)란 상대방으로 하여금 계약을 맺도록 유인하는 '기망행위'(inganno)를 말한다. 의사의 하자를 유발하는 여기서의 사기는 계약의 체결에 관한 사기행위(inganno nella formazione del contratto)이다.[89] 예컨대 A의 BMW 자동차하고 B의 그림을 교환하기로 하였는데, 이것은 B가 자신의 그림과 A의 차가 동일한 가치라고 허위의 평가를 제공하는 바람에 계약이 체결된 경우를 들 수 있다.

사기에 의한 의사표시는 이와 같이 상대방에게 착오를 유발하는 것이다. 상대방이 사기행위를 하지 않았음에도 스스로 의사의 하자를 일으킨 착오에 의한 의사표시와 이 점에서 다르다. 민법이 스스로 착오에 빠진 자를 보호한다면 상대방의 기망행위에 의한 경우에는 더욱더 보호하여야 하므로 착오의 경우처럼 계약의 취소권을 인정한다. 사기에 의한 의사표시가 취소되기 위해서는, 그 사기가 없었더라면 계약을 체결하지 않았을 것이라는 '결정적 사기'(dolo determinante)[90]여야 한다(제1439조 1항).[91]

동의의 결정적 원인이 된 사기는 착오에 의한 취소보다 의사의 하자에 빠진 상대방을 보호해 줄 수 있는 영역이 더 넓다. 기망행위에 의해 유발되는 착오는 일반적으로 동기의 착오에 속하며, 사기의 경우에는 기망행위가 주관적인 결정적 요인이 되기만 하면 바로 취소할 수 있기 때문이다. 예컨대 그림이 약 5천만 원 정도 되는 줄 알았는데 실제로 1천만 원밖에 되지 않은 경우에 착오를 이유로는 취소할 수 없다. 왜냐하면 본질적인 것이 아니기 때문이다. 그러나 이것이 상대방의 기망행위에 의해 유발된 잘못된 판단에 의한 것이라면 결

---

89 이미 채무불이행에서 검토한 바와 있는 고의행위(dolo)는 채권자의 권리를 침해하는 손해에 대한 인식과 의사였다.

90 프랑스에서는 "dol principal"이라고 한다.

91 프랑스 민법 제1116조도 마찬가지다.

정적인 원인이 된 사기로서 취소할 수 있다.

(2) 사기행위

사기행위는 적극적인 기만이나 허위행위뿐만아니라 계약의 중요요소에 대하여 알려 주어야 할 말을 하지 않는 침묵 행위 등과 같은 소극적인 사기행위(reticenza)도 포함된다. 민법은 보험계약에서 침묵을 취소사유로 인정하고 있다(제1892조[92]). 침묵은 계약 상황에서 신의성실의 원칙을 위반할 때에만 사기와 동등가치를 인정한다. 만약 계약의 취소를 수반할 정도의 중대성이 없는 경우라면 계약체결상 과실로서 최소한 손해배상청구는 할 수 있다(제1337조).

기망행위는 통상적으로 계약 당사자가 하지만 제3자에 의해서도 유발될 수 있다. 민법은 제3자의 기망행위로 이익을 얻는 계약자가 이것을 알고 있었던 때에는 취소할 수 있도록 규정하고 있다(제1439조 2항). 반면에 기망행위를 몰랐다거나 모호한 경우에는 신뢰보호의 원칙상 계약은 유효하게 된다.

사기를 당한 당사자는 사기가 위법행위이므로 계약체결상 과실책임이나 불법행위로 인한 손해배상청구를 근거로 기망행위자를 상대로 손해배상청구를 할 수 있다.

(3) 부수적 사기

계약을 취소할 수 있는 것은 결정적 원인이 된 사기의 경우뿐이다. 기만적인 계약 중에는 이것보다 경미한 유형들이 있다. 예컨대 '이 물건은 세상에서 가장 좋은 물건이다'라든가 '너의 문제점을 모두 다 해결해 줄 수 있는 것'이라는 등 누구나 물건의 품질에 대해 과장된 표현을 사용한다(*dolus bonus*). 달리 말

92 사기 또는 중대한 과실로 인한 불정확신고 또는 은폐행위에 대하여, "① 계약 당사자가 사기 또는 중대한 과실로 보험사업자가 알고 있었으면 계약에 대한 동의를 철회하거나, 동일한 조건에 대한 동의를 철회하였을 상황을 부정확하게 신고하거나 은폐한 때에는 보험사업자는 계약을 취소할 수 있다"(제1892조).

하면 누구도 이러한 과장된 효과만으로 물건을 구입하지는 않을 것이라는 추측을 할 수 있다. 또한 대중매체를 통한 다양한 광고로 인한 피해 문제는 계약의 취소라는 방법보다는 오히려 다른 법적 구제방법, 예컨대 소비자보호를 위한 과장광고 규제와 같은 것으로 대체하는 것이 보다 효율적일 수 있다.[93]

'부수적 사기'(dolo incidente)는 이와 같은 과장광고와는 다르다. 비록 기망행위가 없었다면 계약을 체결하지 않았을 정도의 결정적인 사기는 아니지만 이것 때문에 이익이 되지 않는 조건을 받아들이도록 피해부담을 주는 경우이다. 예컨대 A가 B의 가옥을 구매하였는데, 지붕을 수리하는 바람에 비용이 더 들었다. A가 미리 이런 상황을 알았더라도 이 가옥을 구매하였겠지만, 가격은 비용을 공제한 금액으로 구매하였을 상황을 말한다.

부수적 사기로 인해 계약이 취소되지는 않고, 이러한 기망행위가 없었으면 다른 조건으로 계약이 체결되었을지라도 이 계약은 유효하다. 그러나, 악의 당사자는 이로 인한 손해배상 책임을 져야 한다(제1440조). 계약 당사자의 협상과정에서 유래하는 손해이므로 계약체결상 과실책임의 유형에 속한다.

결정적 사기와 부수적 사기의 구별은 다소간 미묘하다. 예컨대 계약조항 중 가격에 관한 사기가 부수적 사기일 수도 있지만 결정적 사기가 되는 경우도 있다. 결국은 판사에 일임되겠지만, 피해자의 연령, 이해력 등 구체적 상황을 고려해서 판단해야 할 것이다.[94]

8. 강박

(1) 의의

계약을 취소하게 하는 의사의 하자로서의 '강박행위'(violenza)란 해악의 고지에 의하여 상대방에게 공포심을 가지게 함으로써 그 해악을 피하기 위하여 그

93 이탈리아소비자법 제130조, 제22조(Francesco Macioce, p. 222).

94 Vincenzo Roppo, pp. 417-419.

가 하고 싶지 않은 것을 하도록 강요하는 행위를 말한다. 위협행위(minaccia)처럼 물리적이거나(violenza psichica) 정신적인 강박(violenza morale)을 말한다. 피해자는 이 상황에서는 이런 해악을 회피하는 것이 유일한 방법이라고 생각하기 때문에 계약를 받아들이는 것이다. 그런데 팔을 꺾어 계약서에 서명하게 하게 하는 절대적 강박(violenza fisica)과는 구별해야 한다. 절대적 강박은 전술한 절대적 무효사유이다.

(2) 요건

강박에 의한 의사표시가 취소원인이 되려면 다음 세 가지 요건이 필요하다.

가. 위협은 계약 자체에서 유래된 것이어야 한다(inerente al contratto). 이미 정해져 있는 계약을 하도록 희생을 강요하는 직접적인 것을 의미이다. 해악(male minacciato)은 계약 외부에서 계약의 기능에 관한 것이 아니면 대상이 아니다. 예컨대 조직폭력배로부터 강탈당하고 신고를 하자니 보복이 무서워서 더 이상 견디지 못하고 신속히 가게를 팔고 다른 도시로 이사간 경우이다. 이런 매매계약은 강박으로 취소될 수 있는 것이 아니고, 계약파기와 같은 다른 구제수단을 취해야 한다.

나. 위협은 통상적으로 중대한 것이어야 한다(ragionevolmente grave). 다시 세 가지로 나누어 볼 수 있다.

첫째, 예컨대 자동차를 파괴하겠다든지, 집에 불을 질러 버리겠다는 것처럼 물건에 대한 경제적 해악을 하거나 숨겨진 비밀을 폭로하여 명예를 훼손하는 행위처럼 인신에 관한 해악을 말한다. 양자 모두 물건에 중대한 손실을 가하거나 사람에게 현저한 타격을 주는 것이어야 한다.

둘째, 위협은 통상인(이성인)이 공포감을 가질 정도(제1435조)여야 한다. 통상인이 기준이 된 것은 예컨대 천벌을 받게 하겠다는 것처럼 비현실성이 명확한 것은 위협으로 볼 수 없다는 의미다. 이것은 사례별로 '그 사람의 연령, 성별 그리고 조건' 등을 고려하여 판단하여야 한다(제1435조 후문). 예컨대 갱년기 여성처럼 나이가 많아지고 우울한 여성은 통상적으로 평균 이상으로 예민하다는 것도 고려해야 할 사항이다.

프랑스 민법에서는 '현저한 현재의 위해'(un mal considérable et présent)라고 규정되어 있는데(제1112조), 이탈리아 민법에서는 '현재의'가 빠져 있다. 추측컨대 해악은 원래 미래형이므로 뺀 것이 아닌가 싶다. 실제로 프랑스 민법에서도 이 '현재의'의 의미에 대하여 '공포심이 현재에 있는 것'을 의미하는 것으로 해석한다.[95] 또한 제1435조 전문에는 '통상인'(persona sensata)이라고 해 놓고 후문에서는 '그 사람의 연령, 성별 그리고 조건'을 규정하여서 서로 모순되는 듯한 것은 사례별로 구체적으로 판단해야 한다는 의미로 해결할 수 있다.[96]

셋째, 위험에 빠진 물건은 해악이 향하고 있는 당사자 또는 그 당사자의 가까운 사람에게 속하고 있어야 한다. 그렇지 않으면 그 당사자가 계약을 거부할 정도로 강한 인상을 받기 어렵기 때문이다. 민법도 '계약 당사자의 배우자나 그의 존속 내지는 비속의 인신 또는 재산에 관한 경우'라고 규정하고 있다(제1436조 1항). 만약에 위협받은 해악이 약혼자나 형제자매, 친구, 동료 등 그 이외의 사람에 대한 경우에는 여러 가지 주위사정을 신중하게 판단한 판사에 의하여 취소될 수 있다(제1436조 2항).[97]

---

95 山口俊夫 30頁.

96 Vincenzo Roppo, p. 419; 프랑스민법에서는 이것을 통상인을 기준으로 입증하고 이런 입증을 할 수 없을 때에는 피강박자를 기준으로 입증하면 된다는 의미로 해석한다. 실제로는 역사적인 이유가 있었다. 로마법에서의 강박행위는 용기 있는 자도 공포심을 일으킬 수 있을 정도로 상당히 중대한 성질의 강박일 필요가 있는 것에 대하여, 프랑스 고대법 시대에서 Domar는 가장 겁이 많은 자를 기준으로 하였고 Pothier는 피강박자의 년령, 성별, 조건을 고려해야 한다는 견해였다. 프랑스 민법전의 기초자는 Domar와 Pothier의 견해를 받아들여서 판사에 대하여 외부적 및 내부적인 모든 상황을 고려할 것을 규정한 것이다. 그래서 판례도 구체적으로 평가하는 입장을 취하고 있다(山口俊夫, 31頁).

97 프랑스 민법 제1113조도 마찬가지의 내용을 가지고 있다. 즉 제1113조에 열거된 자에 대한 강박

다. 위협은 위법한 행위여야 한다(male ingiusto). 위협행위는 장사를 방해하거나 비밀을 폭로하여 명예를 훼손하는 것처럼 인신이나 재산에 대한 위법한 위협이어야 한다. 그런데 그 자체가 적법한 행위이고 직접적인 권리의 행사라고 하더라도 정당하지 않은 위협이 있을 수 있다. 강제가 신체적인 것이라면 보통 정당성이 흠결된 것으로 볼 수 있지만 정신적인 것인 때에는 특히 권리행사의 위협과 강박과의 관계를 검토하여야 한다.

권리를 행사하겠다는 위협은 '부정한 이익을 취득하려는 것인 때'에만 계약의 취소원인이 될 수 있다(제1438조). 부정한 이득이란 이 권리의 행사와 직접적으로 관련되지 않은 이득을 말한다.[98] 임차인이 1년 동안 임대료를 연체하여서 임대인이 자신의 권리행사로서 퇴거를 재촉하는 위협을 생각해보자. 만약 이 위협의 목적이 임차인에게는 별 쓸모도 없는 임대인의 그림을 구입하라고 강요하는 것이라면 이것은 정당치 않은 것을 추구하는 협박이 된다. 그러나 만약 임대료를 받기 위한 담보로서, 연체된 임대료채권의 담보를 얻기 위한 것이라면 요청된 계약은 직접적인 권리행사의 수단이 되는 것으로서 위법한 것이 되지 않는다.

위법한 위협행위와 구별해야 할 것으로서 '외포'(timore reverenziale: 경외, 존경의 두려움)가 있다. 예컨대 직장 상사인 A가 부하 직원인 B에게 외포심을 이용하여 그림을 팔려고 하는 경우를 생각해 볼 수 있다. 외포행위와 같이 상대방에 대한 심리적 압박은 내부적인 것에서 유발된 것이고 외부적인 위협에서 유래된 것이 아니다. 민법도 단순한 경외는 계약의 취소원인이 아니라고 본다(제1437조). 즉 외경에 대해서도 부모가 자식에게 가하는 신체적인 강박은 허용되지 않지만 적어도 정신적인 것은 정당한 것으로서 용인한 것이다. 많은

은 계약체결의 결정적 성질을 갖는 것으로 추정되지만, 이 이외의 자의 경우는 강박이 합의의 결정적 원인이 되었음을 스스로 입증하여야 한다(山口俊夫, 31頁).

98 위협하는 권리자의 권리와 위협에 의해 취득된 권리 사이에 직접적인 관계가 있어야 한다(山口俊夫, 31頁).

상황에서 강박과 외포의 한계가 문제되는데, 판사는 구체적 계약에서 여러 가지 상황을 고려하여 판단하여야 한다.[99]

(3) 제3자 강박

사기와 같이 제3자가 강박행위를 할 수도 있다. 예컨대 X가 B와 계약하도록 A를 강박하는 경우다. 그런데 사기와 달리 계약의 상대방이 제3자의 강박사실을 몰랐더라도 취소할 수 있다는 점이 다르다(제1434조).[100] 강박행위는 사기행위보다 정도가 심한 것이어서 희생자보호의 필요성이 상대방의 신뢰보호의 필요성보다 더 크기 때문이다.

9. 무효와 취소의 차이점

(1) 의의

계약상 효과없음(invalido) 중에서 무효는 일반적 이익을 보호하기 위한 것이고 취소는 특수한 개별적 이익을 보호하기 위한 구제방법이다.

무효와 취소에 대한 법적 취급의 차이점은 법률이 하자 있는 계약들이 추구하는 이익을 평가하고 체계화함에 따른 것이다. 계약을 무효로 할 것인가 취소로 할 것인가는 입법자들이 이러한 이익들을 어떻게 검토할 것인가에 따른 정책적인 결단의 산물이다. 예컨대 착오가 1865년 법률에서는 무효로 간주되었으나 1942년 법률에서는 취소로 되었다. 입법자는 처음에는 상대방의 신뢰

---

99 역사적 연혁으로 살펴보면, 로마법에서의 강박행위는 형사제재를 받는 범죄행위가 되므로 필연적으로 위법한 행위로서의 강박만이 고려되었다. 이에 대하여 프랑스 고대법 시대에서는 강박이 민사상으로도 합의하자의 원인이 된다는 점이 고려됨에 따라, 강박의 정당성과 부당성을 묻지 않고, 합의의 자유를 박탈하는 것이면 강박행위가 된다고 보았다(Domar). 반대로 Pothier는 로마법적 개념으로 돌아가서 위법한 강박만을 인정하였다. 프랑스 민법 기초자들은 이 점에 대하여 명확히 밝힌 바는 없지만 프랑스 민법 제1114조에서 외포는 정당한 것으로서 합의하자의 원인이 되지 않는다고 규정하고 있다(山口俊夫, 31頁).

100 "강박은 제3자에 의해 실행된 경우에도 계약의 취소원인이 된다"(제1434조).

보호보다 표의자를 더 보호할 필요가 있다는 점에서 무효로 보았지만, 이후 상대방의 신뢰보호를 더욱 더 보호해 줄 필요가 있다는 점에서 취소로 바꾼 것이다(제1471조).

무효와 취소는 법적 평가에 불과하므로 무효와 취소는 경합할 수 있다. 다만 이 중 어느 것을 인정할 것인가에 대한 기준을 검토할 필요가 있다. 예컨대 계약에 '위법한 원인'이 있어 처음부터 무효계약임과 동시에 사기에 의한 경우라면 무효가 취소를 흡수한다고 해석하여 무효로 취급하여야 한다는 점에는 별 문제가 없다. 그런데 예컨대 무효가 되는 '숨은 불합의'와 취소의 원인이 되는 '객체의 동일성의 착오'가 경합되어 양자의 한계가 애매할 때는 판단이 쉽지 않을 수 있다, 이런 경우는 무효와 취소의 구체적인 차이점을 염두에 두고 각 사례별로 기준을 세우는 수밖에 없다.

기본적으로는 무효는 실질적이고(virtuale) 따라서 개별적 사례별로 검토할 수 있는 데 비해, 취소는 형식적(testuale)이다. 따라서 미리 법률에 규정된 대로만 적용한다. 예외가 되는 것은 조합이나 법인의 결의와 같은 단체행위다. 효력이 없는 결의의 원칙적인 유형은 취소이고 특별히 규정이 있는 경우만 무효로 한다. 결의가 다양한 이해관계가 걸려 있는 단체적인 행위여서 결의하자 소송으로 미치는 영향이 매우 크므로 한계를 설정할 필요가 있기 때문이다.

무효와 취소의 차이점을 네 가지 점에서 검토해 보기로 한다. 무효나 취소 소권에 관한 것, 소멸시효, 반환청구, 구제방법의 결과에 관한 것이다.[101]

(2) 소권의 적격성

첫 번째는 무효소권과 취소소권을 주장할 수 있는 적격자(legittimazione)에서 차이가 난다. 무효라는 구제수단은 대립 당사자는 물론이고 제3자도 각자의 법률적 이익에 근거하여 주장할 수 있다. 예컨대 매매가 무효가 된다면 회복

101 Francesco Galgano, pp. 224-228.

되는 물건에 대하여 압류를 할 수 있는 매도인의 채권자 등도 적격성을 갖는다. 민법도 무효소권의 적격자로서 법률에 달리 규정된 경우를 제외하고, 누구라도 이해관계를 가진 자는 주장할 수 있고 판사에 의해 직권으로도 채택될 수 있다고 규정하고 있다(제1421조). 무효는 일반적 이익을 보호하는 것이므로 법률은 무효사유가 발견될 가능성을 최대한 넓히고 있는 것이다.

이에 비하여 취소의 구제수단은 법률에 규정된 경우만 주장할 수 있다. 즉 취소적격자로서 법률에 의해 정해진 이해관계가 있는 당사자만이 청구할 수 있다(제1441조 1항). 무능력자, 착오에 의한 의사표시를 한 자, 사기나 강박을 당한 자 등이다. 판사를 포함해서 이 이외의 자들은 주장할 수 없다. 취소는 그 계약의 특수한 이익을 보호하기 위한 것이기 때문이다.

이와 같은 구별에는 예외가 있다. 무효가 당사자 일방에 의해서만 주장될 수 있는 이른바 '상대적 무효'(nullità relativa)의 경우다. 예컨대 은행과 고객 사이의 계약처럼 일방 당사자가 우월한 지위를 가지는 경우에 상대방을 보호하기 위한 강행규정들이 있다(제127조 2항 legge banc). 또한 이해관계를 가진 사람이면 누구나 주장할 수 있는 '절대적 취소'(annullabilità assoluta)도 있다. 즉 '금치산 선고를 받은 자의 무능력은 이해관계가 있는 자라면 누구라도 주장할 수 있다'(제1441조 2항).[102]

(3) 소멸시효

무효소권은 소멸시효(prescrizione)에 걸리지 않는다(제1422조). 여기에는 두 개의 예외가 있다. 첫째는 무효인 계약에 기한 반환청구소권의 소멸시효이다. 만약 1965년에 매수인 A가 매도인 B로부터 하나의 물건을 매입하였다고 하자. A는 1995년까지 무효의 주장을 할 수 있지만, 계약무효로 인한 대금은 이미 소멸시효에 걸렸기 때문에 반환받을 수 없다. 둘째는 취득시효의 경우다.

102 Francesco Macioce, pp. 227-228.

예컨대 매도인 B는 계약체결을 한 때부터 30년 안에 계약무효를 주장할 수 있지만, 만약 누군가가 이 매도된 물건에 대해 취득시효의 요건을 갖추었다면 이 물건은 반환받을 수 없다.

이에 비해서 취소의 소권은 5년의 시효로 소멸한다(제1442조 1항). 취소가 동의의 하자 또는 법률상의 무능력에 관계된 때에는 강박이 중지되거나, 착오 또는 사기가 발견되거나, 금치산 또는 준금치산자의 상태가 종료되거나, 미성년자가 성년에 달한 날로부터 진행된다(제1442조 2항). 기타의 경우에는 계약이 체결된 날로부터 진행된다(제1442조 3항).

그리고 취소의 항변(eccezione)에는 소멸시효가 걸리지 않는다(제1442조 4항). 예컨대 1985년 A가 B로부터 하나의 물건을 매수하였는데 중대한 착오에 기한 것이었음을 잠시 후에 알게 되었다. 1994년에는 계약의 취소를 구할 수 없게 되며 그 결과 A는 대금을 지불한 것을 되찾을 수 없게 된다. 그러나 만약 아직 대금을 지불하지 않았다면 B가 대금을 요구할 때 A는 이 계약의 취소를 이유로 거부할 수 있다.

(4) 추인방법

가. 차이점 세 번째 차이점은 계약의 추인방법(convalida)에 있다. 무효인 계약은 법률에 다른 규정이 없는 한 추인하여 유효로 할 수 없다(제1423조). 무효인 계약이 추인될 수 없는 것은 일반적 이익을 보호하기 때문이다. 증여계약에는 예외가 있다(제799조). 만약 당사자 모두가 동의한 경우로서, 예컨대 구두로 계약을 맺은 것을 다시 서면으로 수정한 경우라면 인정될 수 있다.

무효와는 반대로 취소의 경우에는 추인을 할 수 있다(제1444조). 취소할 수 있는 계약의 추인행위는 계약을 유효하게 만드는 단독행위로서 결국 취소권을 포기하는 것이 되어 계약의 효력을 완전히 회복하게 된다.

나. 취소할 수 있는 계약의 추인 취소할 수 있는 계약에 대해 추인을 하려면, 첫째, 취소소권은 취소소권이 귀속하는 당사자에 의해서만 할 수 있다. 둘째, 추인을 한 자가 유효하게 계약을 체결할 수 있는 상태에 있어야 한다(제1444조 3항). 셋째, 적법한 당사자가 추인하고자 하는 의사를 표시하여야 한다. 여기에는 취소소권자가 계약과 취소의 원인을 언급하고 추인하고자 하는 의사가 표시된 증서에 의하여 추인할 수 있다(명시적 추인: 제1444조 1항). 또한 취소소권자가 취소원인을 알면서도 임의로 이행한 경우에도 계약은 추인된 것으로 본다(묵시적 추인: 제1444조 2항).

다수 당사자 계약에서 각 급부가 공동의 목적을 달성하는 경우에 당사자 중 1인의 계약적 구속에만 무효인 것은 계약 전체의 무효를 수반하지 않는다. 다만 이 당사자의 참가가 필수적이라고 여겨지는 사정이 있는 경우에는 그러하지 아니하다(제1420조). 취소의 경우도 마찬가지이다(제1446조).

다. 무효인 계약의 추인 무효인 계약은 추인할 수 없으므로 효과의 완전한 회복을 기대할 수 없다. 그러나 일부무효와 무효인 계약의 전환에 의해 부분적인 회복은 가능하다.

ㄱ) 일부무효: 계약 내용 중 일부가 무효일 때(nullità parziale) 계약의 잔부 약정은 유효로 할 것인지 아니면 계약 전체를 무효로 할 것인지가 문제된다. 민법은 계약의 일부 무효 또는 개별 조항의 무효일 때는 오직 그 부분만 무효로 하고, 만약 계약자가 무효로 된 부분이 없다면 계약을 체결하지 않았을 경우에는 전체 계약을 무효로 한다(제1419조 1항).

민법은 이른바 계약 당사자의 '가상적 의사'(volontà ipotetica)에 기초하여 규정하고 있다. 이 기준은 단순히 심리적인 기준이 아니라 당사자가 계약에서 달성하고자 하는 이익에 비추어 계약의 효과를 평가하는 객관적 기준을 말한다. 만약 무효가 된 일부 조항이 계약에서 달성하고자 하는 이익에 대비해서 본질적인 것이 아닐 때에는 그 부분만 무효가 되고, 본질적인 것일 때에는 전체를 무효로 한다.

그런데 그 조항이 본질적인 것이라도 나머지는 유효하게 남게 되는 경우가 있다. 개별 무효조항이 법률상 당연히 강행규정으로 대체된 경우이다(제1419조 제2항). 예컨대 임대차계약에서 법률에서 정해 놓은 4년의 기간보다 적게 2년 기간으로 정한 경우에 비록 이 2년이 당사자에게는 본질적인 것이 된 경우라도 계약의 나머지 부분은 유효하게 된다. 사적 자치의 원리는 강행규정에 의해 제한되기 때문이다.[103]

ㄴ) 무효인 계약의 전환: 무효인 계약의 전환(conservasione del contratto nullità)이란 무효인 계약을 다른 계약의 효력으로 전환시키는 것이다(제1424조). 다음과 같은 두 개의 요건이 필요하다. 첫째, 무효인 계약은 다른 계약의 본질(sostanza)과 방식을 갖추어야 한다. 둘째, 당사자가 그 무효를 알았더라면 다른 계약을 의욕하였으리라고 여겨져야 한다. 여기서도 일부무효와 마찬가지로 '가상적 의사'가 관련된다. 예컨대 12년 임대차를 구두로 계약을 하여 형식상 무효가 된 경우에, 서면을 요구하지 않는 9년 임대차로 전환할 수 있다.

계약상 전환과 달리 법률상 전환이 있다. 마치 일부무효의 원리가 강행규정으로 대체된 경우에는 적용되지 않듯이(제1419조 2항), 법률이 당사자의 의사를 무시하고 다른 계약으로 전환하는 경우도 마찬가지이다(legge n.203/1982).[104]

10. 무효의 효과

(1) 당사자 사이에서의 효과

가. 원칙 지금까지 우리는 효력없음(invalidita)의 법적 결과에 대하여 '철회 내지 취소한다'(cancellare)든지 '제거한다(eliminare)'라는 등의 표현들을 사용

103 그 외 제1339조, 제1815조 참조(Francesco Macioce, pp. 211-212); Francesco Galgano, p. 227.

104 Vincenzo Roppo, pp. 420-424; Francesco Macioce, pp. 213-214.

한 적이 있다. 이 의미에 대하여 좀더 정확하게 파악할 필요가 있다. 판사가 계약이 당사자 사이에서 무효라고 선고하면 무효의 효과는 소급한다. 즉 효력이 없는 계약은 처음부터 효력을 발생하지 않는 것으로 취급한다는 의미이다. 예컨대 A가 B에게 물건을 매도했을 때 이 매매계약이 무효가 되면 A는 더 이상 B에게 물건을 인도해 줄 의무가 없게 되고 B는 이미 받은 것을 반환할 의무를 부담한다. B의 매매대금채무도 마찬가지다. 여기에는 부당이득반환청구(ripetizione dell'indebito)의 원리가 적용된다.

나. 예외 무효와 취소의 소급효로 인하여 이미 인도하거나 지급한 것의 반환을 청구하는 것에는 몇 개의 예외들이 있다. 첫째, 무효의 경우에, 이른바 불법원인급여로서 선량한 풍속(buon costume)에 반하는 목적으로 이행을 한 자는 그 지급한 것의 반환을 청구하지 못한다(제2035조). 둘째, 취소의 경우에는, 당사자 중 일방의 무능력을 이유로 취소된 때에 무능력자인 당사자는 수령한 급부 중 자기의 이익으로 돌린 한도 내에서 상대방에게 반환할 의무가 있다(제1443조). 셋째, 무효와 취소 양자 모두에 관련된 것으로서, 고용계약이 무효 또는 취소된 경우에는 효과가 소급되지 않는다. 계약이행기간 중에는 무효, 취소의 효력이 생기지 아니하기 때문이다(제2126조 1항). 따라서 근로자는 보수청구권을 유지할 수 있다. 다만, 계약이 목적 또는 원인의 불법성으로 인하여 무효로 된 경우에는 그러하지 아니하다(제2126조 1항 단서). 다만 근로자의 보호를 위한 규정에 위반하여 노동이 제공된 때에는 근로자는 모든 경우에 있어서 보수를 받을 수 있다(제2126조 2항).

(2) 제3자에 대한 효과

제3자에 대한 관계에서 무효와 취소의 효과는 명료하게 차이가 난다. 계약의 무효는 제3자에게도 언제나 대항할 수 있다. 예컨대 A가 B에게 물건을 판매하였고 B는 그 물건을 다시 C에게 전매하였을 때, A와 B 사이의 계약이 무효라면 이 무효는 C에게까지 영향을 주어 A는 C에게 이 물건의 반환청구를 할 수 있다. 비록 C가 B로부터 물건을 구입하였지만 A와 B 사이의 계약이 무효가 되었기 때문에 B의 재산이 아니기 때문이다.

취소는 당사자 사이에만 소급무효가 되고 원칙적으로 제3자에게는 대항할 수 없다. 전득한 자의 신뢰와 거래안전을 보호하기 위해서 대항할 수 없게 한 것이다. 민법은 선의의 제3자가 유상으로 취득한 권리를 해하지 못한다고 규정하고 있다(제1445조). 다만 취소청구의 등기를 한 이후의 효력은 제외한다(제1445조 단서).

예외적으로 제3자에게 대항할 수 있는 경우로 세 가지가 있다. 첫째, 제3자가 악의인 경우다. 악의자는 개념 그 자체로서 신뢰보호에서 배제되기 때문이다. 둘째, 제3자가 무상으로 취득한 경우이다. 무상인 경우에는 보호의 필요성이 떨어지기 때문이다. 셋째, 취소의 원인이 법률상 무능력에 기인한 경우이다. 여기에서의 신뢰는 과실에 기인한 것이 아니기 때문이다.[105]

11. 계약의 파기

(1) 의의

계약의 파기(rescissione)란 경제적으로 불균형하고 정당하지 못한(ingiusti) 계약에 대한 구제수단이다. 계약의 파기는 매우 불리한 조건을 받아들일 것을 강요하는 비정상적인 상황에서의 구제방법인데, 여기에는 두 개의 요건이 필요하다. 첫째, 계약의 내부적인 요건으로서, 당사자 사이에 처음부터 현저한 경제적 불균형이 있을 것(squilibrio economico), 둘째, 계약의 외부적인 요건으로서, 매우 불균형적인 계약을 받아들이도록 압박을 하는 비정상적인 상황이 있을 것을 요한다(circostanze anomale). 위험한 상황이거나 궁박한 상황이라는 두

105 Vincenzo Roppo, pp. 424-425; Francesco Galgano, pp. 255-259, 263-266.

개의 가정이 가능하다. 위 요건 중 어느 하나만으로는 부족하다. 만약 경제적으로 불균형한 계약이라도 위험하거나 궁박한 상황이 아니라면 파기할 수 없다. 마찬가지로 위험하거나 궁박한 상황에서의 계약이라도 경제적으로 불균형하지 않으면 파기될 수 없다. 계약의 파기는 경제적으로 불균형하면서도 정당하지 못한 계약의 구제수단이기 때문이다.

계약의 파기는 원시적인 하자(difetto originario)의 구제방법인 점에서 무효나 취소와 같다. 그러나 이 무효와 취소는 계약이 아닌 행위에도 적용되지만, 계약파기는 오직 계약관계에서만 적용된다. 이 점에서 계약의 파기는 계약의 '해제'와 유사하지만, 해제는 후발적 하자에 대한 최종적 대응이라는 점에서 처음부터 원시적으로 하자가 있는 무효나 취소와 구별된다. 민법전도 무효와 취소 다음에 그리고 계약의 해제 이전에 계약의 파기조항들을 두고 있나.

(2) 위험한 상태

위험한 상태(pericolo)에서 체결된 계약은 파기로 구제할 수 있다. 즉 '당사자의 일방이 중대한 신체적 상해로부터, 상대방도 알고 있는, 자기 또는 타인을 구제할 필요성 때문에 불공평한 조건의 채무를 부담한 계약은 채무를 부담한 당사자의 청구에 의하여 이를 파기할 수 있다'(제1447조 1항).

계약이 파기되기 위해서는 다음과 같은 요건이 필요하다. 첫째, 당사자의 일방이 중대한 신체적 상해로부터 자기 또는 타인을 구제할 필요가 있을 것, 둘째, 위험한 상태는 상대방도 알고 있을 것, 셋째, 불공평한 조건의 채무를 부담할 것 등이다.

예컨대 심야에 심각한 병을 앓고 있는 자기 아내를 치료하기 위해서 의사를 불렀는데 의사가 응급치료비 명목으로 지나친 고액을 요구하거나, 알프스산 안내원이 두 명의 손님을 반나절만 안내하는 것으로 계약을 맺었는데 그중 1인이 험악한 산길에서 위험한 상태에 빠졌기 때문에 하루 종일 안내하는 것으로 합의하면서 약 10배의 보수를 요구하는 경우 등이다.

(3) 궁박한 상태

예컨대 A가 연체된 임대료를 지급하기 위하여 급전이 필요한 상태에 있었는데, 2천만 원의 가치가 있는 그림을 7백만 원에 팔도록 협박을 받은 경우와 같이, 궁박상태(bisogno)에서의 계약체결도 계약파기사유다. 즉, 당사자 일방의 급부와 타방의 급부 사이에 불균형이 있고, 이런 불균형이 타방이 그의 이익을 위하여 이용한 일방의 궁박한 상태로 인한 경우에는 손해를 입은 당사사는 계약의 파기를 청구할 수 있다(제1448조 1항).

다음과 같은 요건이 필요하다(제1448조). 첫째, 궁박상태일 것, 둘째, 상대방이 자기이익을 위하여 이용할 것, 셋째, 이 이용으로 인하여 상대방이 받은 손해는 급부와 반대급부 사이의 불균형에 의한 것일 것, 넷째, 이런 불균형이 계약파기의 청구가 제기될 때까지 계속되어야 할 것(제1448조 3항) 등이다. 상기 예에서 그림의 가격이 폭락하였다면 계약파기청구를 받아들이지 않을 수 있다.

그러나 '사행계약(contratti aleatori)은 손해를 이유로 파기될 수 없다(제1448조 4항). 이것은 당사자가 이미 각오를 한 경우이고 상대방이 사행적으로 이득을 취할 수 있듯이 자신도 마찬가지이기 때문이다.

경제적인 자유경쟁의 원리에 비추어 경제적 불균형의 시정 방법으로서 전통적으로는 계약자유의 원칙을 존중하여 당사자들의 계약상 효력에 함부로 개입하지 않고, 일반적 이익이나 사회적 이익에 관계될 때에만 강행법규에 의하여 예외적으로 개입할 뿐이었다. 그런데 최근에는 특히 경제적 공평성을 근거로 하는 법적 정당성을 확보하기 위하여 공적인 통제를 하는 법률들이 확대하고 있다. 고리대계약을 무효로 하는 이자제한법(n.108/1996)에 의한 민법 제1815조 2항, 기업가 사이의 경제적 의존성을 남용하는 계약도 역시 불균형 계

약으로서 금지된다(legge n. 192/1998).[106]

(4) 계약파기의 효과

계약파기는 계약의 취소와 매우 유사한데, 어떤 측면에서는 무효와 유사한 면도 있다. 계약의 파기는 계약의 취소처럼 보호받는 당사자에 의해서만 청구될 수 있다. 그리고 소멸시효기간도 계약의 취소처럼 비교적 짧다. 계약파기의 기간은 1년이다(제1449조 1항).[107] 그러나 취소와 달리 계약파기 가능성에 대한 항변은 소멸한다(제1449조 2항[108]).

판사는 파기를 선고함에 있어서 사정에 따라 다른 당사자에게 그가 제공한 노력에 대한 공정한 보상을 지급할 수 있다(제1447조 2항). 예컨대 의료계약이 대표적인 예이다. 약정한 금액을 전부 받을 수는 없더라도 서비스한 대가는 지급받을 수 있다.

그러나 계약의 파기는 제3자에게는 대항할 수 없다(제1452조[109]). 이런 점에서 파기에서의 제3자 보호범위가 취소에 의한 경우보다 넓다. 제3자가 악의이거나 무상인 경우에도 보호되기 때문이다.

무효인 계약은 추인하지 못하는 것처럼 파기할 수 있는 계약도 추인하지 못한다(제1451조).[110] 그러나 계약을 수정함으로써 구제받을 수는 있다. 즉 파기청구를 받은 계약 당사자는 계약을 공평하게 회복시킬 수 있을 정도의 계약수정을 제의함으로써 파기를 피할 수 있다(제1450조). 상기 그림매매에서 매수인이 적정한 가격으로 예컨대 1천3백만 원을 제공한다면 파기를 면할 수 있을

106 관련 법령과 소비자법의 관련 규정에 대해서는 Francesco Macioce, pp. 231-237.

107 "파기의 소권은 계약체결일로부터 1년이 경과하면 시효로 소멸한다"(제1449조 1항).

108 "계약의 파기가능성은 소권이 시효에 의하여 소멸한 때에는 항변으로서 주장하지 못한다"(제1449조 2항).

109 "계약의 파기는 제3자가 취득한 권리를 해하지 못한다. 다만, 파기청구의 등기의 효력은 제외된다"(제1449조 3항).

110 Francesco Galgano, p. 278.

것이다.

분할계약에서는 다른 원리가 적용된다(제1448조 5항).[111]

111 "분할의 파기에 관한 규정(제763조, 764조)들은 영향을 받지 않는다"(제1448조 5항). Vincenzo Roppo, pp.425-428.

IX. 계약의 해제

1. 계약해제의 의의

'해제'(risoluzione)는 계약상 구속에서의 해방을 의미한다. 계약의 해제는 일반적으로 계약체결 이후에 일어난 기능상 하자(difetto di funzionamento)로 인해 해방된다는 점에서 지금까지 본 구제방법과 다르다.

계약의 무효나 취소, 파기는 계약의 원시적 하자에 대한 것이고, 무효와 취소는 의사의 하자 있는 행위에 관한 것이지만, 해제는 처음에는 하자가 없는 계약이었는데 계약행위가 아니라 계약적 관계에서 후발적 하자가 원인이 된 것이다. 해제로 해방되는 것은 계약관계이지 계약행위가 아니다.

계약의 구속력에서 해방되는 체계는 '해제'만이 아니다. '상호 부동의'(제1372조)나 단독행위로서의 '해약'(제1386조),[112] '해제조건'(condizione risolutiva)도 있다.

해제는 후발적 하자로 손해를 받은 당사자 중 어느 일방의 특수한 이익을 보호하기 위한 것이다. 이런 점에서는 계약의 취소나 파기와 같다.

해제는 일반적으로 세 가지를 원인으로 한다.

첫째, '채무불이행'(inadempimento)이다. 이것은 계약관계에서 기대하고 있

112 Francesco Macioce, pp. 235-237.

는 기능을 혼란시키는 것으로서 급부를 받지 못한 계약자가 다른 당사자에게 책임을 귀속시키는 원인이 된다.

둘째, '급부의 후발적 불능'이다(impossibilità sopravvenuta della prestazione). 이것은 귀책시킬 수 없는 원인으로서 급부를 받지 못한 계약 당사자를 보호하기 위한 것이다.

셋째, '후발적 과중부담'이다(eccessiva onerosità sopravvenuta). 당사자의 급부를 비교하였을 때 일방에게 지나치게 불이익한 경우이다.

2. 채무이행 강화수단과 채무불이행에 대한 구제수단

당사자가 계약을 체결하면 합의한 계약상 구속력을 강화하기 위한 수단과 일방이 계약을 이행하지 않으면 피해를 입은 상대방을 보호하면서 채무불이행에 대처하는 구제수단이 필요하게 된다. 전자로는 계약금이나 불이행의 항변권 등이 있고, 후자로는 해제가 최후의 구제수단이 된다.

계약이행을 강화하는 수단 중의 하나가 계약체결 시 상대방에게 제공하는 '계약금'(caparra confirmatoria)이다. 채무를 이행하지 않으면 해약한 당사자는 제공한 계약금을 상실하거나 수령한 계약금의 배액을 반환하여야 하는 불이익을 받기 때문에 이행을 하고자 하는 자극을 받게 된다. 만약 계약이 이행되었으면 계약금은 반환되거나 지급해야 할 급부에 충당하여야 한다(제1385조 1항).

'불이행의 항변권'(동시이행의 항변권)(eccezione d'inadempimento)도 계약의 이행을 강화하는 수단이 된다. 상호적 반대 이행을 규정한 계약에 있어서, 상대방이 그 채무를 동시에 이행하지 아니하거나, 동시이행을 제의하지 아니하는 때에는 자기의 채무이행을 거절할 수 있기 때문이다(제1460조).

그러나 이런 불이행의 항변권도 여러 사정을 참작하여 볼 때 신의성실의 원칙에 반하는 때에는 인정되지 않는다(제1460조 2항). 만약에 계약 당사자의 자산상태가 반대이행을 위태롭게 할 정도로 변경된 때에는 자기의 이행을 정지할 수 있다(제1461조). 예컨대 고용주가 파산의 위기에 처해서 임금지불이 위태롭게 될 정도이면 자신의 노동제공을 정지할 수 있다.

그 밖에 당사자들이 자기가 부담한 이행을 회피하거나 지연시키기 위한 항변을 주장할 수 없다는 '항변제한약관'(clausola solve et rèpete)을 정할 수 있다. 어떤 경우든 지불을 하여야 한다는 것으로 의무 없는 이행을 한 이후에 반환을 청구할 때에 활용된다. 그러나 이런 약관은 계약의 무효, 취소 및 파기에 근거한 항변에 대하여는 그 효력이 생기지 아니한다(제1462조 1항). 무효나 취소, 파기사유가 있는 계약에 대하여는 언제나 이행을 거부할 수 있다. 그러나 판사가 중대한 이유가 있다고 인정하는 때에는 선고를 보류하고, 사정에 따라 담보를 부과할 수 있다(제1462조 2항).[113]

3. 재판상 해제

(1) 이행청구(최고)와 해제

대가적 급부를 가진 계약에서 당사자의 일방이 그 채무를 이행하지 아니한 때에 타방 당사자는 법원에 계약의 '이행청구'를 하여 집행을 할 것인지 '해제청구'를 할 것인지를 선택하여야 한다(제1453조 1항).[114]

'이행의 청구'(domanda di adempimento)는 비록 이행이 지연되었더라도 얻고자 하는 이익을 고려해서 계약을 유지한 상태로 이행에 대한 기대를 가지고 판사에게 채무불이행자에게 채무를 이행할 것을 선고해 줄 것을 청구하는 것이다.

만약 더 이상의 기대나 얻고자 하는 이익이 없을 때에는 '해제청구'(domanda di risoluzione)를 한다. 자신의 급부를 이행하지 않고 이미 이행한 것을 반환받

113 Vincenzo Roppo, pp. 429-431; Francesco Galgano, pp. 267-269.

114 프랑스 민법 제1184조도 마찬가지다.

고자 해제를 청구할 수도 있다.

당사자가 이행을 청구하였다가 생각이 변해서 해제를 청구하는 것은 가능하지만, 역으로 해제를 청구한 이후에 이행을 청구할 수는 없다(제1453조 3항). 그러나 임대차에서는 임차인을 보호하기 위한 예외가 있다.

이행을 청구하든 해제를 청구하든 당사자가 급부를 받지 못하였나 불완전한 이행을 받았거나 급부가 지연된 경우에 대한 손해배상을 청구할 수 있다(제1453조 1항).

(2) 재판상 해제

채무불이행으로 인한 해제는 '재판상 해제'(risoluzione giudiziale)이다. 이 점이 우리 민법(제543조 1항)이나 일본 민법(제540조)과 다른 점이고, 프랑스 민법(제1184조)과 같은 점이다. 판사가 선고를 하기 전까지는 계약은 해제되지 않는다(sentenza costituitiva). 해제를 선고하기 이전에 채무불이행의 존재를 확인하여야 한다.

채무불이행에 대한 '귀책사유'(imputabile all'inadempiente)가 있어야 하는지에 대해서, 이탈리아 법원은 이를 긍정하는 데에 비해, 다수설은 부정한다.[115] 다수설은 귀책사유는 손해배상을 청구하는 데에 필요한 것으로 해석한다.[116]

계약은 당사자 일방의 불이행이 타방의 이익에 비하여 중요하지 아니한 때에는 해제하지 못한다(제1455조). 유럽 계약법 원칙에서도 '중요성'(importanza dell'inadempimento; gravità)이 요건으로 들어가 있다. 프랑스 민법에서는 명문의 규정은 없으나 판사의 재량에 일임하고 있다. 이유는 명확한 것이다. 당사자 일방이 계약상 구속력을 회피하기 위하여 중요하지도 않은 사소한 채무불이행을 근거로 해제하는 것은 정당하지도 않고 해제권 남용의 우려가 있기 때문

115 Vincenzo Roppo, p. 431.

116 프랑스에서는 법원은 대체로 부정적이나 다수설은 긍정하며 귀책사유가 없는 경우는 위험부담 이론을 적용한다(山口俊夫, 232頁).

이다.

중요성 여부는 판사의 재량에 일임되어 있다. 법적 기준이 규정되어 있는 경우도 있다. 예컨대 할부매매에서는 가격 총액의 8분의 1을 초과하지 아니하는 1회 할부금만의 이행지체를 가지고 계약의 해제를 하지 못하도록 규정되어 있다(제1525조).

3. 당연해제

재판상 해제의 예외로서 '당연해제'(risoluzione stragiudiziale; risoluzione di diritto) 되는 경우가 세 가지가 있다. 명시적 해제약관, 본질적인 기한, 그리고 이행의 최고이다.[117]

첫째, '명시적 해제약관'(clausola risolutiva espresa)이란 계약 당사자가 어느 특정한 채무가 정해진 방법으로 이행되지 아니할 경우에는 계약이 당연히 해제된다는 것을 명시적으로 합의한 경우이다(제1456조 제1항). 채무불이행이 있다고 해서 당연히 해제되는 것이 아니고, 이해관계 있는 당사자가 상대방에게 해제약관을 주장하고자 하는 의사를 표시한 때에 법률상 당연히 해제된다는 점(제2항)을 주의하여야 한다. 따라서 해제약관이 있음에도 불구하고 해제를 할 것인가 여부를 결정할 수 있는 이익을 가지고 있다. 이 명시적 해제약관은 계약에서 발생하는 채무 일반이 아니라 '특정한 채무'가 요건으로 되어 있다.

둘째, 당사자 일방에게 '본질적인 기한'(termine essenziale)이 있는 경우이다(제1457조). 본질적인 기한이란 이 기간이 지나면 급부수령자에게 더 이상의 효용이 없는 급부이행기한을 말한다. 따라서 이 기한이 경과하면 계약은 당연히 해제된 것으로 보아야 하는데, 비록 지연된 경우라도 그 급부를 받을 이익이 있을 수 있다는 점을 고려하여, 반대의 특약이나 관습이 없는 한 기한이 경

117 프랑스 민법에서도 유사한 두 가지 예외가 있다. 첫째는 특약이 있는 경우(해제약관, pacte commissoire), 둘째는 거래의 신속성이 필요한 경우다(동산매매에 관한, 1657조; 보험계약, 노동계약)(山口俊夫, 232-233頁).

과하였음에도 불구하고 채무의 이행을 청구하려면 3일 이내에 그 뜻을 통지하도록 하고 있다(제1항). 만약 이 통지가 없이 3일이 지나면 비로소 법률상 당연히 해제된 것으로 본다(제2항).

셋째, 기한이 본질적인 것이 아닌 경우에 법률상 당연히 해제되는 것으로서, '이행의 최고'(diffida ad adempiere)가 있다(제1454조). 채무를 이행하지 않은 당사자에 대하여 타방 당사자는 서면에 의해 상당한 기간 내에 채무를 이행할 것과 이 기간이 도과되면 계약은 곧 해제된다는 뜻의 최고를 할 수 있다(제1항). 이 기간은 15일 이내로 하지 못한다. 다만, 당사자가 달리 합의하거나 계약의 성질 또는 관습에 의하여 더 짧은 기간이 상당하다고 인정되는 경우에는 그러하지 아니하다(제2항). 만약 계약의 이행이 없이 이 기간이 경과하면 계약은 법률상 당연히 해제된다(제3항).

4. 후발적 불능으로 인한 해제

급부가 채무자의 귀책사유 없이 후발적 불능으로 되면 채무는 소멸한다. 그것은 대가적 급부를 갖는 쌍무계약에서 계약의 원인으로서 교환하기로 한 급부에 대한 정당성이 상실된 것이므로, 이 반대급부도 소멸시켜야 한다. 예컨대 매매계약에서 매도인이 물건을 인도할 수 없다면 매수인도 더 이상 대금지급을 할 필요가 없는 것이다. 이런 의미로 해제하는 것을 '후발적 불능으로 인한 해제'라고 한다(제1463조). 해제는 법률상 당연히 해제되는 것이지만, 이후에 판사가 이를 확인할 수 있다(sentenza dichiarativa).

후발적 불능으로 인한 법률상 당연해제는 채권자지체와 관련해서는 한계가 있다. 채권자지체인 동안에 불능인 경우에는 반대급부의무가 존속하게 되고 따라서 계약이 해제되지 않기 때문이다.

특정물의 소유권을 이전하는 물권계약이나, 물권을 설정 또는 이전하는 계약에서, 특정물이 양도인에게 귀책시킬 수 없는 사유로 인하여 멸실되어 인도할 수 없게 된 때에도 취득자의 반대급부이행의무는 해방되지는 않는다(제1465조 1항). 이유는 간단하다. 물건이 인도되기 전에 계약이 체결된 때 이 물건의 소유권은 양수인이 취득한 것이기 때문이다. 물건이 멸실되었을 때 더 이상 양도인의 재산이 아니며, 현실적으로 이행하는 과정에서 일시적으로 폐물이 될 수도 있는 점, 규범적으로 양수인의 영역이라는 고려[118]가 반영된 것이다. 이런 점에서 물권계약의 이전적 또는 설정적 효과가 기한이 도래할 때까지 연기되는 경우에도 이를 적용된다(제2항). 그러나 이전이 정지조건부이고, 불능이 조건의 성취 전에 발생한 때에는 이 규정이 적용되지 않고 양수인은 자기채무로부터 해방된다(제4항).

만약 이전될 목적물이 일정한 양의 종류물인 경우에는 그 물건이 특정된 이후에 물건이 멸실된 경우에도 취득자의 반대급부이행의무가 해방되지 않는다(제1465조 3항).

일부불능의 경우에는 그가 부담한 이행과 상응하여 감액할 수 있는 권리를 상대방이 가지며, 일부이행으로 이익이 없는 경우에는 계약을 해제할 수 있다(제1464조). 일시적 불능의 경우에 채무자는 그 불능이 계속되는 한 이행지체에 대한 책임을 지지 아니한다. 그러나 그 불능이 채무의 원인 또는 그 목적의 성질에 따라 채무자가 더 이상 채무이행의 의무를 질 수 없거나, 채권자가 그 이행의 이익을 가지지 아니할 때까지 계속한 경우에는 채무는 소멸한다(제1256조 2항).

5. 후발적 과중부담으로 인한 해제

(1) 의의

계속적 계약에서 계약상 지나친 부담에 대한 구제방법으로서 해제가 인정된

118 예컨대 물건을 인도해 주어야 할 채무자가 이 물건을 받는 장소를 임의로 처분할 수 있는 것이 아니라는 점, 결정적으로 물건을 배치하는 장소가 어디가 더 적합한지에 대한 강구의 필요성은 채권자가 갖는다.

다. 계속적 이행이나 정기적 이행, 연기된 이행에 관한 계약에서 예견하지 못한 특별한 사건으로 인하여 당사자 중 일방의 이행이 과중하게 된 때에는 이러한 이행을 부담하게 된 당사자는 제1458조의 규정된 바에 따라 계약의 해제를 청구할 수 있다(제1467조 1항).

이것은 'rebus sic stantibus'(things standing thus), 즉 '사정변경원칙'을 인정한 것이다.

(2) 요건

불균형이 해제의 원인이 되기 위해서는 다음의 요건이 필요하다.

첫째, '계약체결 이후의 사건일 것'이다. 만약에 계약체결 당시부터 불균형이 있는 것을 당사자가 알았다면 교섭을 하였을 것이고, 만약 몰랐다면 착오에 의한 취소가 가능하기 때문이다.

둘째, '아직 이행이 이루어지 않았을 것'이다. 이 불균형이 양쪽 급부 모두가 이미 이행되었을 때에는 적용되지 않는다. 두 급부 중의 어느 하나만에 해당된 경우이고 이 급부가 불균형을 초래한 경우이어야 한다.

셋째, '객관적 또는 외부적 원인일 것'이다. 그 원인들이 당사자에게 귀책시킬 수 있는 것은 아니고 또한 그의 영향력 범위 밖에 있을 것을 요한다.

넷째, '예견할 수 없는 특별한 사건일 것'이다. 이 구제방법은 비정상적인 상황에 대한 보호수단이므로 신중하고 현명하게 처리하였으면 면할 수 있는 사안은 해당되지 않는다.

그 밖에, 통상적인 위험을 초과하는 정도의 경제적 불균형이 필요하다. 후발적 과중부담이 통상적 위험의 범위 내인 경우에는 해제를 청구하지 못하도록 규정되어 있다(제1467조 2항). 계약으로 인해 통상적으로 발생할 수 있는 위험은 각 당사자가 스스로 부담해야 하기 때문이다. 예컨대 지중해 항에서 수에즈운하를 거쳐야 하는 해상운송계약을 맺었는데 아랍과 이스라엘의 전쟁으로 수에즈운하가 막혀서 아프리카로 돌아서 가야만 하는 경우가 이에 해당된다. 일 년에 4-22% 정도 등락을 거듭하는 통상적인 인플레이션은 예견할 수 없는 경우에 해당되지 않는다.[119]

(3) 재판상 해제

과중한 부담으로 인한 계약의 해제는 재판상 해제다. 해제를 원하는 당사자는 해제를 청구하여야 하고, 계약의 해제를 청구받은 당사자는 공정한 계약조건의 수정을 제의함으로써 해제를 피할 수 있다(제1467조 3항). 예컨대 수에즈운하가 막혔으므로 아프리카를 돌아서 나오는 기간과 경비 등을 고려한 계약조건의 수정을 제의하는 경우다.

전술한 바 있는 계약파기를 회피하기 위한 감액제안과 유사한 것이 있다. 당사자 일방만이 채무를 부담하는 경우에 위 같은 상황이 예정되어 있는 경우에는 이 당사자는 공평한 이행이 될 수 있도록 그 이행의 감액 또는 이행태양의 수정을 청구할 수 있다(제1468조).

과중부담으로 인한 해제는 예상할 수 없는 위험에 대처하기 위한 것이다. 따라서 계약의 성질 또는 당사자의 의사에 의한 사행계약에는 적용되지 아니한다(제1469조).[120]

6. 해제의 효과

계약의 해제는 계약관계를 해소시켜 계약상의 효과들을 소멸시킨다. 따라서 자신이 부담하고 있는 채무를 면하고 이미 이행한 것은 반환을 청구할 수 있게 된다.

채무불이행으로 인한 계약의 해제는 당사자 사이에서는 소급 무효의 효력

119 예외적으로 비정상적이고 예견할 수 없는 인플레이션에 대해서는 Francesco Galgano, p. 275.

120 Vincenzo Roppo, pp. 431-435; Francesco Macioce, pp. 237-241.

이 있다(effetto retroattivo). 다만 예외적으로 계속적 또는 정기적 계약에서는 이미 이행한 부분에까지 확대되지 아니한다(제1458조 1항). 예컨대 임대차계약에서 임대인은 임대료를 반환할 필요가 없게 된다.

그러나 제3자에 대해서는 소급효가 인정되지 않는다. 명시적 특약이 있는 경우에도 제3자가 취득한 권리를 해하지 아니한다(제1458조 2항). 예컨대 A가 B에게 물건을 매매하고 B가 C에게 다시 전매한 이후 A와 B 사이의 매매가 해제되었더라도 이미 C가 취득한 권리에는 영향을 미치지 아니한다. 다만, 해제청구의 등기의 효과에는 영향을 주지 아니한다(제1458조 2항 단서; 제2652조 1).

다수 당사자 계약에서 당사자 사이에서는 특별한 문제가 있다. 민법은 채무불이행으로 인한 해제와 후발적 불능으로 인한 해제의 경우로 나누어 규율하고 있다. 즉 당사자 1인의 채무불이행이나 이행불능은 그 당사자에게만 관계되고 전체에게는 영향을 주지 않으나, 다만 그것이 본질적인 경우에만 전체의 해제를 수반한다(제1459조[121]; 제1466조[122]).

7. 적절한 조항설정의 필요성과 전제상실로 인한 해제

(1) 적절한 조항설정의 필요성

계약관계의 기능을 방해하거나 어려운 점들이 표출될 때 대표적인 해결방법이 해제이다. 그런데 해제가 언제나 이상적인 구제방법이라고 말할 수는 없다. 특히 계약이 복잡하고 장기간을 요하는 계약에서는 해제가 적합하지 않은 경우가 많다. 이런 경우에는 계약관계를 유지하면서 계속되는 정황과 필요에 적합한 다른 구제방법이 필요하게 된다.

---

121 "제1420조에 의한 계약에서 당사자 1인의 불이행은 다른 당사자에 대한 계약해제를 수반하지 않는다. 다만, 사정에 따라 실행하지 아니한 급부가 본질적인 것으로 보아야 하는 경우에는 그러하지 아니하다"(제1459조).

122 "제1420조에 의한 계약에서 당사자 1인의 이행불능은 다른 당사자에 대하여 계약의 해소를 수반하지 아니한다. 다만, 실행하지 아니한 급부가 사정에 따라 본질적인 것으로 보아야 하는 경우에는 그러하지 아니하다"(제1466조).

민법에서는, 예컨대 형평에 맞춘 감액이라든지, 도급계약에서의 계획의 필요적 변경조항(제1660조)처럼 계약의 특별한 유형에 따라 적정한 규정들을 두고 있다. 해제가 적합하지 않은 경우의 해결방법으로서 바람직한 것은 사적 자치의 원리를 존중하면서도 이런 필요성에 응할 수 있는 적절한 조항을 마련해 두는 것이다.

(2) '전제사실'

당사자에 의해 비록 명시적으로 표현된 것은 아니지만 계약체결의 기초가 되는 객관적 '전제'(presupposizione oggettivo)로 여겨지는 것들이 있다. 이런 전제사정이 없다면 계약을 체결하지 않았을 것이라고 여겨지는 경우에 계약을 해제하고 이미 지급한 것이 있으면 반환받을 수 있을 것인지가 문제된다.[123] 다음과 같은 유명한 예가 있다. 예컨대 A가 황제 대관식날에 참가하려고 로비를 대관식 시간에 맞추어 비싼 돈을 주고 임차하였는데 취임식이 연기된 경우, A가 건물을 지으려고 토지를 매입하였는데 이후에 이 토지에서 건축을 할 수 없도록 된 경우이다. 황제대관식에 참가하거나 건물을 지으려는 전제(presupposizione)에서 계약을 맺은 것이다. 이것들은 동기가 좌절된 것인데, 계약체결 이후에 관한 것이므로 착오에 의한 취소도 적합하지 않고, 제1467조의 요건을 갖추지도 못했으므로 과중부담에 의한 해제에도 해당되지 않는다. 상기 예에서 계약 상대방은 이런 사정이 없었을 때의 임대료나 매매가보다 높은 가격이 책정되었기 때문에 계약을 하게 된 것이므로, 상대방의 입장에서는 계약의 원인(causa)이라고 볼 수 도 있다. 결국 당사자 쌍방이 이런 동기를 알고 있음에도 불구하고 A에게 계약상 구속력을 인정하는 것은 타당하지 않다.

이런 것들을 암묵적 조건(condizione implicita)으로 해석하려는 견해도 있지만 상기 예에서 보듯이 우리가 다루고자 하는 것들은 당사자들이 이것을 조건

123 Francesco Galgano, p. 280.

으로서 계약에 삽입한 사안들이 아니므로 타당하지 않다. 과거 오랫동안 이런 경우에 계약의 해제를 인정하지 않았지만 신의성실원칙에 관련된 이행(제1375조)으로서 적극적으로 검토할 필요가 있다. 계약관계에서 당사자들은 상호 간에 적절한 방법(modo corretto)으로 행위하여야 한다. 상기 예에서 임대인이나 매도인이 아무런 사실도 없었다는 듯이 계약상 이행을 청구하는 것은 신의칙에 위반된다. 그러므로 당사자들이 계약의 전제로 한 사정이 부존재 내지 충족되지 않았음을 이유로 상대방에게 해제권를 인정하는 것이 타당하다.[124]

124 Vincenzo Roppo, p. 437; Francesco Galgano, pp.279-281; Francesco Macioce, pp. 241-242.

CODICE CIVILE

Libro quarto. Delle obbligazioni

이탈리아 민법전

제4권 채권법

TITOLO I
DELLE OBBLIGAZIONI IN GENERALE

CAPO I
Disposizioni preliminari

Art. 1173 Fonti delle obbligazioni
Le obbligazioni derivano da contratto (Cod. Civ. 1321 e seguenti), da fatto illecito (Cod. Civ. 2043 e seguenti), o da ogni altro atto o fatto idoneo a produrle (Cod. Civ. 433 e seguenti, 651, 2028 e seguenti, 2033 e seguenti, 2041 e seguenti) in conformità dell'ordinamento giuridico.

Art. 1174 Carattere patrimoniale della prestazione
La prestazione che forma oggetto dell'obbligazione deve essere suscettibile di valutazione economica e deve corrispondere a un interesse, anche non patrimoniale, del creditore (Cod. Civ. 1256 e seguente, 1411 e seguenti).

Art. 1175 Comportamento secondo correttezza
Il debitore e il creditore devono comportarsi secondo le regole della correttezza (Cod. Civ. 1337, 1358).

CAPO II
Dell'adempimento delle obbligazioni

SEZIONE I
Dell'adempimento in generale

Art. 1176 Diligenza nell'adempimento
Nell'adempiere l'obbligazione il debitore deve usare la diligenza del buon padre di famiglia (Cod. Civ. 703, 1001, 1228, 1587, 1710-2, 1768, 2148, 2167).
Nell'adempimento delle obbligazioni inerenti all'esercizio di un'attività professionale la diligenza deve valutarsi con riguardo alla natura dell'attività esercitata (Cod. Civ. 1838 e seguente, 2104-1, 2174-2, 2236).

Art. 1177 Obbligazione di custodire
L'obbligazione di consegnare una cosa determinata include quella di custodirla fino alla consegna.

제1장
채권 일반

제1절
서두규정

제1173조(채권의 권원) 채권은 계약, 불법행위 또는 기타 법률의 규정에 따라 채권을 발생시키는 데 적합한 모든 행위 또는 사실로부터 생긴다.

제1174조(급부의 재산적 성격) 채권의 목적을 형성하는 급부는 경제적 평가를 할 수 있어야 하며, 비재산적이라도 채권자(제1256조 이하와 1411조 이하)의 이익에 일치되는 것이어야 한다.

제1175조(신의성실한 행동) 채무자와 채권자는 신의성실의 원칙에 따라 행동하여야 한다(제1337조, 제1358).

제2절
채무의 이행

제1관
이행 일반

제1176조(이행에 있어서의 주의) ① 채무를 이행할 때에는 채무자는 선량한 관리자의 주의(제703, 1001, 1228, 1587, 1710-2, 1768, 2148, 2167조)를 하여야 한다.
② 직업적 행위를 수행하는 데에 내재되어 있는 채무를 이행할 때에는 수행되는 행위의 성질을 고려하여 평가되어야 한다.

제1177조(보존채무) 특정물을 인도해야 할 채무에서는 인도할 때까지 보존할 채무가 포함된다.

Art. 1178 Obbligazione generica
Quando l'obbligazione ha per oggetto la prestazione di cose determinate soltanto nel genere, il debitore deve prestare cose di qualità non inferiore alla media (Cod. Civ. 664).

Art. 1179 Obbligo di garanzia
Chi è tenuto a dare una garanzia, senza che ne siano determinati il modo e la forma, può prestare a sua scelta un'idonea garanzia reale o personale (Cod. Civ. 1943-1), ovvero altra sufficiente cautela (Cod. Proc. Civ. 1 19).

Art. 1180 Adempimento del terzo
L'obbligazione può essere adempiuta da un terzo, anche contro la volontà del creditore, se questi non ha interesse a che il debitore esegua personalmente la prestazione.
Tuttavia il creditore può rifiutare l'adempimento offertogli dal terzo, se il debitore gli ha manifestato la sua opposizione.

Art. 1181 Adempimento parziale
Il creditore può rifiutare un adempimento parziale anche se la prestazione e divisibile (Cod. Civ. 1314 e seguenti, 1384), salvo che la legge o gli usi dispongano diversamente.
(vedere anche Leggi Speciali, Titoli di credito).

Art. 1182 Luogo dell'adempimento
Se il luogo nel quale la prestazione deve essere eseguita non è determinato dalla convenzione o dagli usi e non può desumersi dalla natura della prestazione (Cod. Civ. 1774) o da altre circostanze, si osservano le norme che seguono (att. Cod. Civ. 159).
L'obbligazione di consegnare una cosa certa e determinata deve essere adempiuta nel luogo in cui si trovava la cosa quando l'obbligazione è sorta (1510).
L'obbligazione avente per oggetto una somma di danaro deve essere adempiuta al domicilio (43) che il creditore ha al tempo della scadenza (1209, 1219, 1498). Se tale domicilio è diverso da quello che il creditore aveva quando è sorta l'obbligazione è ciò rende più gravoso l'adempimento, il debitore, previa dichiarazione al creditore, ha diritto di eseguire il pagamento al proprio domicilio.
Negli altri casi l'obbligazione deve essere adempiuta al domicilio che il debitore

제1178조(종류채무) 채무가 그 종류로만 특정(지정)된 물건의 급부를 목적으로 하는 때에는 채무자는 중등품보다 열등하지 않은 물건을 급부하여야 한다.

제1179조(담보제공의무) 태양 및 형식이 특정되어지지 않은 상태에서 어떤 담보를 제공할 의무가 있는 자는 물적 또는 인적 담보나 기타 충분한 담보 중에서 그의 적절한 선택을 제공할 수 있다.

제1180조(제3자의 이행) ① 채무자가 직접 급부를 실현하는 것에 대하여 채권자에게 이익이 없는 경우에는 비록 채권자의 의사에 반하는 경우에도 제3자에 의해 변제될 수 있다.
② 그러나 채무자가 반대의 의사를 표시한 경우에는 채권자는 제3자에 의해 제공된 이행을 거절할 수 있다.

제1181조(일부이행) 비록 급부가 분할할 수 있는 경우라도 채권자는 일부이행을 거절할 수 있다. 다만 법률이나 관습에 달리 규정된 경우에는 그러하지 아니하다.

제1182조(이행장소) ① 급부가 실행되어야 할 장소가 합의 또는 관습에 의하여 결정되지 아니하고, 그 급부의 성질이나 기타 사정으로 추측할 수 없는 경우에는 다음의 규정에 의한다.
② 확정된 특정물을 인도할 채무는 그 채무가 발생하였을 때 그 물건이 존재했던 장소에서 이행되어야 한다.
③ 일정 금액을 목적으로 하는 채무는 만기에서의 채권자 주소지에서 이행되어야 한다. 만약 이 주소지가 채무발생 당시의 채권자 주소지와 달라서 채무이행의 부담을 가중하게 하는 경우에는 채무자는 미리 채권자에게 통지한 후 그 지급을 자기의 주소지에서 실행할 권리를 갖는다.
④ 기타 채무는 만기에서의 채무자 주소지에서 이행되어야 한다.

ha al tempo della scadenza (att. 159).

Art. 1183 Tempo dell'adempimento

Se non è determinato il tempo in cui la prestazione deve essere eseguita, il creditore può esigerla immediatamente (1219-2). Qualora tuttavia, in virtù degli usi o per la natura della prestazione ovvero per il modo o il luogo dell'esecuzione, sia necessario un termine, questo, in mancanza di accordo delle parti, è stabilito dal giudice (1331, 1817).

Se il termine per l'adempimento è rimesso alla volontà del debitore, spetta ugualmente al giudice di stabilirlo secondo le circostanze; se è rimesso alla volontà del creditore, il termine può essere fissato su istanza del debitore che intenda liberarsi.

Art. 1184 Termine

Se per l'adempimento è fissato un termine, questo si presume a favore del debitore, qualora non risulti stabilito a favore del creditore o di entrambi (1563, 1771, 1816).

Art. 1185 Pendenza del termine

Il creditore non può esigere la prestazione prima della scadenza (1206), salvo che il termine sia stabilito esclusivamente a suo favore.

Tuttavia il debitore non può ripetere (2034) ciò che ha pagato anticipatamente, anche se ignorava l'esistenza del termine. In questo caso però egli può ripetere, nei limiti della perdita subita, ciò di cui il creditore si è arricchito per effetto del pagamento anticipato (2041).

Art. 1186 Decadenza dal termine

Quantunque il termine sia stabilito a favore del debitore, il creditore può esigere immediatamente la prestazione se il debitore è divenuto insolvente o ha diminuito, per fatto proprio, le garanzie che aveva date o non ha dato le garanzie che aveva promesse (1274, 1299, 1313, 1844, 1850, 1867 e seguente, 1877, 2743).

Art. 1187 Computo del termine

Il termine fissato per l'adempimento delle obbligazioni è computato secondo le disposizioni dell'art. 2963.

La disposizione relativa alla proroga del termine che scade in giorno festivo si osserva se non vi sono usi diversi.

제1183조(이행시기) ① 급부가 실행되어야 할 시기가 정해지지 않은 경우에는 채권자는 즉시 이행을 청구할 수 있다. 그러나 관습 또는 급부의 성질, 실행의 태양(態樣)이나 장소에 따라 기한을 필요로 하는 경우에 당사자 사이에 합의가 없는 때에는 판사에 의해 정해진다.
② 이행의 시기가 채무자의 의사에 의하도록 되어 있는 때에는 마찬가지로 판사가 상황에 따라서 이를 정해야 하며, 채권자의 의사에 의하도록 되어 있는 때에는 채무에서 벗어나고자 하는 채무자의 청구에 따라 정해질 수 있다.

제1184조(기한) 이행기한이 정해져 있는 경우에 채권자 또는 채권자와 채무자 쌍방을 위하여 정해진 것이 아니면 채무자를 위한 것으로 추정한다.

제1185조(기한의 미정) ① 채권자는 기한이 도래하기 전에는 채무의 이행을 청구하지 못한다. 다만 기한이 채권자만을 위한 경우에는 그러하지 아니하다.
② 채무자는 비록 기한의 존재를 몰랐던 경우에도 기한 전 변제한 것의 반환을 청구하지 못한다. 그러나 채무자는 그가 입은 손해의 범위 안에서 기한 전 변제로 채권자가 얻은 이익의 반환을 청구할 수는 있다.

제1186조(기한의 이익의 상실) 비록 기한이 채무자의 이익을 위하여 정하여진 경우에도, 채권자는 채무자가 파산하거나, 자기의 행위에 의하여 제공한 담보를 감소시키거나 약정한 담보를 제공하지 아니한 때에는 즉시 채무의 이행을 청구할 수 있다.

제1187조(기한의 계산) ① 채무이행을 위하여 정해지는 기한은 제2963조의 규정에 따라 계산된다.
② 공휴일에 해당하는 기한의 연기에 관한 규정은 이와 다른 관습이 없는 경우에 적용된다.
③ 이런 모든 경우에도 이것과 다른 약정을 방해하지 않는다.

E' salva in ogni caso una diversa pattuizione.

Art. 1188 Destinatario del pagamento
Il pagamento deve essere fatto al creditore o al suo rappresentante, ovvero alla persona indicata dal creditore o autorizzata dalla legge o dal giudice a riceverlo. Il pagamento fatto a chi non era legittimato a riceverlo libera il debitore, se il creditore lo ratifica o se ne ha approfittato (1444).

Art. 1189 Pagamento al creditore apparente
Il debitore che esegue il pagamento (2726) a chi appare legittimato a riceverlo in base a circostanze univoche, è liberato se prova di essere stato in buona fede. Chi ha ricevuto il pagamento è tenuto alla restituzione verso il vero creditore, secondo le regole stabilite per la ripetizione dell'indebito (2033 e seguenti).

Art. 1190 Pagamento al creditore incapace
Il pagamento fatto al creditore incapace di riceverlo (316, 320, 357, 374, 394, 424) non libera il debitore, se questi non prova che ciò che fu pagato è stato rivolto a vantaggio dell'incapace (1443, 2726).

Art. 1191 Pagamento eseguito da un incapace
Il debitore che ha eseguito la prestazione dovuta non può impugnare il pagamento a causa della propria incapacità (193-3, 1950, 2034).

Art. 1192 Pagamento eseguito con cose altrui
Il debitore non può impugnare il pagamento eseguito con cose di cui non poteva disporre, salvo che offra di eseguire la prestazione dovuta con cose di cui può disporre.
Il creditore che ha ricevuto il pagamento in buona fede può impugnarlo, salvo il diritto al risarcimento del danno (1218).

Art. 1193 Imputazione del pagamento
Chi ha più debiti della medesima specie verso la stessa persona può dichiarare, quando paga, quale debito intende soddisfare.
In mancanza di tale dichiarazione, il pagamento deve essere imputato al debito scaduto; tra più debiti scaduti, a quello meno garantito; tra più debiti ugualmente garantiti, al più oneroso per il debitore; tra i più debiti ugualmente onerosi, al più antico. Se tali criteri non soccorrono, l'imputazione è fatta proporzionalmente ai vari debiti (1194 e seguente, 1249, 2726).

제1188조(변제의 상대방) ① 변제는 채권자, 그 대리인, 채권자에 의해 지정된 자, 법률 또는 법원에 의하여 변제수령권한을 받은 자에게 하여야 한다.
② 변제를 수령할 수 없는 자에게 한 변제는, 채권자가 이를 추인하거나 이것으로 이익을 얻는 경우에 채무에서 면제된다.

제1189조(표현채권자에 대한 변제) ① 명백한 주위사정에 의하여 수령할 정당한 외관을 가진 자에게 변제한 채무자는 선의였음을 입증한 때에 해방된다.
② 변제를 수령한 자는 비채변제의 반환 규정에 따라 진정한 채권자에게 반환의무를 부담한다.

제1190조(무능력채권자에 대한 변제) 변제를 수령할 능력이 없는 자에게 한 변제는 채무자가 그 변제된 것이 무능력자의 이익에 향해졌다는 것을 입증하지 못하는 한 채무를 면하지 못한다.

제1191조 (무능력자에 의한 변제) 급부를 이행한 채무자는 자기의 무능력을 이유로 변제를 취소할 수 없다.

제1192조(타인의 물건에 의한 변제) ① 채무자는 자기가 처분할 수 없는 물건으로 행한 변제를 부인하지 못한다. 다만, 자기가 처분할 수 있는 물건으로 변제하겠다는 것을 신청한 경우에는 그러하지 아니하다.
② 선의로 변제를 받은 채권자는 손해배상의 권리를 방해받지 않은 상태에서 이러한 변제를 부인할 수 있다.

제1193조(변제의 충당) ① 동일인에게 다수의 동종 채무를 지고 있는 자는 변제를 할 때 어느 채무에 변제하겠다는 표시를 하여야 한다.
② 이 표시가 없는 경우에는 변제의 기한이 도래한 채무에 충당하여야 한다. 즉 기한이 도래한 채무들 사이에서는 담보가 보다 적은 채무에, 동등하게 담보된 채무들 사이에서는 채무자에게 부담이 가장 무거운 채무에, 동등하게 부담이 무거운 채무들 사이에서는 가장 오래된 채무에 충당하여야 한다. 이러한 기준들이 역할을 할 수 없는 경우에는 각 채무에 비례하여 충당한다.

Art. 1194 Imputazione del pagamento agli interessi
Il debitore non può imputare il pagamento al capitale, piuttosto che agli interessi (1282) e alle spese, senza il consenso del creditore.
Il pagamento fatto in conto di capitale e d'interessi deve essere imputato prima agli interessi.

Art. 1195 Quietanza con imputazione
Chi, avendo più debiti, accetta una quietanza nella quale il creditore ha dichiarato di imputare il pagamento a uno di essi, non può pretendere un'imputazione diversa, se non vi è stato dolo (1439) o sorpresa da parte del creditore (2726).

Art. 1196 Spese del pagamento
Le spese del pagamento sono a carico del debitore (204, 672, 1215, 1245, 1475).

Art. 1197 Prestazione in luogo dell'adempimento
Il debitore non può liberarsi eseguendo una prestazione diversa da quella dovuta, anche se di valore uguale o maggiore, salvo che il creditore consenta (1320). In questo caso l'obbligazione si estingue quando la diversa prestazione è eseguita.
Se la prestazione consiste nel trasferimento della proprietà o di un altro diritto, il debitore è tenuto alla garanzia per l'evizione e per i vizi della cosa secondo le norme della vendita (1483 e seguenti, 1490 e seguenti), salvo che il creditore preferisca esigere la prestazione originaria e il risarcimento del danno. In ogni caso non rivivono le garanzie prestate dai terzi.

Art. 1198 Cessione di un credito in luogo dell'adempimento
Quando in luogo dell'adempimento è ceduto un credito (1260), l'obbligazione si estingue con la riscossione del credito, se non risulta una diversa volontà delle parti (2928).
E' salvo quanto è disposto dal secondo comma dell'art. 1267.

Art. 1199 Diritto del debitore alla quietanza
Il creditore che riceve il pagamento deve, a richiesta e a spese del debitore, rilasciare quietanza (2704) e farne annotazione sul titolo, se questo non è restituito al debitore.
Il rilascio di una quietanza per il capitale fa presumere il pagamento degli interessi.

제1194조(변제의 이자충당) ① 채무자는 채권자의 동의 없이 이자 및 비용에 우선하여 원본에 충당할 수 없다.
② 원본과 이자에 계산되는 변제는 먼저 이자에 충당하여야 한다.

제1195조(변제에 제공된 증명서) 다수의 채무를 지고 있는 자는 채권자에게서 이 중 하나에 변제충당하였음을 표시한 증명서를 받은 때에는 채권자 측의 고의 또는 의외의 경우가 아닌 때에는 이것과 다른 충당을 주장할 수 없다.

제1196조(변제비용) 변제비용은 채무자가 부담한다.

제1197조(대물변제) ① 채무자는 비록 본래의 채무와 동등하거나 우월한 가치를 갖는 경우라도, 본래의 채무와 다른 급부에 의하여 그 채무를 면하지 못한다. 다만, 채권사가 동의한 경우에는 그러하지 아니하다. 이러한 경우에는 채무는 다른 급부가 실행된 때에 소멸한다.
② 급부가 소유권 또는 기타 권리의 이전을 내용으로 하는 경우에는 채무자는 매매에 관한 규정에 따라 그 물건에 대한 추탈 및 하자에 대한 담보책임을 진다. 다만, 채권자가 본래의 급부와 손해배상을 청구하기로 선택한 때에는 그러하지 아니하다.
③ 위의 어떠한 경우에 있어서도, 제3자에 의해 제공된 담보는 부활하지 아니한다.

제1198조(변제에 갈음한 채권양도) ① 변제에 갈음하여 채권이 양도된 때에는 당사자가 다른 의사를 밝히지 않은 경우 채무는 채권의 추심으로 소멸한다.
② 전항의 규정은 제1267조 제2항의 규정에 의하여 영향을 받지 아니한다.

제1199조(영수증에 대한 채무자의 권리) ① 변제를 수령한 채권자는 채무자의 청구에 기하여 채무자의 비용으로 영수증을 교부하여야 하고, 채권증서를 채무자에게 반환하지 아니한 경우에는 여기에 부기하여야 한다.
② 원금에 관한 영수증을 교부한 경우는 그 이자의 지급도 추정한다.

Art. 1200 Liberazione dalle garanzie

Il creditore che ha ricevuto il pagamento deve consentire la liberazione dei beni dalle garanzie reali date per il credito e da ogni altro vincolo che comunque ne limiti la disponibilità.

SEZIONE II
Del pagamento con surrogazione

Art. 1201 Surrogazione per volontà del creditore

Il creditore, ricevendo il pagamento da un terzo, può surrogarlo nei propri diritti (2843). La surrogazione deve essere fatta in modo espresso e contemporaneamente al pagamento.

Art. 1202 Surrogazione per volontà del debitore

Il debitore, che prende a mutuo (1813) una somma di danaro o altra cosa fungibile al fine di pagare il debito, può surrogare il mutuante nei diritti del creditore, anche senza il consenso di questo.

La surrogazione ha effetto quando concorrono le seguenti condizioni:

1) che il mutuo e la quietanza risultino da atto avente data certa (2704);

2) che nell'atto di mutuo sia indicata espressamente la specifica destinazione della somma mutuata;

3) che nella quietanza si menzioni la dichiarazione del debitore circa la provenienza della somma impiegata nel pagamento. Sulla richiesta del debitore, il creditore non può rifiutarsi di inserire nella quietanza tale dichiarazione.

Art. 1203 Surrogazione legale

La surrogazione ha luogo di diritto nei seguenti casi:

1) a vantaggio di chi, essendo creditore, ancorché chirografario, paga un altro creditore che ha diritto di essergli preferito in ragione dei suoi privilegi, del suo pegno o delle sue ipoteche;

2) a vantaggio dell'acquirente di un immobile che, fino alla concorrenza del prezzo di acquisto, paga uno o più creditori a favore dei quali l'immobile è ipotecato (2866);

3) a vantaggio di colui che, essendo tenuto con altri o per altri al pagamento del debito (754 e seguenti), aveva interesse di soddisfarlo (1299, 2871);

4) a vantaggio dell'erede con beneficio d'inventario (484 e seguenti), che paga con danaro proprio i debiti (490) ereditari;

5) negli altri casi stabiliti dalla legge (756, 1259, 1762, 1776, 1780, 1796, 1949).

제1200조(담보의 해방) 변제를 수령한 채권자는 그 채권를 위해 제공된 물적 담보와 처분을 제한하는 기타 모든 구속으로부터 재물의 해방을 승낙하여야 한다.

제2관
대위변제

제1201조(채권자 의사에 의한 대위) 채권자가 제3자로부터 변제받은 때에는 그를 자기의 권리에 대위시킬 수 있다. 이 대위는 명시적 방법으로 그리고 변제와 동시에 행하여야 한다.

제1202조(채무자 의사에 의한 대위) ① 채무를 변제할 목적으로 일정액의 금전 또는 기타 대체물을 차용한 채무자는 채권자의 동의가 없더라도, 대주를 채권자의 권리에 대위시킬 수 있다.
② 이 대위는 다음 각 호의 조건이 충족된 때에 그 효력이 생긴다.
1. 이 소비대차 및 (변제)영수증이 확정일부 증서에 의해 밝혀질 것.
2. 소비대차에 관한 증서에 차용금액의 특별용도가 명시되어 있을 것.
3. 영수증에 변제에 사용한 금액의 출처에 관한 채무자의 진술이 기재되어 있을 것. 채권자는 채무자의 요구에 기하여 그 (변제)증명서에 이런 진술을 삽입하는 것을 거절하지 못한다.

제1203조(법정대위) 다음 각 호의 경우에는 법률상 당연히 대위된다.
1. 채권자가 비록 우선적인 채권자가 아니라도 선취특권, 질권, 저당권에 의하여 자기보다 우선권을 가진 다른 채권자에게 변제를 한 자의 이익을 위한 경우
2. 취득가격의 한도까지 그 채권자의 이익을 위하여 부동산에 저당권을 갖고 있는 1인 또는 수인의 채권자에게 변제를 한 부동산취득자를 위한 경우
3. 채무의 변제에 대하여 타인과 함께 또는 타인을 위하여 의무를 지게 되어 그 채무를 변제하여야 할 이익이 있는 자를 위한 경우
4. 한정승인을 한 상속인으로서 상속채무를 자기 고유의 금전을 가지고 변제한 자의 이익을 위한 경우
5. 기타 법률에 정하여진 경우.

Art. 1204 Terzi garanti

La surrogazione contemplata nei precedenti articoli ha effetto anche contro i terzi che hanno prestato garanzia per il debitore.

Se il credito è garantito da pegno, si osserva la disposizione del secondo comma dell'art. 1263.

Art. 1205 Surrogazione parziale

Se il pagamento è parziale, il terzo surrogato e il creditore concorrono nei confronti del debitore in proporzione di quanto è loro dovuto, salvo patto contrario.

SEZIONE III
Della mora del creditore

Art. 1206 Condizioni

Il creditore è in mora quando, senza motivo legittimo, non riceve il pagamento offerto gli nei modi indicati dagli articoli seguenti o non compie quanto è necessario affinché il debitore possa adempiere l'obbligazione (att. 160).

Art. 1207 Effetti

Quando il creditore è in mora, è a suo carico l'impossibilità della prestazione sopravvenuta per causa non imputabile al debitore (1256 e seguenti, 1673).

Non sono più dovuti gli interessi né i frutti (820) della cosa che non siano stati percepiti dal debitore.

Il creditore è pure tenuto a risarcire i danni derivati dalla sua mora (1224) e a sostenere le spese per la custodia e la conservazione della cosa dovuta.

Gli effetti della mora si verificano dal giorno dell'offerta, se questa è successivamente dichiarata valida con sentenza passata in giudicato (Cod. Proc. Civ. 324) o se è accettata dal creditore.

Art. 1208 Requisiti per la validità dell'offerta

Affinché l'offerta sia valida è necessario:

1) che sia fatta al creditore capace di ricevere o a chi ha la facoltà di ricevere per lui (1188 e seguenti);

2) che sia fatta da persona che può validamente adempiere;

3) che comprenda la totalità della somma o delle cose dovute, dei frutti o degli interessi e delle spese liquide, e una somma per le spese non liquide, con riserva di un supplemento, se è necessario;

제1204조(제3자의 담보) ① 전 각조에 의한 대위는 채무자를 위하여 담보를 제공한 제3자에 대하여도 효력을 가진다.
② 채권이 질권에 의하여 담보되어 있는 때에는 제1263조 제2항의 규정을 준용한다.

제1205조(일부대위) 변제가 일부인 경우에는 대위한 제3자와 채권자는 이들에게 의무지워져 있는 양에 비례하여 채무자에 경합한다. 다만, 반대의 약정이 있는 경우에는 그러하지 아니하다.

제3관
채권자 지체

제1206조(요건) 채권자가 정당한 이유 없이 이하 각조에서 규정된 태양에 따라 제공된 변제를 수령하지 아니하거나, 채무자가 채무를 이행하는 데에 필요한 행위를 해주지 아니한 때에는 지체에 빠진다.

제1207조(효과) ① 채권자 지체 중 채무자의 귀책사유로 인하지 않은 이행불능은 채권자가 부담한다. 이자 및 채무자에 의해 수취되지 않았던 물건의 과실도 더 이상 지급할 의무가 없다.
② 채권자는 그의 지체로 인해 생긴 손해의 배상과 인도하여야 할 물건의 보관 및 유지를 위한 비용도 부담하여야 한다.
③ 지체의 효과는 제공이 그 후의 확정판결에 의하여 유효한 것으로 선고되거나, 채권자가 이를 승인한 경우에는 제공이 있는 날로부터 발생한다.

제1208조(제공의 유효요건) ① 제공이 유효하기 위해서 다음이 필요하다.
1. 수령능력이 있는 채권자 또는 채권자를 위해 수령할 권한이 있는 자에게 행하여질 것.
2. 유효하게 이행할 수 있는 자에 의하여 행하여질 것.
3. 지급하여야 할 금액이나 물건, 과실 또는 이자와 청산비용의 전부를 포함하고, 필요한 경우에는 보충을 유보한 미청산비용의 금액도 포함되어 있을 것.
4. 채권자의 이익을 위하여 기한이 정하여져 있는 경우에는 이 기한이 도래할 것.
5. 채무관계에 관한 조건이 성취되었을 것.

4) che il termine sia scaduto, se stipulato in favore del creditore (1184);
5) che si sia verificata la condizione dalla quale dipende l'obbligazione (1353 e seguenti)
6) che l'offerta sia fatta alla persona del creditore o nel suo domicilio (1182);
7) che l'offerta sia fatta da un ufficiale pubblico a ciò autorizzato (att. 73 e seguenti).
Il debitore può subordinare l'offerta al consenso del creditore necessario per liberare i beni dalle garanzie reali o da altri vincoli che comunque ne limitano la disponibilità (1200; Cod. Proc. Civ. 678).

Art. 1209 Offerta reale e offerta per intimazione
Se l'obbligazione ha per oggetto danaro, titoli di credito, ovvero cose mobili da consegnare al domicilio del creditore, l'offerta deve essere reale (att. 73 e seguenti; Cod. Proc. Civ. 126).
Se si tratta invece di cose mobili da consegnare in luogo diverso, l'offerta consiste nell'intimazione al creditore di riceverle, fatta mediante atto a lui notificato nelle forme prescritte per gli atti di citazione (Cod. Proc. Civ. 137 e seguenti).

Art. 1210 Facoltà di deposito e suoi effetti liberatori
Se il creditore rifiuta di accettare l'offerta reale o non si presenta per ricevere le cose offertegli mediante intimazione, il debitore può eseguire il deposito (att. 77, 78).
Eseguito il deposito, quando questo è accettato dal creditore o è dichiarato valido con sentenza passata in giudicato, il debitore non può più ritirarlo ed è liberato dalla sua obbligazione.

Art. 1211 Cose deperibili o di dispendiosa custodia
Se le cose non possono essere conservate o sono deteriorabili, oppure se le spese della loro custodia sono eccessive, il debitore, dopo l'offerta reale o l'intimazione di ritirarle, può farsi autorizzare dal pretore a venderle nei modi stabiliti per le cose pignorate e a depositarne il prezzo (2797; Cod. Proc. Civ. 529 e seguenti).

Art. 1212 Per la validità del deposito è necessario:
1) che sia stato preceduto da un'intimazione notificata al creditore e contenente l'indicazione del giorno, dell'ora e del luogo in cui la cosa offerta sarà depositata (att. 744);
2) che il debitore abbia consegnato la cosa, con gli interessi e i frutti dovuti fino

6. 제공이 채권자에게 또는 그 주소지에서 행하여질 것.
7. 제공이 권한있는 공무원에 의하여 행하여질 것.
② 채무자는 채권자의 필요한 동의하에 물적 담보 또는 어떤 것이든 처분권을 제한하는 기타의 구속으로부터 그 물건을 해방시키는 제공을 할 수 있다.

제1209조(현실의 제공 및 통고에 의한 제공) ① 채무가 채권자의 주소에서 인도하여야 할 금전, 유가증권 또는 동산을 목적으로 하는 경우에는 제공은 현실적으로 하여야 한다.
② 채권자 주소와 다른 장소에서 인도하여야 할 동산에 관해서는 채권자에게 소환증서 방식으로 통지된 증서에서 수령할 것을 통고하는 것으로 성립된다.

제1210조(공탁의 권능 및 해방적 효과) ① 채권자가 현실적 제공을 수령하는 것을 거절하거나, 통고에 의하여 제공된 물건을 수령하기 위하여 나타나지 아니한 때에는 채무자는 공탁에 제공할 수 있다.
② 공탁이 수행된 경우에, 채권자가 이를 승인하거나 확정판결에 의하여 유효한 것으로 선고된 때에는 채무자는 더 이상 공탁물을 회수하지 못하고, 채무로부터 해방된다.

제1211조(부패하기 쉽거나 보관에 많은 비용이 필요한 물건) 물건이 보존될 수 없거나 부패하기 쉬운 경우 또는 그 보존비용이 과도한 경우에는 채무자는 현실의 제공 또는 인수통고를 한 후, 압류된 물건에 대해 정해진 태양대로 매각하고 그 대금을 공탁하는 것을 지방법원지원판사의 허가를 얻어서 할 수 있다.

제1212조(공탁의 요건) ① 공탁이 유효하기 위해서는 다음의 것이 필요하다.
1. 제공된 물건이 공탁될 일자와 시간 및 장소가 포함되어 있는 채권자에 대한 통고가 선행될 것.
2. 채무자가 제공일까지 부담한 이자 및 과실과 함께 법률에 의해 법률에 없으면 판사에 의하여 지정된 장소에서 인도하였을 것.

al giorno dell'offerta, nel luogo indicato dalla legge o, in mancanza, dal giudice;
3) che sia redatto dal pubblico ufficiale un processo verbale da cui risulti la natura delle cose offerte, il rifiuto di riceverle da parte del creditore o la sua mancata comparizione, e infine il fatto del deposito (att. 78; Cod. Proc. Civ. 126);
4) che, in caso di non comparizione del creditore, il processo verbale di deposito gli sia notificato con l'invito a ritirare la cosa depositata (att. 73).
Il deposito che ha per oggetto somme di danaro può eseguirsi anche presso un istituto di credito (att. 73, 76, 251).

Art. 1213 Ritiro del deposito
Il deposito non produce effetto se il debitore lo ritira prima che sia stato accettato dal creditore o prima che sia stato riconosciuto valido con sentenza passata in giudicato (Cod. Proc. Civ. 324).
Se, dopo l'accettazione del deposito o il passaggio in giudicato della sentenza che lo dichiara valido, il creditore consente che il debitore ritiri il deposito, egli non può più rivolgersi contro i condebitori e i fideiussori, né valersi dei privilegi, del pegno e delle ipoteche che garantivano il credito (2878).

Art. 1214 Offerta secondo gli usi e deposito
Se il debitore ha offerto la cosa dovuta nelle forme d'uso anziché in quelle prescritte dagli artt. 1208 e 1209, gli effetti della mora si verificano dal giorno in cui egli esegue il deposito a norma dell'art. 1212 (att. 73-1, 77), se questo è accettato dal creditore o è dichiarato valido con sentenza passata in giudicato.

Art. 1215 Spese
Quando l'offerta reale e il deposito sono validi, le spese occorse sono a carico del creditore.

Art. 1216 Intimazione di ricevere la consegna di un immobile
Se deve essere consegnato un immobile, l'offerta consiste nella intimazione al creditore di prenderne possesso. L'intimazione deve essere fatta nella forma prescritta dal secondo comma dell'art. 1209 (att. 73, 75).
Il debitore, dopo l'intimazione al creditore, può ottenere dal giudice la nomina di un sequestratario. In questo caso egli è liberato dal momento in cui ha consegnato al sequestratario la cosa dovuta (att. 79).

Art. 1217 Obbligazioni di fare

3. 제공된 물건의 성질, 채권자 측의 수령거절 또는 불출두, 그리고 최후로 공탁한 사실의 조서가 공무원에 의해 작성되어 있을 것.
4. 채권자가 출두하지 아니한 경우에는 공탁물의 회수취지와 함께 공탁조서를 채권자에게 송달하였을 것.
② 일정금액을 목적으로 하는 공탁은 금융기관에도 할 수 있다.

제1213조(공탁물의 회수) ① 공탁은 채무자가 채권자에 의해 승인되기 전 또는 재판상 확정판결에 의해 유효한 것으로 인정되기 전에 공탁물을 회수한 때에는 효력이 생기지 아니한다.
② 공탁을 승인한 후 또는 재판상 유효를 선고한 판결이 확정된 후 채권자가 채무자의 공탁물회수에 동의한 때에는 채권자는 더 이상 공동채무자 및 보증인에게 청구할 수 없으며, 채권을 담보한 신취특권, 질권 및 저당권을 주장할 수도 없다.

제1214조(관습에 의한 제공 및 공탁) 채무자가 이행해야 할 물건을 제1208조 및 제1209조의 정함에 의하지 않고 관습의 방식에 따라 물건을 제공한 경우에 공탁이 채권자에 의해 승인되거나 재판상 확정판결에 의하여 유효한 것으로 선고된 때에는 지체의 효과는 채무자가 제1212조의 규정에 따라 공탁을 한 날로부터 효력이 생긴다.

제1215조(비용) 현실 제공 및 공탁이 유효한 때에는 필요비용은 채권자가 부담한다.

제1216조(부동산인도의 수령통고) ① 부동산을 인도하여야 하는 경우에는 제공은 채권자에게 그 점유를 취득할 것을 통고함으로써 성립된다. 이러한 통고는 제1209조 제2항에 정해진 방식으로 행하여야 한다.
② 채무자는 채권자에 대한 통고 후에 법관에 의해 수익관리인의 임명을 받을 수 있다. 이 경우에 채무자는 제공해야 할 물건을 수익관리인에게 인도하였을 때로부터 해방된다.

제1217조(하는 채무) ① 급부가 작위를 내용으로 성립된 경우에는 채권자는 그 급부수

Se la prestazione consiste in un fare, il creditore è costituito in mora mediante l'intimazione di ricevere la prestazione o di compiere gli atti che sono da parte sua necessari per renderla possibile (att. 80).
L'intimazione può essere fatta nelle forme d'uso (2931).

CAPO III
Dell'inadempimento delle obbligazioni

Art. 1218 Responsabilità del debitore
Il debitore che non esegue esattamente (1307, 1453) la prestazione dovuta è tenuto al risarcimento del danno (2740), se non prova (1673, 1681, 1693, 1784, 1787, 1805-2, 1821) che l'inadempimento o il ritardo e' stato determinato da impossibilità della prestazione derivante da causa a lui non imputabile (1256; att. 160).

Art. 1219 Costituzione in mora
Il debitore è costituito in mora mediante intimazione o richiesta fatta per iscritto (1308; att. 160).
Non è necessaria la costituzione in mora:
1) quando il debito deriva da fatto illecito (2043 e seguenti);
2) quando il debitore ha dichiarato per iscritto di non volere eseguire l'obbligazione;
3) quando è scaduto il termine, se la prestazione deve essere eseguita al domicilio del creditore (1183-1). Se il termine scade dopo la morte del debitore, gli eredi non sono costituiti in mora che mediante intimazione o richiesta fatta per iscritto, e decorsi otto giorni dall'intimazione o dalla richiesta.

Art. 1220 Offerta non formale
Il debitore non può essere considerato in mora, se tempestivamente ha fatto offerta della prestazione dovuta, anche senza osservare le forme indicate nella sezione III del precedente capo, a meno che il creditore l'abbia rifiutata per un motivo legittimo.

Art. 1221 Effetti della mora sul rischio
Il debitore che è in mora non è liberato per la sopravvenuta impossibilità della prestazione derivante da causa a lui non imputabile, se non prova che l'oggetto della prestazione sarebbe ugualmente perito presso il creditore.
In qualunque modo sia perita o smarrita una cosa illecitamente sottratta, la

령의 통고 또는 채권자 측이 급부를 가능하게 하기 위하여 필요한 행위들을 완료하여야 한다는 통고에 의해 지체에 빠지게 된다.
② 통고는 관습에 따라 행할 수 있다.

제3절
채무불이행

제1218조(채무자의 책임) 급부를 만족하게 이행하지 못한 채무자는 불이행 또는 지체가 그의 귀책사유 없는 급부불능에 의한 것임을 입증하지 못한 경우에는 손해배상 책임을 져야 한다.

제1219조(지체의 구성) ① 채무자는 서면에 의한 통지 또는 청구에 의하여 지체에 빠진다.
② 다음의 경우에는 지체의 구성이 필요하지 않다.
1. 채무가 불법행위로 인한 때
2. 채무자가 채무를 이행하고자 하는 의사가 없음을 서면으로 표시한 때
3. 급부를 채권자의 주소지에서 해야 하는 경우에는 기한이 도래한 때. 기한이 채무자의 사망 후에 도래되는 경우에는 상속인은 서면에 의한 통지 또는 청구가 있은 날로부터 8일이 경과한 후가 아니면 지체에 빠지지 않는다.

제1220조(방식을 준수하지 못한 제공) 채무자가 전절(前節: 제2절 채무이행) 제3관(채권자지체)에서 규정된 방식을 준수하지 아니하였더라도, 채권자가 정당한 사유로 이행을 거절한 경우를 제외하고는, 만약 적시에 급부를 제공하였다면 이행지체로 볼 수 없다.

제1221조(위험에 대한 지체의 효과) ① 이행지체 중인 채무자가 급부의 목적물이 채권자가 있는 곳에서도 역시 멸실되었을 것임을 입증하지 못한 경우에는 그의 귀책사유없는 후발적 불능이라도 채무에서 해방되지 못한다.
② 위법하게 빼앗은 물건이 어떠한 이유에 의해서든 멸실 또는 분실된 경우에는 그 물건의 멸실이 빼앗은 자의 가액상환채무를 해방시키지 못한다.

perdita di essa non libera chi l'ha sottratta dall'obbligo di restituirne il valore.

Art. 1222 Inadempimento di obbligazioni negative
Le disposizioni sulla mora non si applicano alle obbligazioni di non fare; ogni fatto compiuto in violazione di queste costituisce di per sé inadempimento.

Art. 1223 Risarcimento del danno
Il risarcimento del danno per l'inadempimento o per il ritardo deve comprendere così la perdita subita dal creditore come il mancato guadagno, in quanto ne siano conseguenza immediata e diretta (1382, 1479, 2056 e seguenti).

Art. 1224 Danni nelle obbligazioni pecuniarie
Nelle obbligazioni che hanno per oggetto una somma di danaro (1277 e seguenti), sono dovuti dal giorno della mora gli interessi legali, anche se non erano dovuti precedentemente e anche se il creditore non prova di aver sofferto alcun danno. Se prima della mora erano dovuti interessi in misura superiore a quella legale (1284), gli interessi moratori sono dovuti nella stessa misura.
Al creditore che dimostra (2697) di aver subito un danno maggiore spetta l'ulteriore risarcimento. Questo non è dovuto se è stata convenuta la misura degli interessi moratori.

Art. 1225 Prevedibilità del danno
Se l'inadempimento o il ritardo non dipende da dolo del debitore, il risarcimento è limitato al danno che poteva prevedersi nel tempo in cui è sorta l'obbligazione.

Art. 1226 Valutazione equitativa del danno
Se il danno non può essere provato nel suo preciso ammontare, è liquidato dal giudice con valutazione equitativa (2056 e seguenti).

Art. 1227 Concorso del fatto colposo del creditore
Se il fatto colposo del creditore ha concorso a cagionare il danno, il risarcimento è diminuito secondo la gravità della colpa e l'entità delle conseguenze che ne sono derivate.
Il risarcimento non è dovuto per i danni che il creditore avrebbe potuto evitare usando l'ordinaria diligenza (2056 e seguenti).

Art. 1228 Responsabilità per fatto degli ausiliari

제1222条(부작위 채무의 불이행) 이행지체에 관한 규정은 부작위채무에는 적용되지 않는다. 이러한 채무에 위반한 모든 행위는 그 자체가 불이행을 구성한다.

제1223条(손해배상) 불이행 또는 이행지체로 인한 손해배상에는 이것의 직접적 결과인 채권자가 입은 손실과 상실한 수익이 포함되어야 한다.

제1224条(금전채무에서의 손해) ① 일정액의 금전을 목적으로 하는 채무에 있어서는 비록 이전에 무이자였거나 채권자가 어떠한 손해를 입었음을 입증하지 아니한 경우에도, 그 지체일로부터 법정이자를 지급하여야 한다. 이행지체가 되기 전에 법정이자보다 높은 이자가 지급된 때에는 연체이자는 이와 동일하게 지급하여야 한다.
② 더 많은 손해를 입었음을 입증한 채권자에게는 추가배상이 귀속된다. 연체이자에 대한 합의가 있는 경우에는 그러하지 아니하다.

제1225条(손해의 예견가능성) 불이행 또는 이행지체가 채무자의 고의에 의한 것이 아닌 때에는 손해배상은 채무가 발생한 당시 예견할 수 있었던 것에 한정된다.

제1226条(손해의 공정한 평가) 손해의 정확한 총액이 입증될 수 없는 경우에는 판사의 공정한 평가에 의해 결정된다.

제1227条(채권자의 과실행위의 경합) ① 채권자의 과실행위가 손해발생에 경합한 때에는 손해배상은 과실의 정도 및 이로 인하여 발생한 결과만큼 감액된다.
② 채권자가 통상의 주의를 기울여 회피할 수 있었던 손해는 배상되지 아니한다.

제1228条(보조자의 행위에 대한 책임) 당사자의 다른 의사가 없는 한 채무이행에서

Salva diversa volontà delle parti, il debitore che nell'adempimento dell'obbligazione si vale dell'opera di terzi, risponde anche dei fatti dolosi o colposi di costoro.

Art. 1229 Clausole di esonero da responsabilità
E' nullo qualsiasi patto che esclude o limita preventivamente la responsabilità del debitore per dolo o per colpa grave (1490, 1579, 1681, 1694, 1713, 1784, 1838, 1900).
E' nullo (1421 e seguenti) altresì qualsiasi patto preventivo di esonero o di limitazione di responsabilità per i casi in cui il fatto del debitore o dei suoi ausiliari (1580) costituisca violazione di obblighi derivanti da norme di ordine pubblico (prel. 31).

CAPO IV
Dei modi di estinzione delle obbligazioni diversi dall'adempimento

SEZIONE I
Della novazione

Art. 1230 Novazione oggettiva
L'obbligazione si estingue quando le parti sostituiscono all'obbligazione originaria una nuova obbligazione con oggetto o titolo diverso.
La volontà di estinguere l'obbligazione precedente deve risultare in modo non equivoco.

Art. 1231 Modalità che non importano novazione
Il rilascio di un documento o la sua rinnovazione, l'apposizione o l'eliminazione di un termine è ogni altra modificazione accessoria dell'obbligazione non producono novazione.

Art. 1232 Privilegi, pegno e ipoteche
I privilegi, il pegno e le ipoteche del credito originario si estinguono, se le parti non convengono espressamente di mantenerli per il nuovo credito (2878).

Art. 1233 Riserva delle garanzie nelle obbligazioni solidali
Se la novazione si effettua tra il creditore e uno dei debitori in solido con effetto liberatorio per tutti (1300), i privilegi, il pegno e le ipoteche del credito anteriore possono essere riservati soltanto sui beni del debitore che fa la novazione.

제3자의 행위를 사용하는 채무자는 그들의 고의나 과실 있는 행위에 대하여도 책임을 진다.

제1229조(면책약관) ① 고의 또는 중대한 과실로 인한 채무자의 책임을 미리 배제 또는 제한하는 어떠한 약정도 무효이다.
② 채무자 또는 그 보조자의 행위가 공공질서의 규범에서 생기는 의무위반을 구성하는 경우에는 미리 그 책임을 면제하거나 제한하는 어떠한 약정도 무효이다.

제4절
이행과 다른 채무소멸의 태양

제1관
경개

제1230조(객체적 경개) ① 채무는 당사자가 본래의 채무를 목적 또는 원인(권원)이 다른 신채무로 교체한 때에는 소멸한다.
② 종전 채무를 소멸시키는 의사는 모호하지 않은 방법으로 나타나야 한다.

제1231조(경개를 수반하지 아니하는 사정) 문서의 교부 또는 기간의 갱신, 첨가 또는 삭제는 각각 경개를 발생시키지 않는 부차적인 채무변경이다.

제1232조(선취특권, 질권 및 저당권) 본래채권의 선취특권, 질권 및 저당권은 당사자가 명시적으로 이것을 신채권을 위하여 유지한다는 합의를 하지 아니한 경우에는 소멸한다.

제1233조(연대채무에 있어서의 담보유지) 채권자와 연대채무자 중 1인 사이에 채무전부를 해방하는 효과를 가진 경개가 행하여진 경우에는 전(前) 채권의 선취특권, 질권 및 저당권은 경개를 행한 채무자의 재산에만 이를 유지시킬 수 있다.

Art. 1234 Inefficacia della novazione
La novazione è senza effetto, se non esisteva l'obbligazione originaria (2881).
Qualora l'obbligazione originaria derivi da un titolo annullabile (1425 e seguenti), la novazione è valida se il debitore ha assunto validamente il nuovo debito conoscendo il vizio del titolo originario (1444).

Art. 1235 Novazione soggettiva
Quando un nuovo debitore è sostituito a quello originario che viene liberato, si osservano le norme contenute nel capo VI di questo titolo (1268 e seguenti).

SEZIONE II
Della remissione

Art. 1236 Dichiarazione di remissione del debito
La dichiarazione del creditore di rimettere il debito estingue l'obbligazione quando è comunicata al debitore (1334), salvo che questi dichiari in un congruo termine di non volerne profittare.

Art. 1237 Restituzione volontaria del titolo
La restituzione volontaria del titolo originale del credito, fatta dal creditore al debitore, costituisce prova della liberazione (2726) anche rispetto ai condebitori in solido (1301).
Se il titolo del credito è in forma pubblica (2699), la consegna volontaria della copia spedita in forma esecutiva (2714; Cod. Proc. Civ. 475) fa presumere la liberazione, salva la prova contraria (2697).

Art. 1238 Rinunzia alle garanzie
La rinunzia alle garanzie dell'obbligazione non fa presumere la remissione del debito.

Art. 1239 Fideiussori
La remissione accordata al debitore principale libera i fideiussori (1936, 1945).
La remissione accordata a uno dei fideiussori non libera gli altri che per la parte del fideiussore liberato. Tuttavia se gli altri fideiussori hanno consentito la liberazione, essi rimangono obbligati per l'intero.

Art. 1240 Rinunzia a una garanzia verso corrispettivo
Il creditore che ha rinunziato, verso corrispettivo, alla garanzia prestata da

제1234조(경개의 무효) ① 경개는 본래채무가 존재하지 않는 경우에는 무효이다.
② 본래채무가 취소할 수 있는 원인로부터 생긴 경우에, 채무자가 본래채무의 원인의 하자를 알면서 유효하게 신채무를 인수한 때에는 경개는 유효하다.

제1235조(주체의 변경에 의한 경개) 신채무자가 채무에서 해방된 본래의 채무자와 교체된 때에는 본 장 제6절(채무인수)에 포함되어 있는 규범이 준용된다.

제2관
면제

제1236조(채무면제의 의사표시) 채무를 면제하려는 채권자의 의사표시는 채무자에게 전달된 때에 채무를 소멸시킨다. 다만, 채무자가 상당한 기간 내에 그 이익을 받지 않겠다는 의사를 표시한 때에는 그러하지 아니하다.

제1237조(증거문서의 임의반환) ① 채권자가 채무자에게 채권의 원본증서를 임의로 반환하는 것은 연대채무자에게도 채무면제의 증거로 된다.
② 채권증서가 공적으로 작성되어 있어 집행의 형식으로서 송달된 부본(副本)의 임의 인도는 반대의 입증이 없는 한 채무로부터의 해방을 추정시킨다.

제1238조(담보의 포기) 채무담보를 포기하는 것은 채무면제를 추정시키지 않는다.

제1239조(보증인) ① 주된 채무자에 대한 면제는 보증인을 해방한다.
② 보증인 중 1인에게 행한 면제는 채무를 면한 보증인의 부담 부분을 제외하고는 다른 보증인을 해방시키지 못한다. 그러나, 다른 보증인이 이 해방을 승인한 때에는 채무 전체에 대하여 책임을 진다.

제1240조(대가를 받은 담보의 포기) 제3자로부터 제공된 담보를 대가를 받고 포기한 채권자는 채무자 및 채무이행을 위하여 담보를 제공한 자의 이익을 위하여 그가 수령한

un terzo deve imputare al debito principale quanto ha ricevuto, a beneficio del debitore e di coloro che hanno prestato garanzia per l'adempimento dell'obbligazione.

SEZIONE III
Della compensazione

Art. 1241 Estinzione per compensazione
Quando due persone sono obbligate l'una verso l'altra, i due debiti si estinguono per le quantità corrispondenti, secondo le norme degli articoli che seguono (2917).

Art. 1242 Effetti della compensazione
La compensazione estingue i due debiti dal giorno della loro coesistenza. Il giudice non può rilevarla d'ufficio.
La prescrizione (2934 e seguenti) non impedisce la compensazione, se non era compiuta quando si è verificata la coesistenza dei due debiti.

Art. 1243 Compensazione legale e giudiziale
La compensazione si verifica solo tra due debiti che hanno per oggetto una somma di danaro o una quantità di cose fungibili dello stesso genere e che sono ugualmente liquidi ed esigibili.
Se il debito opposto in compensazione non è liquido ma è di facile e pronta liquidazione, il giudice può dichiarare la compensazione per la parte del debito che riconosce esistente, e può anche sospendere la condanna per il credito liquido fino all'accertamento del credito opposto in compensazione.

Art. 1244 Dilazione
La dilazione concessa gratuitamente dal creditore non è di ostacolo alla compensazione.

Art. 1245 Debiti non pagabili nello stesso luogo
Quando i due debiti non sono pagabili nello stesso luogo, si devono computare le spese del trasporto al luogo del pagamento (1182, 1196).

Art. 1246 Casi in cui la compensazione non si verifica
La compensazione si verifica qualunque sia il titolo dell'uno o dell'altro debito, eccettuati i casi:

것을 주된 채무에 충당하여야 한다.

제3관
상계

제1241조(상계에 의한 소멸) 2인이 상호 간에 채무를 부담한 경우에는 다음의 규정에 따라 쌍방의 채무는 그 대등액의 범위 안에서 소멸한다.

제1242조(상계의 효과) ① 상계는 동시존재일로부터 2개의 채무를 소멸시킨다. 판사가 직권으로 판단하지 못한다.
② 소멸시효는 두 채무가 동시에 존재하였을 때 완성된 경우가 아닌 경우에는 상계를 방해하지 않는다.

제1243조(법률상 및 재판상 상계) ① 상계는 일정액의 금전 또는 동종의 일정량의 대체물을 목적으로 하고 동등하게 결제 가능하고 청구 가능한 두 개 채무 사이에서만 발생한다.
② 상계의 반대채권이 결제되지 아니하였지만 결제가 쉽고 신속하게 행할 수 있는 경우에는 판사는 이런 사정이 인정되는 채권에 대해서 상계를 선언하고, 상계의 반대채권이 확인될 때까지 결제 가능한 채권의 판결을 정지할 수 있다.

제1244조(기한의 유예) 채권자가 무상으로 허용한 기한의 유예는 상계를 방해하지 아니한다.

제1245조(동일 장소에서 지급할 수 없는 채무) 두 개의 채무가 동일한 장소에서 지급될 수 없는 때에는 지급장소까지의 운송비는 계산하여야 한다.

제1246조(상계가 발생되지 않는 경우) 상계는 다음 각 호에 해당하는 경우를 제외하고 일방 또는 타방의 발생원인에 관계없이 행하여진다.
1. 불법으로 침탈당한 물건에 대한 소유자의 반환채권

1) di credito per la restituzione di cose di cui il proprietario sia stato ingiustamente spogliato (1168);
2) di credito per la restituzione di cose depositate (1766 e seguenti) o date in comodato (1803 e seguenti);
3) di credito dichiarato impignorabile (1881, 1923-l; Cod. Proc. Civ. 545);
4) di rinunzia alla compensazione fatta preventivamente dal debitore;
5) di divieto stabilito dalla legge (447, 248; 1272, 2271).

Art. 1247 Compensazione opposta da terzi garanti

Il fideiussore può opporre in compensazione il debito che il creditore ha verso il debitore principale (1945).

Lo stesso diritto spetta al terzo che ha costituito un'ipoteca o un pegno (2859, 2870).

Art. 1248 Inopponibilità della compensazione

Il debitore, se ha accettato puramente e semplicemente la cessione che il creditore ha fatto delle sue ragioni a un terzo (1263 e seguente), non può opporre al cessionario la compensazione che avrebbe potuto opporre al cedente (1272, 2805).

La cessione non accettata dal debitore, ma a questo notificata, impedisce la compensazione dei crediti sorti posteriormente alla notificazione.

Art. 1249 Compensazione di più debiti

Quando una persona ha verso un'altra più debiti compensabili, si osservano per la compensazione le disposizioni del secondo comma dell'art. 1193.

Art. 1250 Compensazione rispetto ai terzi

La compensazione non si verifica in pregiudizio dei terzi che hanno acquistato diritti di usufrutto o di pegno su uno dei crediti (2917)

Art. 1251 Garanzie annesse al credito

Chi ha pagato un debito mentre poteva invocare la compensazione non può più valersi, in pregiudizio dei terzi, dei privilegi e delle garanzie a favore del suo credito, salvo che abbia ignorato l'esistenza di questo per giusti motivi.

Art. 1252 Compensazione volontaria

Per volontà delle parti può avere luogo compensazione anche se non ricorrono le condizioni previste dagli articoli precedenti.

2. 임치물 또는 사용대차로 대여한 물건의 반환채권
3. 압류할 수 없는 채권으로 선고된 채권
4. 채무자가 미리 상계를 포기한 경우
5. 법률에 의해 정해진 상계금지의 경우.

제1247조(제3자의 담보에 의해 주장된 상계) ① 보증인은 채권자가 주된 채무자에 대하여 부담하고 있는 채무에 대한 상계로 대항할 수 있다.
② 동일권리는 저당권 또는 질권을 설정한 제3자에게도 귀속한다.

제1248조(상계주장 불허) ① 채권자가 제3자에게 그의 권리를 양도한 것을 단순히 승낙한 경우에 채무자는 양도인에게 대항할 수 있었던 상계를 가지고 양수인에게 대항하지 못한다.
② 채무자에 의해 승낙된 것은 아니지만 그에게 통지된 양도는 통지 후에 발생한 채권의 상계를 방해한다.

제1249조(다수채무의 상계) 당사자의 일방이 타방에 대하여 상계 가능한 다수의 채무를 갖고 있는 경우에는 제1193조 제2항의 규정을 준용한다.

제1250조(제3자에 관한 상계) 상계는 채권 중의 하나 위에 용익권 또는 질권을 취득한 제3자의 손해 아래서는 발생하지 못한다.

제1251조(채권에 부수되는 담보) 상계를 주장할 수 있음에도 그의 채무를 변제한 자는 제3자의 손해 아래서 자기의 채권을 위하여 선취특권 및 제 담보를 주장할 수 없다. 다만, 정당한 사유로 그 채권의 존재를 몰랐던 경우는 그러하지 아니하다.

제1252조(임의상계) ① 상계는 비록 전(前) 각 조에 의한 조건이 발생하지 않는 경우에도, 당사자의 의사에 의하여 행해질 수 있다.
② 당사자는 상계의 조건을 미리 정할 수 있다.

Le parti possono anche stabilire preventivamente le condizioni di tale compensazione.

SEZIONE IV
Della confusione

Art. 1253 Effetti della confusione
Quando le qualità di creditore e di debitore si riuniscono (470, 490) nella stessa persona, l'obbligazione si estingue, e i terzi che hanno prestato garanzia per il debitore sono liberati.

Art. 1254 Confusione rispetto ai terzi
La confusione non opera in pregiudizio dei terzi che hanno acquistato diritti di usufrutto o di pegno sul credito (2917).

Art. 1255 Riunione delle qualità di fideiussore e di debitore
Se nella medesima persona si riuniscono le qualità di fideiussore (1936) e di debitore principale, la fideiussione resta in vita, purché il creditore vi abbia interesse.

SEZIONE V
Dell'impossibilità sopravvenuta per causa non imputabile al debitore

Art. 1256 Impossibilità definitiva e impossibilità temporanea
L'obbligazione si estingue quando, per una causa non imputabile al debitore, la prestazione diventa impossibile (1218, 1463 e seguenti).
Se l'impossibilità è solo temporanea, il debitore, finché essa perdura, non è responsabile del ritardo nell'adempimento. Tuttavia l'obbligazione si estingue se l'impossibilità perdura fino a quando, in relazione al titolo dell'obbligazione o alla natura dell'oggetto, il debitore non può più essere ritenuto obbligato a eseguire la prestazione ovvero il creditore non ha più interesse a conseguirla (1174).

Art. 1257 Smarrimento di cosa determinata
La prestazione che ha per oggetto una cosa determinata si considera divenuta impossibile anche quando la cosa è smarrita senza che possa esserne provato il perimento.
In caso di successivo ritrovamento della cosa, si applicano le disposizioni del

제4관
혼동

제1253조(혼동의 효과) 채권자와 채무자의 지위가 동일인에게 귀속한 때에는 채권은 소멸하고, 채무자를 위하여 담보를 제공한 제3자들은 해방된다.

제1254조(제3자에 관한 혼동) 채권에 용익권 또는 질권을 취득한 제3자에게 손해를 주는 경우에는 혼동되지 않는다.

제1255조(보증인과 채무자와의 지위 혼동) 보증인과 주된 채무자의 지위가 동일인에게 귀속한 경우에도 채권자가 이익을 가지는 한 보증은 효력을 지속한다.

제5관
채무자 귀책 사유 없는 후발적 불능

제1256조(확정적 불능 및 일시적 불능) ① 채무자에게 귀책시킬 수 없는 사유로 인하여 급부가 불능이 된 때는 채무는 소멸한다.
② 불능이 단지 일시적인 경우에는 채무자는 그 불능이 계속되는 한 이행지체에 대한 책임을 지지 아니한다. 그러나 그 불능이 채무의 원인 또는 그 목적의 성질에 따라 채무자가 더 이상 이행의무를 부담할 수 없거나 채권자가 이행이익을 가지지 아니할 때까지 계속한 경우에는 채무는 소멸한다.

제1257조(특정물의 분실) ① 특정물을 목적으로 하는 급부는 이러한 특정물이 멸실이 입증됨이 없이 분실된 경우에는 불능으로 본다.
② 분실물이 그 후에 발견된 때에는 전 조 제2항의 규정을 준용한다.

secondo comma dell'articolo precedente.

Art. 1258 Impossibilità parziale

Se la prestazione è divenuta impossibile solo in parte, il debitore si libera dall'obbligazione eseguendo la prestazione per la parte che è rimasta possibile (1464, 2175).

La stessa disposizione si applica quando, essendo dovuta una cosa determinata, questa ha subìto un deterioramento, o quando residua alcunché dal perimento totale della cosa (994 e seguenti).

Art. 1259 Subingresso del creditore nei diritti del debitore

Se la prestazione che ha per oggetto una cosa determinata è divenuta impossibile, in tutto o in parte, il creditore subentra nei diritti spettanti al debitore in dipendenza del fatto che ha causato l'impossibilità (1203), e può esigere dal debitore la prestazione di quanto questi abbia conseguito a titolo di risarcimento (1780).

CAPO V
Della cessione dei crediti

Art. 1260 Cedibilità dei crediti

Il creditore può trasferire a titolo oneroso o gratuito il suo credito (1198) anche senza il consenso del debitore, purché il credito non abbia carattere strettamente personale o il trasferimento non sia vietato dalla legge (323, 447, 1823).

Le parti possono escludere la cedibilità del credito; ma il patto non è opponibile al cessionario, se non si prova che egli lo conosceva al tempo della cessione.

Art. 1261 Divieti di cessione

I magistrati dell'ordine giudiziario, i funzionari delle cancellerie e segreterie giudiziarie, gli ufficiali giudiziari, gli avvocati, i procuratori, i patrocinatori e i notai non possono, neppure per interposta persona, rendersi cessionari di diritti sui quali è sorta contestazione davanti l'autorità giudiziaria di cui fanno parte o nella cui giurisdizione esercitano le loro funzioni, sotto pena di nullità e dei danni (1421 e seguenti, 2043).

La disposizione del comma precedente non si applica alle cessioni di azioni ereditarie tra coeredi, ne a quelle fatte in pagamento di debiti o per difesa di beni posseduti dal cessionario.

제1258조(일부불능) ① 급부가 단지 그 일부에 대하여서만 불능으로 된 경우에는 채무자는 가능한 나머지 부분을 이행함으로써 채무에서 해방된다.
② 제1항의 규정은 특정물의 급부를 하여야 하는 경우에, 이 특정물이 훼손되거나, 전부멸실이 된 후 잔존물이 있는 때에도 적용된다.

제1259조(채권자의 채무자의 제 권리에 대한 대위) 특정물을 목적으로 하는 급부가 전부 또는 일부가 불능이 된 때에는 채권자는 이러한 불능의 원인이 된 사실에 의해 채무자에게 귀속된 모든 권리를 대위하고, 채무자가 손해배상명목으로 취득한 급부를 채무자에게 청구할 수 있다.

제5절
채권의 양도

제1260조(채권의 양도성) ① 채권자는 그 채권이 일신전속적 성질을 가지지 않거나 양도가 법률상 금지되지 않는 한 채무자의 동의가 없더라도, 유상 또는 무상으로 양도할 수 있다.
② 당사자는 채권의 양도성을 배제할 수 있다. 그러나 이러한 약정은 양수인이 양도 당시 이것을 알았음을 입증하지 아니하는 한, 양수인에게는 대항할 수 없다.

제1261조(양도의 금지) ① 법원의 판사, 문서과 공무원과 법원서기, 기타 법원직원, 변호사, 검사, 소송대리인 및 공증인은 중개인을 통하는 경우에도, 그 법원에서 당사자가 된 쟁송에 관계된 권리 또는 그 법원의 직무로 행사한 것에 관계되는 권리의 양수인이 되지 못하며 위반 시 그 양수행위는 무효이고 손해배상책임도 져야 한다.
② 제1항의 규정은 공동상속인 사이의 상속재산에 관한 소권의 양도 및 채무의 변제 또는 양수인이 점유하는 재산의 보호를 위한 소권의 양도에는 적용되지 않는다.

Art. 1262 Documenti probatori del credito
Il cedente deve consegnare al cessionario i documenti probatori del credito che sono in suo possesso.
Se è stata ceduta solo una parte del credito, il cedente è tenuto a dare al cessionario una copia autentica (2703) dei documenti.

Art. 1263 Accessori del credito
Per effetto della cessione, il credito è trasferito al cessionario con i privilegi, con le garanzie personali e reali (2843) e con gli altri accessori.
Il cedente non può trasferire al cessionario, senza il consenso del costituente, il possesso della cosa ricevuta in pegno; in caso di dissenso, il cedente rimane custode del pegno (1204).
Salvo patto contrario, la cessione non comprende. i frutti scaduti (820 e seguente).

Art. 1264 Efficacia della cessione riguardo al debitore ceduto
La cessione ha effetto nei confronti del debitore ceduto quando questi l'ha accettata o quando gli è stata notificata (967-2, 1248, 1407-1, 2914).
Tuttavia, anche prima della notificazione, il debitore che paga al cedente non è liberato, se il cessionario prova che il debitore medesimo era a conoscenza dell'avvenuta cessione (1978, 2559).

Art. 1265 Efficacia della cessione riguardo ai terzi
Se il medesimo credito ha formato oggetto di più cessioni a persone diverse, prevale la cessione notificata (Cod. Proc. Civ. 137) per prima al debitore, o quella che è stata prima accettata dal debitore con atto di data certa (2704), ancorché essa sia di data posteriore (2559).
La stessa norma si osserva quando il credito ha formato oggetto di costituzione di usufrutto o di pegno (1978, 2914).

Art. 1266 Obbligo di garanzia del cedente
Quando la cessione è a titolo oneroso, il cedente è tenuto a garantire l'esistenza del credito al tempo della cessione. La garanzia può essere esclusa per patto, ma il cedente resta sempre obbligato per il fatto proprio.
Se la cessione è a titolo gratuito, la garanzia è dovuta solo nei casi e nei limiti in cui la legge pone a carico del donante la garanzia per l'evizione (797).

Art. 1267 Garanzia della solvenza del debitore

제1262조(채권의 증거서류) ① 양도인은 그가 점유하고 있는 채권의 증거서류를 양수인에게 인도하여야 한다.
② 채권의 일부만을 양도한 때에는 양도인은 서류의 공증사본을 양수인에게 제공할 의무를 부담한다.

제1263조(채권의 종된 것) ① 양도의 효과에 의하여 채권은 선취특권, 인적 및 물적 담보 및 기타 종된 것들은 함께 양수인에게 이전한다.
② 양도인은 질권설정자의 동의 없이는 질물로 수령한 물건의 점유를 양수인에게 제공하지 못하며, 동의가 없는 경우에는 양도인이 질물을 보관한다.
③ 반대의 약정이 있는 경우를 제외하고, 양도에는 기한이 도래한 과실이 포함되지 아니한다.

제1264조(채무자에 대한 양도의 효과) ① 양도는 채무자가 이를 승낙한 때 또는 그에게 통지된 때 채무자에 대하여 효력을 갖는다.
② 그러나 통지 전에도 양수인이 채무자가 양도를 알고 있었음을 입증한 때에는 양도인에게 변제한 채무자는 그 채무를 면하지 못한다.

제1265조(제3자에 대한 양도의 효과) ① 동일한 채권이 서로 다른 수인에게 양도의 목적이 된 때에는 비록 양도가 후일에 된 경우라도 최초로 채무자에게 통지된 양도 또는 최초로 확정일부 있는 증서를 가지고 채무자가 승락한 양도가 우선한다.
② 제1항의 규정은 채권이 용익권 또는 저당권의 목적으로 된 경우에도 적용된다.

제1266조(양도인의 담보의무) ① 양도가 유상으로 행하여진 때에는 양도인은 양도 당시의 채권의 존재에 대해 담보하여야 한다. 이러한 담보는 약정에 의해 배제할 수 있지만 양도인은 언제나 자기의 행위에 대하여 책임을 진다.
② 양도가 무상으로 행하여진 경우에는 법률이 증여자에게 추탈담보책임을 인정하는 경우와 그 범위 내에서만 담보책임을 진다.

제1267조(채무자의 지불능력담보) ① 양도인은 채무자 지급능력에 대해서는 책임을

Il cedente non risponde della solvenza del debitore, salvo che ne abbia assunto la garanzia (2255). In questo caso egli risponde nei limiti di quanto ha ricevuto, deve inoltre corrispondere gli interessi, rimborsare le spese della cessione e quelle che il cessionario abbia sopportate per escutere il debitore, è risarcire il danno. Ogni patto diretto ad aggravare la responsabilità del cedente è senza effetto (1421 e seguente).
Quando il cedente ha garantito la solvenza del debitore, la garanzia cessa, se la mancata realizzazione del credito per insolvenza del debitore è dipesa da negligenza del cessionario nell'iniziare o nel proseguire le istanze contro il debitore stesso (1198).

CAPO VI
Della delegazione, dell'espromissione e dell'accollo

Art. 1268 Delegazione cumulativa
Se il debitore assegna al creditore un nuovo debitore, il quale si obbliga verso il creditore, il debitore originario non è liberato dalla sua obbligazione, salvo che il creditore dichiari espressamente di liberarlo (1274 e seguenti).
Tuttavia il creditore che ha accettato l'obbligazione del terzo non può rivolgersi al delegante, se prima non ha richiesto al delegato l'adempimento.

Art. 1269 Delegazione di pagamento
Se il debitore per eseguire il pagamento ha delegato un terzo, questi può obbligarsi verso il creditore, salvo che il debitore l'abbia vietato.
Il terzo delegato per eseguire il pagamento non è tenuto ad accettare l'incarico, ancorché sia debitore del delegante. Sono salvi. gli usi diversi.

Art. 1270 Estinzione della delegazione
Il delegante può revocare la delegazione, fino a quando il delegato non abbia assunto l'obbligazione in confronto del delegatario o non abbia eseguito il pagamento a favore di questo.
Il delegato può assumere l'obbligazione o eseguire il pagamento a favore del delegatario anche dopo la morte o la sopravvenuta incapacità del delegante.

Art. 1271 Eccezioni opponibili dal delegato
Il delegato può opporre al delegatario le eccezioni relative ai suoi rapporti con questo.
Se le parti non hanno diversamente pattuito, il delegato non può opporre al

지지 않지만, 담보로서 인수한 경우는 제외된다. 이 경우에 양도인은 수령한 것을 한도로 책임을 지고, 나아가 이자를 지급하며, 양도비용을 상환하고 양수인이 채무자에게 권리를 행사하는 데 부담한 비용을 상환하며, 손해배상을 하여야 한다. 양도인의 책임을 가중시키는 어떠한 약정도 그 효력이 생기지 아니한다.
② 양도인이 채무자의 지급능력을 담보한 경우에, 채무자의 지급불능으로 채권의 실현이 충족되지 못한 것이 당해 채무자에 대한 소 제기를 하거나 수행할 때에 양수인의 부주의에 의한 경우에는 담보책임은 종료된다.

제6절
위탁, 참가 및 인수

제1268조(병존적 위탁) ① 채무자가 채권자에게 채무를 부담하는 신채무자를 지정하더라도 본래의 채무자는 그 채무를 면하지 못한다. 다만, 채권자가 그 채무를 면제한다는 뜻을 명시적으로 표시한 때는 그러하시 아니하나.
② 그러나 제3자의 채무부담을 승낙한 채권자는 먼저 수탁자에게 이행을 청구한 후가 아니면 위탁자에 대하여 변제를 청구할 수 없다.

제1269조(지급의 위탁) ① 채무자가 지급을 하기 위하여 제3자에게 위탁한 경우에는 이 제3자는 채권자에 대하여 스스로 채무를 부담할 수 있다. 단 채무자가 이를 금지한 때에는 그러하지 아니하다.
② 지급을 위해 위탁을 받은 제3자는 비록 그가 위탁자의 채무자인 경우라도, 이 임무를 승낙하여야 할 의무가 없다. 다만, 이와 다른 관습이 있을 때에는 그러하지 아니하다.

제1270조(위탁의 소멸) ① 위탁자는 수탁자가 위탁수익자에 대한 채무를 인수하거나 이 자를 위하여 변제할 때까지 그 위탁을 철회할 수 있다.
② 수탁자는 위탁자의 사망 또는 무능력가 된 경우에도 채무를 인수하거나 위탁수익자를 위하여 지급을 이행할 수 있다.

제1271조(수탁자에 의하여 대항될 수 있는 항변) ① 수탁자는 위탁수익자에게 이 자와 자기와의 관계에 관한 항변들로써 대항할 수 있다.
② 당사자 사이에 반대약정이 없는 경우에는, 수탁자는 위탁수익자가 비록 그것을 알고 있는 경우라도 위탁자에게 대항할 수 있는 항변으로써 그에게 대항하지 못한다. 다만,

delegatario, benché questi ne fosse stato a conoscenza, le eccezioni che avrebbe potuto opporre al delegante, salvo che sia nullo il rapporto tra delegante e delegatario.
Il delegato non può neppure opporre le eccezioni relative al rapporto tra il delegante e il delegatario, se ad esso le parti non hanno fatto espresso riferimento.

Art. 1272 Espromissione
Il terzo che, senza delegazione del debitore (1180), ne assume verso il creditore il debito, è obbligato in solido col debitore originario, se il creditore non dichiara espressamente di liberare quest'ultimo.
Se non si è convenuto diversamente, il terzo non può opporre al creditore le eccezioni relative ai suoi rapporti col debitore originario.
Può opporgli invece le eccezioni che al creditore avrebbe potuto opporre il debitore originario, se non sono personali a quest'ultimo e non derivano da fatti successivi all'espromissione. Non può opporgli la compensazione che avrebbe potuto opporre il debitore originario, quantunque si sia verificata prima dell'espromissione.

Art. 1273 Accollo
Se il debitore e un terzo convengono che questi assuma il debito dell'altro, il creditore può aderire alla convenzione, rendendo irrevocabile la stipulazione a suo favore (1411).
L'adesione del creditore importa liberazione del debitore originario solo se ciò costituisce condizione espressa della stipulazione o se il creditore dichiara espressamente di liberarlo.
Se non vi è liberazione del debitore, questi rimane obbligato in solido col terzo.
In ogni caso il terzo è obbligato verso il creditore che ha aderito alla stipulazione nei limiti in cui ha assunto il debito, e può opporre al creditore le eccezioni fondate sul contratto in base al quale l'assunzione è avvenuta (1413).

Art. 1274 Insolvenza del nuovo debitore
Il creditore che, in seguito a delegazione, ha liberato il debitore originario, non ha azione contro di lui se il delegato diviene insolvente, salvo che ne abbia fatto espressa riserva.
Tuttavia, se il delegato era insolvente al tempo in cui assunse il debito in confronto del creditore, il debitore originario non è liberato.
Le medesime disposizioni si osservano quando il creditore ha aderito all'accollo

위탁자와 위탁수익자 사이의 관계가 무효인 때에는 그러하지 아니하다.
③ 수탁자는 당사자가 그에게 명시적 언급을 하지 않는 한 위탁자와 위탁수익자 관계에 관련된 항변을 주장할 수 없다.

제1272조(참가) 채무자(피참가자)의 위탁 없이 채권자(참가수익자)에 대한 채무를 인수한 제3자(참가자)는 채권자가 명시적으로 본래 채무자의 채무를 면제한다는 뜻을 표시하지 않는 한 본래의 채무자와 연대하여 채무를 부담한다.
② 다른 합의가 없는 경우에는, 제3자는 채권자에게 본래의 채무자와 자기와의 관계에 관한 항변으로 대항할 수 없다.
③ 이에 반하여 본래의 채무자가 채권자에게 대항할 수 있는 항변은 그것이 본래 채무자의 일신에 전속하거나 참가 후의 행위로 발생한 것이 아닌 한, 채권자에게 대항할 수 있다. 본래의 채무자가 대항할 수 있는 상계는 비록 참가 전에 발생한 경우에도 이것을 가지고 채권자에게 대항할 수 없다.

제1273조(채무인수) ① 채무자와 제3자 사이에 후자가 전자의 채무를 인수하기로 합의한 경우에는 채권자는 이 합의를 승인할 수 있고 승인 후에는 그의 이익을 위하여 이 합의를 철회할 수 없다.
② 채권자의 승인이 합의에서 명시적 조건을 구성하거나 채권자가 명시적으로 표시한 경우에 한해서 본래 채무자의 해방을 수반한다.
③ 채무자가 해방이 되지 않으면 채무자는 제3자와 연대책임을 진다.
④ 이 모든 경우에 있어서 제3자는 합의를 승인한 채권자에 대하여 채무를 인수한 한도에서 채무를 부담하며, 인수의 근거가 된 계약에 기초한 항변으로써 채권자에 대항할 수 있다.

제1274조(신채무자의 지급불능) ① 위탁의 결과 본래의 채무자를 해방한 채권자는 수탁자가 지급불능으로 된 경우 명시적 유보를 한 경우를 제외하고는 본래의 채무자에 대하여 소권을 갖지 못한다.
② 그러나 수탁자가 채권자에 대한 채무를 인수할 당시 지급불능인 때에는 본래의 채무자는 해방되지 못한다.
③ 동 규정은 채권자가 자기의 이익을 위하여 약정된 채무인수를 승인한 때와 본래의 채무자의 해방이 이런 약정의 명시적 조건인 경우에 준용된다.

stipulato a suo favore e la liberazione del debitore originario era condizione espressa della stipulazione.

Art. 1275 Estinzione delle garanzie
In tutti i casi nei quali il creditore libera il debitore originario, si estinguono le garanzie annesse al credito, se colui che le ha prestate non consente espressamente a mantenerle (1232, 2878).

Art. 1276 Invalidità della nuova obbligazione
Se l'obbligazione assunta dal nuovo debitore verso il creditore è dichiarata nulla o annullata, e il creditore aveva liberato il debitore originario, l'obbligazione di questo rivive, ma il creditore non può valersi delle garanzie prestate da terzi (2881).

CAPO VII
Di alcune specie di obbligazioni

SEZIONE I
Delle obbligazioni pecuniarie

Art. 1277 Debito di somma di danaro
I debiti pecuniari si estinguono con moneta avente corso legale nello Stato al tempo del pagamento e per il suo valore nominale.
Se la somma dovuta era determinata in una moneta che non ha più corso legale al tempo del pagamento, questo deve farsi in moneta legale ragguagliata per valore alla prima.

Art. 1278 Debito di somma di monete non aventi corso legale
Se la somma dovuta è determinata in una moneta non avente corso legale nello Stato, il debitore ha facoltà di pagare in moneta legale al corso del cambio nel giorno della scadenza e nel luogo stabilito per il pagamento (1182).

Art. 1279 Clausola di pagamento effettivo in monete non aventi corso legale
La disposizione dell'articolo precedente non si applica, se la moneta non avente corso legale nello Stato è indicata con la clausola "effettivo" o altra equivalente, salvo che alla scadenza dell'obbligazione non sia possibile procurarsi tale moneta.

제1275조(담보의 소멸) 채권자가 본래의 채무자를 해방하는 경우에 담보를 제공한 자가 명시적으로 이것을 유지하는 데 동의하지 않는 경우에는 그 채권에 종된 담보는 소멸한다.

제1276조(신채무의 무효) 채권자가 본래의 채무자를 해방한 경우에 신채무자가 채권자에 대하여 인수된 채무가 무효로 선고되거나 취소된 경우에는 본래의 채무는 부활하지만, 채권자는 제3자에 의해 제공된 담보를 이용할 수 없다.

제7절
각종의 채무

제1관
금전 채무

제1277조(일정액의 금전채무) ① 금전채무는 지급 당시 국내에서 법정통용력을 가지는 화폐의 그 액면가액에 의한 지급으로 소멸한다.
② 지급해야 할 금액이 지급 당시 더 이상 법정통용력이 없는 화폐로 정해진 경우에는 그 지급은 처음의 화폐와 등가의 법정화폐로 하여야 한다.

제1278조(법정통용력 없는 화폐로 표시된 채무) 지급해야 할 금액이 국내에서 법정 통용력 없는 화폐로 정해진 경우에는 채무자는 기한이 도래한 날에 지급하기로 약정된 지급장소에서의 환율에 의한 법정화폐로 지급할 수 있다.

제1279조(법정통용력 없는 화폐에 의한 현금지급약관) 전 조의 규정은 국내에서 법정통용력 없는 화폐가 "정금(正金)" 약관 또는 기타 유사한 약관으로 표시되어 있는 경우에는 적용하지 아니한다. 다만, 채무의 기한이 도래하였을 때 이러한 화폐를 구할 수 없는 경우에는 그러하지 아니하다.

Art. 1280 Debito di specie monetaria avente valore intrinseco

Il pagamento deve farsi con una specie di moneta avente valore intrinseco, se così è stabilito dal titolo costitutivo del debito, sempreché la moneta avesse corso legale al tempo in cui l'obbligazione fu assunta.

Se però la moneta non è reperibile, o non ha più corso, o ne è alterato il valore intrinseco, il pagamento si effettua con moneta corrente che rappresenti il valore intrinseco che la specie monetaria dovuta aveva al tempo in cui l'obbligazione fu assunta.

Art. 1281 Leggi speciali

Le norme che precedono si osservano in quanto non siano in contrasto con i princìpi derivanti da leggi speciali.

Sono salve le disposizioni particolari concernenti pagamenti da farsi fuori del territorio dello Stato.

Art. 1282 Interessi nelle obbligazioni pecuniarie

I crediti liquidi ed esigibili di somme di danaro producono interessi di pieno diritto, salvo che la legge o il titolo stabiliscano diversamente (2948 n. 4; Cod. Proc. Civ.161).

Salvo patto contrario, i crediti per fitti e pigioni (1639, 1587) non producono interessi se non dalla costituzione in mora (1219).

Se il credito ha per oggetto rimborso di spese fatte per cose da restituire, non decorrono interessi per il periodo di tempo in cui chi ha fatto le spese abbia goduto della cosa senza corrispettivo e senza essere tenuto a render conto del godimento.

Art. 1283 Anatocismo

In mancanza di usi contrari, gli interessi scaduti possono produrre interessi solo dal giorno della domanda giudiziale o per effetto di convenzione posteriore alla loro scadenza, e sempre che si tratti di interessi dovuti almeno per sei mesi (att. 162).

Art. 1284 Saggio degli interessi

Il saggio degli interessi legali è del dieci per cento in ragione di anno (att. 161).

Allo stesso saggio si computano gli interessi convenzionali, se le parti non ne hanno determinato la misura.

Gli interessi superiori alla misura legale devono essere determinati per iscritto; altrimenti sono dovuti nella misura legale (1815, 1950, 2725).

제1280조(본질적 가치를 가지는 금종채무) ① 채무의 설정증서에 본질적 가치를 가진 금종화폐로 지급하여야 한다고 정해진 경우에 채무가 설정된 시점에 그 화폐가 여전히 법정통용력을 가지고 있는 때에는 이러한 화폐로 지급하여야 한다.
② 그러나 그 화폐를 구할 수 없거나, 더 이상 법정통용력을 가지지 않거나, 그 본질적 가치가 변경된 때에 지불해야 할 금종이 채무설정 당시에 갖고 있는 본질적 가치를 대표하는 통화로 지급되어야 한다.

제1281조(특별법) ① 이상의 전 조 규정들은 특별법에서 정하는 원칙에 저촉되지 아니하는 범위 내에서 이를 적용한다.
② 국가영토 밖에서 행해지는 지급에 관한 특별규정들은 제외된다.

제1282조(금전채무에서의 이자) ① 결제 및 청구할 수 있는 일정 금액의 금전채무는 법률상 이자를 발생한다. 다만 법률 또는 권원에서 이와 달리 규정한 경우에는 그러하지 아니하다.
② 반대의 약정이 있는 경우를 제외하고, 지대 및 집세에 대한 채권은 지체를 구성하지 않으면 이자가 생기지 않는다.
③ 채권이 반환할 물건에 대하여 지출한 비용의 상환을 목적으로 하는 경우에 비용을 지출한 자가 그 사이에 이 물건을 대가 없이 및 향유에 대한 계산을 할 의무를 부담하지 않는 물건을 향유하는 기간 중에는 이자가 발생하지 않는다.

제1283조(이자의 이자) 반대의 관습이 없는 경우에는 기한이 도래한 이자는 오직 재판상 청구일로부터 또는 기한도래 이후의 합의의 효과로서만 발생할 수 있고 적어도 6개월이 경과한 이자의 경우에는 언제나 이자가 발생할 수 있다.

제1284조(이율) ① 법정이율은 2011년에는 1.5%이다(2010.12.7.d.M.)
② 약정이자는 당사자가 이율을 정하지 아니한 경우에는 동일한 이율로 계산한다.
③ 법정한도을 초과하는 이자는 서면으로 정해야 하고, 그렇지 아니한 때에는 법정한도 내로 부담된다.

NOTA Articolo così modificato dall'art. 1, Legge 26 novembre 1990, n. 353, in vigore dal 16 dicembre 1990. Gli interessi legali, precedentemente, erano del 5%.

SEZIONE II
Delle obbligazioni alternative

Art. 1285 Obbligazione alternativa
Il debitore di un'obbligazione alternativa si libera eseguendo una delle due prestazioni dedotte in obbligazione, ma non può costringere il creditore a ricevere parte dell'una e parte dell'altra (1181).

Art. 1286 Facoltà di scelta
La scelta spetta al debitore, se non è stata attribuita al creditore o ad un terzo (665).
La scelta diviene irrevocabile con l'esecuzione di una delle due prestazioni, ovvero con la dichiarazione di scelta, comunicata all'altra parte, o ad entrambe se la scelta è fatta da un terzo (666).
Se la scelta deve essere fatta da più persone, il giudice può fissare loro un termine. Se la scelta non è fatta nel termine stabilito, essa è fatta dal giudice (att. 81).

Art. 1287 Decadenza dalla facoltà di scelta
Quando il debitore, condannato alternativamente a due prestazioni, non ne esegue alcuna nel termine assegnatogli dal giudice, la scelta spetta al creditore.
Se la facoltà di scelta spetta al creditore e questi non l'esercita nel termine stabilito o in quello fissatogli dal debitore, la scelta passa a quest'ultimo.
Se la scelta è rimessa a un terzo e questi non la fa nel termine assegnatogli, essa è fatta dal giudice (631, 664; att. 81).
Art. 1288 Impossibilità di una delle prestazioni
L'obbligazione alternativa si considera semplice, se una delle due prestazioni non poteva formare oggetto di obbligazione (1346 e seguenti) o se è divenuta impossibile per causa non imputabile ad alcuna delle parti (1256 e seguenti).

Art. 1289 Impossibilità colposa di una delle prestazioni
Quando la scelta spetta al debitore, l'obbligazione alternativa diviene semplice, se una delle due prestazioni diventa impossibile anche per causa a lui imputabile. Se una delle due prestazioni diviene impossibile per colpa del creditore, il debitore è liberato dall'obbligazione, qualora non preferisca

제2관
선택채무

제1285조(선택채무) 선택채무의 채무자는 채무관계에서 정한 두 개의 급부 중 하나를 실행함으로써 그 채무를 면하지만 각 이행의 일부만을 수령하도록 채권자에게 요구하지 못한다.

제1286조(선택권) ① 선택은 채권자 또는 제3자에게 부여되지 않은 경우에는 채무자에 귀속한다.
② 선택은 두 개의 급부 중 하나를 실현하거나 선택의 의사표시를 한 때 또는 상대방에게 통지되거나 선택이 제3자에 의해 행해진 경우에 당사자 쌍방에게 통지된 때는 취소할 수 없다.
③ 선택이 수인에 의해 행해져야 하는 경우에는 판사가 기한을 정할 수 있다. 선택이 정해진 기한 내에 행해지지 아니한 때에는 판사에 의해 행해진다.

제1287조(선택권의 상실) ① 두 개의 급부 중 택일적으로 실행하라는 판결을 받은 채무자가 판사가 정한 기간 내에 이행을 하지 아니한 때에는 선택권은 채권자에게 귀속한다.
② 선택권이 채권자에게 속한 경우에 소정의 기간 내에 또는 채무자에 의해 정해진 기간 내에 이를 행사하지 아니한 때에는 선택권은 채무자에게 이전된다.
③ 선택이 제3자에게 위탁된 경우에 소정의 기간 내에 선택권을 행사하지 아니한 때에는 선택은 판사에 의해 행해진다.
제1288조 (급부 중 하나의 불능) 두 개의 급부 중 하나가 채무의 목적을 형성할 수 없거나 당사자에게 귀책시킬 수 없는 사유로 인하여 불능으로 된 때에는 선택채무는 단일한 것으로 간주된다.

제1289조(급부 중 하나의 과실로 인한 불능) ① 선택권이 채무자에게 속한 경우에 두 개의 급부 중 하나가 그에게 귀책시킬 수 있는 사유로 인해 불능으로 된 때에는 선택채무는 단일한 것이 된다. 두 개의 급부 중 하나가 채권자의 과실로 인하여 불능으로 된 때에는 채무자는 그 채무를 면하고, 다른 급부를 이행하고 손해배상을 청구하는 것을 선택하지 못한다.

eseguire l'altra prestazione e chiedere il risarcimento dei danni.
Quando la scelta spetta al creditore, il debitore è liberato dall'obbligazione, se una delle due prestazioni diviene impossibile per colpa del creditore, salvo che questi preferisca esigere l'altra prestazione e risarcire il danno. Se dell'impossibilità deve rispondere il debitore, il creditore può scegliere l'altra prestazione o esigere il risarcimento del danno (1223).

Art. 1290 Impossibilità sopravvenuta di entrambe le prestazioni
Qualora entrambe le prestazioni siano divenute impossibili (1257) e il debitore debba rispondere riguardo a una di esse, egli deve pagare l'equivalente di quella che è divenuta impossibile per l'ultima, se la scelta spettava a lui. Se la scelta spettava al creditore, questi può domandare l'equivalente dell'una o dell'altra.

Art. 1291 Obbligazione con alternativa multipla
Le regole stabilite in questa sezione si osservano anche quando le prestazioni dedotte in obbligazione sono più di due.

SEZIONE III
Delle obbligazioni in solido

Art. 1292 Nozione della solidarietà
L'obbligazione e in solido quando più debitori sono obbligati tutti per la medesima prestazione, in modo che ciascuno può essere costretto all'adempimento per la totalità e l'adempimento da parte di uno libera gli altri; oppure quando tra più creditori ciascuno ha diritto di chiedere l'adempimento dell'intera obbligazione e l'adempimento conseguito da uno di essi libera il debitore verso tutti i creditori.

Art. 1293 Modalità varie dei singoli rapporti
La solidarietà non è esclusa dal fatto che i singoli debitori siano tenuti ciascuno con modalità diverse, o il debitore comune sia tenuto con modalità diverse di fronte ai singoli creditori.

Art. 1294 Solidarietà tra condebitori
I condebitori sono tenuti in solido, se dalla legge o dal titolo non risulta diversamente (441, 443, 752, 754, 961, 1314, 1408, 1682, 1944, 1948, 2150, 2268, 2304, 2513, 2670).

② 선택권이 채권자에게 속한 경우에 두 개의 급부 중 하나가 채권자의 과실로 인하여 불능으로 된 때에는 채무자는 그 채무를 면한다. 다만, 채권자는 다른 급부를 청구하고 손해를 배상하는 것을 선택할 수 있다. 불능이 채무자의 귀책사유로 인한 경우는 채권자는 다른 급부를 선택하거나 손해배상을 청구할 수 있다.

제1290조(두 개 급부의 후발적 부능) 두 개의 급부가 불능으로 되고 채무자가 두 개의 이행 중 하나에 대하여 책임을 져야 하는 경우에, 선택권이 채무자에게 속한 때에는 채무자는 최후에 불능으로된 급부와 동등한 금액을 지급하여야 한다. 선택권이 채권자에게 속한 때에는 채권자는 두 개의 급부 중 어느 하나의 급부와 동등한 금액을 청구할 수 있다.

제1291조(다중 선택채무) 본 관(款)의 규정들은 채무에서 정해진 급부가 두 개 이상인 경우에 준용한다.

제3관
연대채무

제1292조(연대의 개념) 수인의 채무자가 동일한 급부의무를 지며 각 자가 채무전부를 이행할 의무를 부담할 수 있고 그 중 1인에 의한 이행이 다른 채무자의 채무를 면하게 하는 때, 또는 수인의 채권자 각자가 채무전부의 이행을 청구할 수 있고 그 중 1인에게 한 이행이 전 채권자에 대한 채무를 면하게 하는 때는 연대채무(채권)관계에 있다.

제1293조(개별 관계의 각종 태양) 개별 채무자들이 각각 서로 다른 태양으로 의무를 부담하거나 공동 채무자가 각 채권자에 대하여 서로 다른 태양으로 의무를 부담하고 있는 사실에 의하여 연대성이 배제되지 아니한다.

제1294조(연대채무) 수인의 채무자는 법률 또는 권원에서 달리 정하지 않는 한 연대로 채무를 부담한다.

Art. 1295 Divisibilità tra gli eredi

Salvo patto contrario, l'obbligazione si divide (1261, 1318) tra gli eredi di uno dei condebitori o di uno dei creditori in solido, in proporzione delle rispettive quote (752, 754).

Art. 1296 Scelta del creditore per il pagamento

Il debitore ha la scelta di pagare all'uno o all'altro dei creditori in solido, quando non è stato prevenuto da uno di essi con domanda giudiziale (Cod. Proc. Civ. 163).

Art. 1297 Eccezioni personali

Uno dei debitori in solido non può opporre al creditore le eccezioni personali agli altri debitori.

A uno dei creditori in solido il debitore non può opporre le eccezioni personali agli altri creditori.

Art. 1298 Rapporti interni tra debitori o creditori solidali

Nei rapporti interni l'obbligazione in solido si divide tra i diversi debitori o tra i diversi creditori, salvo che sia stata contratta nell'interesse esclusivo di alcuno di essi.

Le parti di ciascuno si presumono uguali, se non risulta diversamente.

Art. 1299 Regresso tra condebitori

Il debitore in solido che ha pagato l'intero debito può ripetere dai condebitori soltanto la parte di ciascuno di essi (2871).

Se uno di questi è insolvente, la perdita si ripartisce per contributo tra gli altri condebitori, compreso quello che ha fatto il pagamento (754, 755).

La stessa norma si applica qualora sia insolvente il condebitore nel cui esclusivo interesse l'obbligazione era stata assunta (1203 n. 3).

Art. 1300 Novazione

La novazione tra il creditore e uno dei debitori in solido libera gli altri debitori. Qualora però si sia voluto limitare la novazione a uno solo dei debitori, gli altri non sono liberati che per la parte di quest'ultimo.

Se convenuta tra uno dei creditori in solido e il debitore, la novazione ha effetto verso gli altri creditori solo per la parte del primo (1230 e seguenti, 1268 e seguenti).

제1295조(상속인 사이에서의 분할) 반대의 약정이 있는 경우를 제외하고, 공동으로 채무를 지고 채권을 가지는 상속인들 사이에는 각자의 상속분에 비례하여 분할된다.

제1296조(지불 시 채권자의 선택) 채무자는 연대채권자 중 1인으로부터 미리 재판상 청구를 받은 때가 아니라면 연대채권자 중 누구에게 지불할 것인지의 선택권을 가진다.

제1297조(인적 항변) ① 연대채무자 중 1인은 다른 채무자에게 속하는 인적 항변으로써 채권자에 대항하지 못한다.

② 채무자는 다른 채권자에게 속한 인적 항변으로써 채권자 중의 1인에게 대항하지 못한다.

제1298조(연대채무자 또는 연대채권자 사이의 내부관계) ① 연대채무관계에서의 내부관계는 이들 중 1인의 배타적 이익을 위하여 계약된 경우를 제외하고는 각 채무자 또는 채권자 사이에 분할된다.

② 각 부분은 달리 정함이 없는 한 균등한 것으로 추정된다.

제1299조(공동채무자 사이의 구상) ① 채무전부를 지급한 연대채무자는 공동채무자에 대하여 각자의 부담부분만큼 구상할 수 있다.

② 이들 중 1인이 파산된 때에는 그 손실은 지급을 한 채무자를 포함해서 다른 공동채무자 사이에 비례로 분담된다.

③ 동일 규정은 공동채무자 중 배타적 이익만을 위하여 채무를 부담하게 된 자가 파산된 경우에 적용된다.

제1300조(경개) ① 채권자와 연대채무자 중 1인 사이의 경개로 다른 채무자의 채무도 면한다. 그러나 그 경개를 채무자 중 1인에게만 제한하고자 한 때에는 다른 채무자는 그 자의 부담부분에 대하여서만 채무를 면한다.

② 연대채권자 중 1인과 채무자 사이에 합의된 경우라면 경개는 단지 그 채권자의 부담부분에 한해서만 다른 채권자에 대하여 효력을 가진다.

Art. 1301 Remissione

La remissione (1236 e seguenti) a favore di uno dei debitori in solido libera anche gli altri debitori, salvo che il creditore abbia riservato il suo diritto verso gli altri, nel qual caso il creditore non può esigere il credito da questi, se non detratta la parte del debitore a favore del quale ha consentito la remissione.

Se la remissione è fatta da uno dei creditori in solido, essa libera il debitore verso gli altri creditori solo per la parte spettante al primo.

Art. 1302 Compensazione

Ciascuno dei debitori in solido può opporre in compensazione (1241 e seguenti) il credito di un condebitore solo fino alla concorrenza della parte di quest'ultimo.

A uno dei creditori in solido il debitore può opporre in compensazione ciò che gli è dovuto da un altro dei creditori, ma solo per la parte di questo.

Art. 1303 Confusione

Se nella medesima persona si riuniscono (1253) le qualità di creditore e di debitore in solido, l'obbligazione degli altri debitori si estingue per la parte di quel condebitore.

Se nella medesima persona si riuniscono le qualità di debitore e di creditore in solido, l'obbligazione si estingue per la parte di questo.

Art. 1304 Transazione

La transazione (1965 e seguenti) fatta dal creditore con uno dei debitori in solido non produce effetto nei confronti degli altri, se questi non dichiarano di volerne profittare.

Parimenti, se è intervenuta tra uno dei creditori in solido e il debitore, la transazione non ha effetto nei confronti degli altri creditori, se questi non dichiarano di volerne profittare.

Art. 1305 Giuramento

Il giuramento (2736 e seguenti) sul debito e non sul vincolo solidale, deferito da uno dei debitori in solido al creditore o da uno dei creditori in solido al debitore, ovvero dal creditore a uno dei debitori in solido o dal debitore o uno dei creditori in solido, produce gli effetti seguenti:

il giuramento ricusato dal creditore o dal debitore, ovvero prestato dal condebitore o dal concreditore in solido, giova agli altri condebitori o concreditori;

제1301조(면제) ① 연대채무자 중 1인의 이익을 위한 면제로 다른 채무자의 채무도 면한다. 다만, 채권자가 다른 채무자에 대한 권리를 유보한 때에는 그러하지 아니하다. 이 경우 채권자는 그 자의 이익을 위해 면제를 승낙한 채무자의 부담부분을 공제하지 아니하는 한 다른 채무자에 대하여 그 채권을 청구할 수 없다.
② 면제가 연대채권자 중 1인에 의해 행해진 경우에는 이 면제는 다른 채권자에게 단지 그 채권자의 지분에 대해서만 채무를 면한다.

제1302조(상계) ① 각 연대채무자는 공동채무자의 채권을 그 부담부분까지만 상계할 것을 주장할 수 있다.
② 연대채권자 중 1인에 대하여 채무자는 다른 채권자에 의해 자기에게 부담된 것을 상계할 것을 주장할 수 있으나, 이 채권자의 지분에 한한다.

제1303조(혼동) ① 채권자과 연대채무자의 자격이 동일인에게 귀속된 때에는 다른 채무자의 채무는 이 공동채무자의 부담부분에 대해서 소멸한다.
② 채무자와 연대채권자의 자격이 동일인에게 귀속된 때에는 채무는 이 채권자의 지분에 대하여서 소멸한다.

제1304조(화해) ① 채권자에 의한 연대채무자 중 1인과의 화해는 다른 채무자가 이것으로 이익을 받고자 하는 의사를 표시하지 않는 경우에는 이 채무자에 대하여 그 효력이 발생하지 않는다.
② 마찬가지로 연대채권자 중 1인과 채무자 사이에 화해가 발생한 경우에 다른 채권자가 이로부터 이익을 받고자 하는 의사를 표시하지 않은 경우에는 이 채권자에 대하여 그 효력이 생기지 않는다.

제1305조(선서) 채무에 대해 연대의 구속이 없다는 선서가, 채권자에 대한 연대채무자 중의 1인 또는 채무자에 대한 연대채권자 중의 1인, 또는 연대채무자 중 1인에 대한 채권자, 연대채권자 중의 1인에 대한 채무자에 의한 선서에 의해 다음과 같은 효과가 발생한다.
1. 채권자 또는 채무자에 의해 거부된 선서 또는 공동채무자 또는 공동채권자에 의해 제공된 선서는 다른 공동채무자 또는 공동채권자에 대하여 효력을 가진다.
2. 채권자 또는 채무자에 의해 제공된 선서 또는 연대하는 공동채무자 또는 공동채권자에 의해 거부된 선서는 그것을 선서한 자 또는 선서를 받은 자만 구속한다.

il giuramento prestato dal creditore o dal debitore, ovvero ricusato dal condebitore in solido, nuoce solo a chi lo ha deferito o a colui al quale è stato deferito.

Art. 1306 Sentenza
La sentenza (2900) pronunziata tra il creditore e uno dei debitori in solido, o tra il debitore e uno dei creditori in solido, non ha effetto contro gli altri debitori o contro gli altri creditori.
Gli altri debitori possono opporla al creditore, salvo che sia fondata sopra ragioni personali al condebitore, gli altri creditori possono farla valere contro il debitore, salve le eccezioni personali che questi può opporre a ciascuno di essi.

Art. 1307 Inadempimento
Se l'adempimento dell'obbligazione è divenuto impossibile per causa imputabile a uno o più condebitori (1218), gli altri condebitori non sono liberati dall'obbligo solidale di corrispondere il valore della prestazione dovuta. Il creditore può chiedere il risarcimento del danno ulteriore al condebitore o a ciascuno dei condebitori inadempienti.

Art. 1308 Costituzione in mora
La costituzione in mora (1219) di uno dei debitori in solido non ha effetto riguardo agli altri, salvo il disposto dell'art. 1310.
La costituzione in mora del debitore da parte di uno dei creditori in solido giova agli altri.

Art. 1309 Riconoscimento del debito
Il riconoscimento del debito fatto da uno dei debitori in solido non ha effetto riguardo agli altri; se è fatto dal debitore nei confronti di uno dei creditori in solido, giova agli altri.

Art. 1310 Prescrizione
Gli atti con i quali il creditore interrompe la prescrizione contro uno dei debitori in solido, oppure uno dei creditori in solido interrompe la prescrizione (2943 e seguenti) contro il comune debitore, hanno effetto riguardo agli altri debitori o agli altri creditori.
La sospensione della prescrizione (2941 e seguente) nei rapporti di uno dei debitori o di uno dei creditori in solido non ha effetto riguardo agli altri. Tuttavia il debitore che sia stato costretto a pagare ha regresso contro i

제1306조(판결) ① 채권자와 연대채무자 중 1인 사이에 또는 채무자와 연대채권자 중 1인 사이에 선고된 판결은 다른 채무자 또는 채권자에 대하여 효력이 없다.
② 다른 채무자는 이 판결을 가지고 채권자에 대항할 수 있다. 다만, 이러한 판결이 공동채무자의 인적 이유에 근거한 경우에는 그러하지 아니하다. 다른 채권자는 이 판결을 채무자에게 유효하게 할 수 있다. 다만, 채무자가 각 채권자에 대하여 대항할 수 있는 인적 항변이 있는 경우에는 그러하지 아니하다.

제1307조(불이행) 채무의 이행이 공동채무자 중의 1인 또는 수인에게 귀책시킬 수 있는 사유로 인하여 불능으로 된 경우에 다른 공동채무자는 그에게 부담된 급부의 가액을 지급해야 할 연대채무를 면하지 못한다. 채권자는 공동채무자 또는 불이행한 각 공동채무자에게 그 외 손해배상도 청구할 수 있다.

제1308조(지체의 구성) ① 연대채무자 중 1인의 지체는 제1310조에 규정된 경우를 제외하고, 다른 채무자에 대하여 그 효력이 생기지 아니한다.
② 연대채권자 중 1인에 대한 채무자의 지체는 다른 자에 대하여도 그 효력이 생긴다.

제1309조(채무의 승인) 연대채무자 중 1인에 의해 행해진 채무의 승인은 다른 채무자에 대하여 효력이 없다. 연대채권자 중 1인에 대하여 행한 채무의 승인은 다른 자에 대하여도 효력이 생긴다.

제1310조(소멸시효) ① 채권자가 연대채무자 중 1인에 대하여 시효를 중단시키는 행위 또는 연대채권자 중 1인이 그 공동채무자에 대하여 시효를 중단시키는 행위는 다른 채무자 또는 채권자에 대하여도 그 효력이 생긴다.
② 연대채무자 중 1인 또는 연대채권자 중 1인에 관한 시효의 정지는 다른 채무자 또는 채권자에 대하여 효력이 생기지 아니한다. 그러나 지급을 강제받았던 채무자는 시효에 의하여 채무를 면한 공동채무자에 대하여 구상권을 가진다.
③ 연대채무자 중 1인에 의한 시효의 포기는 다른 자에 대하여 효력이 생기지 아니한다. 그것이 연대채권자 중 1인과의 관계에서 행해진 경우는 다른 채권자에 대하여 효력

condebitori liberati in conseguenza della prescrizione.
La rinunzia alla prescrizione (2937) fatta da uno dei debitori in solido non ha effetto riguardo agli altri; fatta in confronto di uno dei creditori in solido, giova agli altri. Il condebitore che ha rinunziato alla prescrizione non ha regresso verso gli altri debitori liberati in conseguenza della prescrizione medesima.

Art. 1311 Rinunzia alla solidarietà
Il creditore che rinunzia alla solidarietà a favore di uno dei debitori conserva l'azione in solido contro gli altri.
Rinunzia alla solidarietà:
1) il creditore che rilascia a uno dei debitori quietanza per la parte di lui senza alcuna riserva;
2) il creditore che ha agito giudizialmente contro uno dei debitori per la parte di lui se questi ha aderito alla domanda, o se è stata pronunciata una sentenza di condanna (Cod. Proc. Civ. 324).

Art. 1312 Pagamento separato dei frutti o degli interessi
Il creditore che riceve, separatamente e senza riserva, la parte dei frutti o degli interessi che è a carico di uno dei debitori perde contro di lui l'azione in solido per i frutti o per gli interessi scaduti, ma la conserva per quelli futuri.

Art. 1313 Insolvenza di un condebitore in caso di rinunzia alla solidarietà
Nel caso di rinunzia del creditore alla solidarietà verso alcuno dei debitori, se uno degli altri è insolvente, la sua parte di debito è ripartita per contributo tra tutti i condebitori, compreso quello che era stato liberato dalla solidarietà.

SEZIONE IV
Delle obbligazioni divisibili e indivisibili

Art. 1314 Obbligazioni divisibili
Se più sono i debitori o i creditori di una prestazione divisibile e l'obbligazione non è solidale (1292), ciascuno dei creditori non può domandare il soddisfacimento del credito che per la sua parte, e ciascuno dei debitori non è tenuto a pagare il debito che per la sua parte.

Art. 1315 Limiti alla divisibilità tra gli eredi del debitore
Il beneficio della divisione (752) non può essere opposto da quello tra gli eredi del debitore, che è stato incaricato di eseguire la prestazione o che è in possesso

이 생긴다. 시효를 포기한 공동채무자는 당해 시효로 채무를 면한 다른 채무자에 대하여 구상권을 가지지 아니한다.

제1311조(연대의 포기) 채무자 중 1인을 위하여 연대를 포기한 채권자는 다른 채무자에 대하여는 연대소권을 보유한다.
연대의 포기:
1. 채무자 중 1인에게 그 부담부분에 대한 유보 없이 수령증을 교부한 채권자
2. 채무자가 그 청구에 응소한 경우 또는 유책의 판결이 선고된 경우에, 채무자중 1인에 대하여 그 부담부분에 관한 재판상 행동을 한 자.

제1312조(과실이나 이자의 분리지급) 채무자 중 1인이 부담하는 과실 또는 이자의 일부를 별도의 유보 없이 수령한 채권자는 기한이 도래된 과실 또는 이자에 관한 연대소권을 상실하지만, 장래의 그것에 대한 소권은 계속하여 보유한다.

제1313조(연대포기를 한 경우에 공동채무자의 파산) 채무자에 대하여 채권자가 연대를 포기한 경우에, 다른 채무자 중 1인이 파산된 때에는 그 자의 부담부분은 연대로부터 면제된 공동채무자를 포함해서 공동채무자 전원에게 분담된다.

제4관
분할 채무와 불가분 채무

제1314조(분할 채무) 분할할 수 있는 급부의 채무자 또는 채권자가 수인이고 그 채무가 연대적인 것이 아닌 때에는 각 채권자는 자기의 지분만큼만 채권의 만족을 청구할 수 있고, 각 채무자는 자기 부담부분만큼만 채무을 변제할 의무를 부담한다.

제1315조(채무자의 상속인 사이에서의 분할제한) 분할의 이익은 그 급부를 실행하여야 할 책임이 있거나 이행하여야 할 확정되고 특정된 물건을 점유하고 있는 채무자의 상속인 사이에서는 분할의 이익을 주장할 수 없다.

della cosa dovuta, se questa è certa e determinata.

Art. 1316 Obbligazioni indivisibili
L'obbligazione è indivisibile, quando la prestazione ha per oggetto una cosa o un fatto che non è suscettibile di divisione per sua natura o per il modo in cui è stato considerato dalle parti contraenti.

Art. 1317 Disciplina delle obbligazioni indivisibili
Le obbligazioni indivisibili sono regolate dalle norme relative alle obbligazioni solidali (1292 e seguenti), in quanto applicabili, salvo quanto è disposto dagli articoli seguenti.

Art. 1318 Indivisibilità nei confronti degli eredi
L'indivisibilità opera anche nei confronti degli eredi del debitore o di quelli del creditore.

Art. 1319 Diritto di esigere l'intero
Ciascuno dei creditori può esigere l'esecuzione della intera prestazione indivisibile (1772). Tuttavia l'erede del creditore, che agisce per il soddisfacimento dell'intero credito, deve dare cauzione a garanzia dei coeredi (1179).

Art. 1320 Estinzione parziale
Se uno dei creditori ha fatto remissione del debito (1236 e seguenti) o ha consentito a ricevere un'altra il debitore non è liberato verso gli altri creditori. Questi tuttavia non possono domandare la prestazione indivisibile se non addebitandosi ovvero rimborsando il valore della parte di colui che ha fatto la remissione o che ha ricevuto la prestazione diversa.
La medesima disposizione si applica in caso di transazione (1965), novazione (1230, 1300), compensazione (1241, 1302) e confusione (1253, 1303).

제1316조(불가분채무) 채무는 그 급부가 성질상 또는 계약 당사자에 의해 고려된 사정상 분할할 수 없는 물건이나 행위를 목적으로 하는 때에는 불가분이다.

제1317조(불가분채무의 규율) 불가분채무는 이하 각 조에 규정된 경우를 제외하고, 적용이 가능한 한 연대채무에 관한 규정에 의하여 규율된다.

제1318조(상속인에 대한 불가분성) 불가분성은 채무자의 상속인 또는 채권자의 상속인에 대하여도 영향을 준다.

제1319조(전부급부 청구권) 각 채권자는 전부의 불가분급부의 실행을 청구할 수 있다. 그러나 채권 전부의 변제를 받기 위하여 행위한 채권자의 상속인은 공동상속인을 위하여 담보를 제공하여야 한다.

제1320조(일부 소멸) ① 채권자 중 1인이 채무를 면제하거나, 부담한 급부에 갈음하여 다른 급부를 수령하기로 동의한 때에도 채무자는 다른 채권자에 대하여는 그 채무를 면하지 못한다. 이것은 그러나 다른 채권자는 면제를 하거나 다른 급부를 수령한 채권자의 지분의 가액을 공제하거나 상환하지 아니하면 불가분급부를 청구할 수 없다.
② 제1항은 화해, 경개, 상계 및 혼동의 경우에 적용된다.

TITOLO II
DEI CONTRATTI IN GENERALE

CAPO I
Disposizioni preliminari

Art. 1321 Nozione

Il contratto è l'accordo di due o più parti per costituire, regolare o estinguere tra loro un rapporto giuridico patrimoniale.

Art. 1322 Autonomia contrattuale

Le parti possono liberamente determinare il contenuto del contratto nei limiti imposti dalla legge (e dalle norme corporative).

Le parti possono anche concludere contratti che non appartengono ai tipi aventi una disciplina particolare, purché siano diretti a realizzare interessi meritevoli di tutela secondo l'ordinamento giuridico.

Art. 1323 Norme regolatrici dei contratti

Tutti i contratti, ancorché non appartengano ai tipi che hanno una disciplina particolare, sono sottoposti alle norme generali contenute in questo titolo.

Art. 1324 Norme applicabili agli atti unilaterali

Salvo diverse disposizioni di legge le norme che regolano i contratti si osservano, in quanto compatibili, per gli atti unilaterali tra vivi aventi contenuto patrimoniale (1334, 1414).

CAPO II
Dei requisiti del contratto

Art. 1325 Indicazione dei requisiti

I requisiti del contratto sono:

1) l'accordo delle parti (1326 e seguenti, 1427);

2) la causa (1343 e seguenti);

3) l'oggetto (1346 e seguenti);

4) la forma, quando risulta che è prescritta dalla legge sotto pena di nullità (1350 e seguenti).

제2장
계약일반

제1절
서두 규정

제1321조(개념) 계약이란 당사자 사이의 법률관계를 설정, 규율 또는 소멸시키기 위한 2인 또는 수인 사이의 합의를 말한다.

제1322조(계약 자치) ① 당사자는 법률이 정하는 범위 안에서 자유롭게 그 계약의 내용을 정할 수 있다.
② 당사자는 법질서에 따라 보호할 가치가 있는 이익을 실현하기 위한 것이라면 특별한 규정을 갖고 있는 유형에 속하지 않는 계약도 체결할 수 있다.

제1323조(계약 규범) 모든 계약은 비록 개별적 규율을 갖는 유형에 속하지 않는 경우에도 본 장에 포함된 일반규정에 따라야 한다.

제1324조(단독행위에 적용되는 규범) 법률에 특별한 규정이 있는 경우를 제외하고 계약을 규율하는 규범은, 양립이 가능한 한, 재산적 내용을 갖는 생전(生前)의 단독행위에 대하여 준수된다.

제2절
계약의 요건

제1325조(요건) 계약의 요건은
1. 당사자의 합의
2. 원인
3. 목적
4. 위반 시 무효가 되는 법률상 방식이다.

SEZIONE I
Dell'accordo delle parti

Art. 1326 Conclusione del contratto
Il contratto è concluso nel momento in cui chi ha fatto la proposta ha conoscenza dell'accettazione dell'altra parte (1335).
L'accettazione deve giungere al proponente nel termine da lui stabilito o in quello ordinariamente necessario secondo la natura dell'affare o secondo gli usi.
Il proponente può ritenere efficace l'accettazione tardiva, purché ne dia immediatamente avviso all'altra parte.
Qualora il proponente richieda per l'accettazione una forma determinata, l'accettazione non ha effetto se è data in forma diversa.
Un'accettazione non conforme alla proposta equivale a nuova proposta.

Art. 1327 Esecuzione prima della risposta dell'accettante
Qualora, su richiesta del proponente o per la natura dell'affare o secondo gli usi, la prestazione debba eseguirsi senza una preventiva risposta, il contratto è concluso nel tempo e nel luogo in cui ha avuto inizio l'esecuzione.
L'accettante deve dare prontamente avviso all'altra parte dell'iniziata esecuzione e, in mancanza, è tenuto al risarcimento del danno.

Art. 1328 Revoca della proposta e dell'accettazione
La proposta può essere revocata finché il contratto non sia concluso. Tuttavia, se l'accettante ne ha intrapreso in buona fede l'esecuzione prima di avere notizia della revoca, il proponente è tenuto a indennizzarlo delle spese e delle perdite subite per l'iniziata esecuzione del contratto.
L'accettazione può essere revocata, purché la revoca giunga a conoscenza del proponente prima dell'accettazione.

Art. 1329 Proposta irrevocabiled
Se il proponente si è obbligato a mantenere ferma la proposta per un certo tempo, la revoca è senza effetto.
Nell'ipotesi prevista dal comma precedente, la morte o la sopravvenuta incapacità (414) del proponente non toglie efficacia alla proposta, salvo che la natura dell'affare o altre circostanze escludano tale efficacia.

Art. 1330 Morte o incapacità dell'imprenditore
La proposta o l'accettazione, quando è fatta dall'imprenditore (2082)

제1관
당사자의 합의

제1326조(계약의 체결) ① 계약은 청약을 한 자가 상대방의 승낙을 안 때에 체결된다.
② 승낙은 청약자가 정한 기간 내에 또는 사무의 성질이나 관습상 통상적으로 필요한 기간 내에 청약자에게 도달하여야 한다.
③ 청약자가 상대방에게 지체없이 통지한다면, 지체된 승락을 유효한 것으로 볼 수 있다.
④ 청약자가 상대방에게 특정한 방식의 승낙을 요구한 때에는 승낙이 이와 다른 방식으로 제공된 경우에는 효력이 생기지 아니한다.
⑤ 청약에 일치하지 않는 승낙은 새로운 청약으로 본다.

제1327조(승낙 전 이행) ① 청약자의 청구 또는 사무의 성질이나 관습에 따라 급부가 사전 승낙 없이 이행하여야 하는 때는 계약은 그 이행을 개시한 때와 장소에서 체결된다.
② 승낙자는 개시된 이행을 곧 바로 상대방에게 통지하여야 하며, 통지를 하지 아니한 경우에는 손해배상 책임을 진다.

제1328조(청약 및 승낙의 철회) ① 청약은 계약이 체결될 때까지는 철회할 수 있다. 그러나, 승낙자가 철회의 통지를 받기 전에 선의로 이행에 착수한 때에는 청약자는 계약의 이행을 개시함으로써 지출한 비용과 손해를 배상할 책임이 있다.
② 승낙은 승낙 전 청약자가 철회를 알 수 있게 하는 한도에서 철회될 수 있다.

제1329조(철회할 수 없는 청약) ① 청약자가 청약을 일정한 기간 유지할 이무가 있는 경우에는 철회는 효력이 생기지 아니한다.
② 전 항의 경우에, 청약자가 사망하거나, 그 후 무능력으로 된 때에는 청약은 그 효력을 상실하지 아니한다. 다만, 사무의 성질이나 기타의 사정상 그 효력이 배제되는 경우에는 그러하지 아니한다.

제1330조(기업가의 사망 또는 무능력) 청약 또는 승낙을 기업가가 그 기업의 집행에 관해서 한 경우에는 기업가가 계약을 체결하기 전에 사망하거나 무능력으로 된 때에도

nell'esercizio della sua impresa, non perde efficacia se l'imprenditore muore o diviene incapace (1425) prima della conclusione del contratto, salvo che si tratti di piccoli imprenditori (2082 e seguente) o che diversamente risulti dalla natura dell'affare o da altre circostanze.

Art. 1331 Opzione

Quando le parti convengono che una di esse rimanga vincolata alla propria dichiarazione e l'altra abbia facoltà di accettarla o meno, la dichiarazione della prima si considera quale proposta irrevocabile per gli effetti previsti dall'art. 1329.

Se per l'accettazione non è stato fissato un termine, questo può essere stabilito dal giudice (1183).

Art. 1332 Adesione di altre parti al contratto

Se ad un contratto possono aderire altre parti e non sono determinate le modalità dell'adesione, questa deve essere diretta all'organo che sia stato costituito per l'attuazione del contratto o, in mancanza di esso, a tutti i contraenti originali.

Art. 1333 Contratto con obbligazioni del solo proponente

La proposta diretta a concludere un contratto da cui derivino obbligazioni solo per il proponente è irrevocabile appena giunge a conoscenza della parte alla quale è destinata.

Il destinatario può rifiutare la proposta nel termine richiesto dalla natura dell'affare o dagli usi. In mancanza di tale rifiuto il contratto è concluso.

Art. 1334 Efficacia degli atti unilaterali

Gli atti unilaterali (1991) producono effetto dal momento in cui pervengono a conoscenza della persona alla quale sono destinati.

Art. 1335 Presunzione di conoscenza

La proposta, l'accettazione, la loro revoca e ogni altra dichiarazione diretta a una determinata persona si reputano conosciute nel momento in cui giungono all'indirizzo del destinatario, se questi non prova di essere stato, senza sua colpa, nell'impossibilità di averne notizia.

Art. 1336 Offerta al pubblico

L'offerta al pubblico, quando contiene gli estremi essenziali del contratto alla

청약 또는 승낙은 그 효력을 상실하지 아니한다. 다만, 소기업인에 속하는 경우, 사무의 성질 또는 기타 사정에 의하여 이와 다른 결과가 생기는 경우에는 그러하지 아니하다.

제1331조(선택권) ① 당사자 중 일방이 자기의 의사표시에 구속되어 있고 상대방이 승낙 여부에 대한 권능을 가지기로 합의한 때에는 전자의 의사표시는 제1329조의 효과대로 철회할 수 없는 청약으로 본다.
② 승낙에 대한 기간이 정하여져 있지 아니한 때에는 판사가 이를 정할 수 있다.

제1332조(다른 당사자의 계약참가) 계약에 다른 당사자가 참가할 수 있으며 참가의 태양(態樣)이 정하여져 있지 아니하다면 계약의 실행을 위하여 구성된 기관을 상대로 하거나 이것이 없는 경우에는 본래의 계약 당사자 전원을 상대로 참가하여야 한다.

제1333조(청약자만 의무를 가지는 계약) ① 청약자에게만 채무를 생기는 계약을 체결하고자 하는 청약은 그 상대방이 이를 아는 즉시 철회할 수 없다.
② 청약의 상대방은 사무의 성질이나 관습에 따라 필요한 기간 내에 이러한 청약을 거절할 수 있다. 이러한 거절이 없는 경우에는 계약은 체결된 것이다.

제1334조(일방적 행위의 효력) 일방적 행위는 상대방이 이를 알게 된 때부터 그 효력이 생긴다.

제1335조(인식의 추정) 특정인에 대한 청약, 승낙, 철회 및 기타 모든 의사표시는 상대방이 과실 없이 통지수령이 불가능한 상태였음을 입증하지 않는 한 상대방의 주소에 도달한 때에 안 것으로 추정한다.

제1336조(불특정다수인에 대한 청약) ① 불특정다수인에 대한 청약(공시청약)은 체결하고자 하는 계약의 본질적 요건이 포함되어 있는 때에는 청약으로서 효력을 가진다.

cui conclusione è diretta, vale come proposta, salvo che risulti diversamente dalle circostanze o dagli usi.

La revoca dell'offerta, se è fatta nella stessa forma dell'offerta o in forma equipollente, è efficace anche in confronto di chi non ne ha avuto notizia.

Art. 1337 Trattative e responsabilità precontrattuale

Le parti, nello svolgimento delle trattative e nella formazione del contratto, devono comportarsi secondo buona fede (1366,1375, 2208).

Art. 1338 Conoscenza delle cause d'invalidità

La parte che, conoscendo o dovendo conoscere l'esistenza di una causa d'invalidità del contratto (1418 e seguenti), non ne ha dato notizia all'altra parte è tenuta a risarcire il danno da questa risentito per avere confidato, senza sua colpa, nella validità del contratto (1308).

Art. 1339 Inserzione automatica di clausole

Le clausole, i prezzi di beni o di servizi, imposti dalla legge (o da norme corporative) sono di diritto inseriti nel contratto, anche in sostituzione delle clausole difformi apposte dalle parti (1419, 1679, 1815, 1932).

Art. 1340 Clausole d'uso

Le clausole d'uso s'intendono inserite nel contratto, se non risulta che non sono state volute dalle parti.

Art. 1341 Condizioni generali di contratto

Le condizioni generali di contratto predisposte da uno dei contraenti sono efficaci nei confronti dell'altro, se al momento della conclusione del contratto questi le ha conosciute o avrebbe dovuto conoscerle usando l'ordinaria diligenza (1370, 2211).

In ogni caso non hanno effetto, se non sono specificamente approvate per iscritto, le condizioni che stabiliscono, a favore di colui che le ha predisposte, limitazioni di responsabilità, (1229), facoltà di recedere dal contratto(1373) o di sospenderne l'esecuzione, ovvero sanciscono a carico dell'altro contraente decadenze (2964 e seguenti), limitazioni alla facoltà di opporre eccezioni (1462), restrizioni alla libertà contrattuale nei rapporti coi terzi (1379, 2557, 2596), tacita proroga o rinnovazione del contratto, clausole compromissorie (Cod. Proc. Civ. 808) o deroghe (Cod. Proc. Civ. 6) alla competenza dell'autorità giudiziaria.

다만, 사정이나 관습에 의하여 다른 결과가 생기는 경우에는 그러하지 아니하다.
② 청약의 철회는 청약과 동일한 방식 또는 동일한 가치의 방식으로 행하여진 때에는 이 철회의 통지를 받지 않았던 자에 대하여도 그 효력이 있다.

제1337조(교섭 및 계약체결상 책임) 당사자는 계약의 교섭단계 및 계약의 체결과정에서 성실하게 행위하여야 한다.

제1338조(무효원인의 인식) 계약의 무효원인을 알거나 알 수 있었음에도 불구하고 상대방에게 그것을 통지하지 아니한 당사자는 상대방이 과실 없이 계약의 유효를 신뢰함으로써 입은 손해를 배상할 책임이 있다.

제1339조(조항의 자동적 삽입) 법률에 의하여 부과된 조항, 재물 또는 서비스의 가격은 비록 당사자에 의해 이것과 다른 조항으로 대신하였다 하더라도 당연히 계약에 삽입된다.

제1340조(관습조항) 관습조항은 그것이 당사자에 의해 의욕된 것이 아니라는 것이 나타나지 않는 한 계약에 포함된 것으로 해석된다.

제1341조(계약의 일반조건) ① 계약자의 일방에 의해 미리 정하는 일반적 조건은 계약체결 당시 상대방이 알았거나, 통상의 주의를 하면 알 수 있었을 경우에는 상대방에 대하여 효력을 가진다.
② 미리 정해진 자의 이익이 되는 책임을 제한하거나, 계약을 철회하거나 또는 계약의 이행을 정지할 권능을 설정하거나 기타 다른 계약자의 부담이 되는 것의 실권, 항변을 주장하는 권능을 제한하는 것, 제3자와의 관계에서 계약자유에 대한 제한을 하는 것, 계약의 묵시적 연기 내지는 갱신, 중재조항 내지는 재판관할의 변경 등을 인정하는 조건은 서면으로 명확하게 승인된 경우가 아니면 모두 효력이 없다.

Art. 1342 Contratto concluso mediante moduli o formulari
Nei contratti conclusi mediante la sottoscrizione di moduli o formulari, predisposti per disciplinare in maniera uniforme determinati rapporti contrattuali, le clausole aggiunte al modulo o al formulario prevalgono su quelle del modulo o del formulario qualora siano incompatibili con esse, anche se queste ultime non sono state cancellate (1370).
Si osserva inoltre la disposizione del secondo comma dell'articolo precedente.

SEZIONE II
Della causa del contratto

Art. 1343 Causa illecita
La causa è illecita quando è contraria a norme imperative, all'ordine pubblico o al buon costume (prel. 1, 1418, 1972).

Art. 1344 Contratto in frode alla legge
Si reputa altresì illecita la causa quando il contratto costituisce il mezzo per eludere l'applicazione di una norma imperativa.

Art. 1345 Motivo illecito
Il contratto è illecito quando le parti si sono determinate a concluderlo esclusivamente per un motivo illecito comune ad entrambe (788, 14182).

SEZIONE III
Dell'oggetto del contratto

Art. 1346 Requisiti
L'oggetto del contratto deve essere possibile, lecito, determinato o determinabile (1418).

Art. 1347 Possibilità sopravvenuta dell'oggetto
Il contratto sottoposto a condizione sospensiva o a termine (1814) è valido, se la prestazione inizialmente impossibile diviene possibile prima dell'avveramento della condizione o della scadenza del termine.

Art. 1348 Cose future
La prestazione di cose future (820,1472, 2823) può essere dedotta in contratto, salvi i particolari divieti della legge (179, 458, 771).

제1342조(예문 또는 범례에 의하여 체결한 계약) 특정한 계약관계를 획일적으로 규율하기 위하여 미리 정한 예문이나 범례에 서명을 함으로써 체결하는 계약에 있어서, 이러한 예문이나 범례에 추가되는 조항들이 예문이나 범례에 정하여져 있는 본래의 조항과 양립하지 않는 경우에는 후자가 말소되지 아니한 때에도 이것에 우선한다.
그 밖의 경우에는 전조 제2항 규정이 준용된다.

제2관
계약의 원인

제1343조(불법 원인) 원인이 강행규정, 공공질서, 또는 선량한 풍속에 반하는 때에는 불법원인이 된다.

제1344조(법률회피계약) 계약이 강행규정의 적용을 배제하기 위한 수단을 구성하는 때에도, 원인은 불법으로 본다.

제1345조(동기 불법) 계약은 당사자가 쌍방에 공통적인 불법 동기로 체결한 때에만 불법이 된다.

제3관
계약의 목적

제1346조(요건) 계약의 목적은 가능, 적법, 확정 또는 확정할 수 있는 것이어야 한다.

제1347조(목적의 사후가능성) 정지조건부 또는 기한부계약은 처음에는 불가능하였던 급부가 조건의 성취 또는 기한의 도래 전에 가능하게 된 경우에는 유효하다.

제1348조(장래의 물건) 장래의 물건의 급부를 계약에서 정할 수 있다. 다만, 법률에 의해 특별히 금지된 경우에는 그러하지 아니하다.

Art. 1349 Determinazione dell'oggetto

Se la determinazione della prestazione dedotta in contratto è deferita a un terzo e non risulta che le parti vollero rimettersi al suo mero arbitrio, il terzo deve procedere con equo apprezzamento. Se manca la determinazione del terzo o se questa è manifestamente iniqua o erronea, la determinazione è fatta dal giudice (778,1287, 1473, 2264, 2603).

La determinazione rimessa al mero arbitrio del terzo non si può impugnare se non provando la sua mala fede. Se manca la determinazione del terzo e le parti non si accordano per sostituirlo, il contratto è nullo (1421 e seguenti).

Nel determinare la prestazione il terzo deve tener conto anche delle condizioni generali della produzione a cui il contratto eventualmente abbia riferimento.

SEZIONE IV

Della forma del contratto

Art. 1350 Atti che devono farsi per iscritto

Devono farsi per atto pubblico (2699 e seguenti) o per scrittura privata (2702 e seguenti), sotto pena di nullità:

1) i contratti che trasferiscono la proprietà di beni immobili (812, 2643)

2) i contratti che costituiscono, modificano o trasferiscono il diritto di usufrutto (978 e seguenti) su beni immobili, il diritto di superficie (952 e seguenti), il diritto del concedente e dell'enfiteuta (957 e seguenti);

3) i contratti che costituiscono la comunione (1100 e seguenti) di diritti indicati dai numeri precedenti;

4) i contratti che costituiscono o modificano le servitù prediali (1027 e seguenti), il diritto di uso su beni immobili e il diritto di abitazione (1021 e seguenti);

5) gli atti di rinunzia ai diritti indicati dai numeri precedenti;

6) i contratti di affrancazione del fondo enfiteutico (971);

7) i contratti di anticresi (1960 e seguenti);

8) i contratti di locazione di beni immobili per una durata superiore a nove anni (1571 e seguenti);

9) i contratti di società (2247 e seguenti) o di associazione (2549 e seguenti) con i quali si conferisce il godimento di beni immobili o di altri diritti reali immobiliari per un tempo eccedente i nove anni o per un tempo indeterminato;

10) gli atti che costituiscono rendite perpetue (1861 e seguenti) o vitalizie (1872 e seguenti), salve le disposizioni relative alle rendite dello Stato (1871);

11) gli atti di divisione di beni immobili e di altri diritti reali immobiliari (2646);

12) le transazioni (1965 e seguenti) che hanno per oggetto controversie relative

제1349조(목적의 확정) ① 계약에서 정해진 급부의 확정이 제3자에게 일임되고, 계약당사자가 전적으로 제3자의 재량에만 맡기려는 의사가 아닌 때에는 제3자는 공평한 평가로 처리하여야 한다. 제3자가 확정을 하지 아니하거나, 그 확정이 명백히 불공평하거나 잘못된 경우에는 판사에 의해 확정된다.
② 제3자의 재량에 전적으로 일임된 확정은 그 악의가 입증되지 않는 한 취소될 수 없다. 제3자의 확정이 없고, 당사자 사이에서 이것을 대체하는 것에 대한 합의가 없는 경우에는 계약은 무효이다.
③ 급부의 확정에 있어서 제3자는 경우에 따라서는 계약에서 참조했던 일반적 생산조건도 고려하여야 한다.

제4관
계약의 방식

제1350조(서면으로 해야만 하는 행위) 다음 각호에 해당하는 사항은 공정증서또는 사서증서에 의하여야 하며, 그러하지 않으면 무효이다.
1. 부동산의 소유권을 이전하는 계약
2. 부동산의 용익권, 지상권 및 장기임대차계약의 임대인(지주권) 및 임차인(영소작권)의 권리를 설정, 변경 또는 이전하는 계약
3. 제1호 및 제2호에서 말하는 권리의 공유를 설정하는 계약
4. 지역권, 부동산사용권 및 거주권을 설정 또는 변경하는 계약
5. 제1호 내지 제4호에서 말하는 권리의 포기
6. 장기토지임대차계약의 해제계약
7. 과실충당부동산담보계약
8. 9년을 초과하는 존속기간을 정한 부동산임대차계약
9. 9년을 초과하거나 또는 존속기간을 정하지 않은 부동산 또는 부동산 물권의 향유를 내용으로 하는 회사 또는 조합계약
10. 영구 또는 종신의 연금을 설정하는 행위. 다만, 국가의 연금에 관한 규정은 제외한다
11. 부동산 및 기타 부동산물권의 분할행위
12. 제1호 내지 제11호에 열거된 법률관계에 관한 분쟁의 중재계약
13. 기타 법률에서 정하는 행위.

ai rapporti giuridici menzionati nei numeri precedenti;
13) gli altri atti specialmente indicati dalla legge (14, 47, 162, 203, 209, 484, 519, 601 e seguenti, 782, 918, 1284, 1351, 1392, 1403, 1503, 1524, 1543, 1605, 1862, 1864, 1978, 2096, 2328, 2464, 2475, 2504, 2518, 2603, 2821, 2879, 2882; Cod. Proc. Civ.;807, 808; Cod. Navig. 237, 249, 278, 328, 565, 852, 857).

Art. 1351 Contratto preliminare
Il contratto preliminare è nullo (1421 e seguenti), se non è fatto nella stessa forma che la legge prescrive per il contratto definitivo (2932).

Art. 1352 Forme convenzionali
Se le parti hanno convenuto per iscritto di adottare una determinata forma per la futura conclusione di un contratto, si presume che la forma sia stata voluta per la validità di questo (2725).

CAPO III
Della condizione nel contratto

Art. 1353 Contratto condizionale
Le parti possono subordinare l'efficacia o la risoluzione del contratto o di un singolo patto a un avvenimento futuro e incerto.

Art. 1354 Condizioni illecite o impossibili
E nullo il contratto (1421 e seguenti) al quale è apposta una condizione, sospensiva o risolutiva, contraria a norme imperative, all'ordine pubblico o al buon costume (prel. 31).
La condizione impossibile rende nullo il contratto se è sospensiva; se è risolutiva, si ha come non apposta (634).
Se la condizione illecita o impossibile è apposta a un patto singolo del contratto, si osservano, riguardo all'efficacia del patto, le disposizioni dei commi precedenti, fermo quanto è disposto dall'art. 1419.

Art. 1355 Condizione meramente potestativa
E' nulla l'alienazione di un diritto o l'assunzione di un obbligo subordinata a una condizione sospensiva che la faccia dipendere dalla mera volontà dell'alienante o, rispettivamente, da quella del debitore.

Art. 1356 Pendenza della condizione

제1351조(예약) 예약이 본 계약에 대하여 법률이 규정한 것과 동일한 방식으로 행하여지지 않은 경우에는 무효이다.

제1352조(합의의 방식) 당사자가 장래 계약을 체결할 때 일정한 방식을 채택하기로 서면에 의하여 합의한 경우에는 이러한 방식은 계약을 유효하게 성립시키기 위한 것으로 추정된다.

제3절
계약의 조건

제1353조(조건부계약) 당사자는 계약 또는 개별 항목의 효력발생 또는 해제를 장래 불확실한 사건에 종속시킬 수 있다.

제1354조(불법 또는 불능조건) ① 강행규정 또는 공공의 질서, 공서양속에 반하는 정지 내지 해제조건부의 계약은 무효이다.
② 불능조건이 정지조건인 경우에는 계약은 무효로 하고, 해제조건인 경우에는 이를 붙이지 아니한 것으로 본다.
③ 불법 또는 불능조건이 계약의 개별 항목에 붙어 있는 때에는 이러한 항목의 효력에 대하여는 제1항 및 제2항의 규정을 적용한다. 다만, 제1419조에 규정된 경우에는 그러하지 아니하다.

제1355조(순수수의조건) 정지조건에 따르는 권리의 양도 또는 채무의 부담이 양도인이나 채무자의 단순한 의사에만 의존하는 것은 무효이다.

제1356조(조건의 성부 미정) ① 정지조건의 성취가 미정인 동안에 권리의 취득자는 보

In pendenza della condizione sospensiva l'acquirente di un diritto può compiere atti conservativi(cfr.2900 e seguenti; Cod. Proc. Civ.670).
L'acquirente di un diritto sotto condizione risolutiva può, in pendenza di questa, esercitarlo, ma l'altro contraente può compiere atti conservativi.

Art. 1357 Atti di disposizione in pendenza della condizione
Chi ha un diritto subordinato a condizione sospensiva o risolutiva può disporne in pendenza di questa (2852); ma gli effetti di ogni atto di disposizione sono subordinati alla stessa condizione.

Art. 1358 Comportamento delle parti nello stato dipendenza
Colui che si è obbligato o che ha alienato un diritto sotto condizione sospensiva, ovvero lo ha acquistato sotto condizione risolutiva, deve, in pendenza della condizione, comportarsi secondo buona fede per conservare integre le ragioni dell'altra parte (1175, 1375).

Art. 1359 Avveramento della condizione
La condizione si considera avverata qualora sia mancata per causa imputabile alla parte che aveva interesse contrario all'avveramento di essa.

Art. 1360 Retroattività della condizione
Gli effetti dell'avveramento della condizione retroagiscono al tempo in cui è stato concluso il contratto, salvo che, per volontà delle parti o per la natura del rapporto, gli effetti del contratto o della risoluzione debbano essere riportati a un momento diverso (646).
Se però la condizione risolutiva è apposta a un contratto ad esecuzione continuata o periodica, l'avveramento di essa, in mancanza di patto contrario, non ha effetto riguardo alle prestazioni già eseguite (1465, 2655).

Art. 1361 Atti di amministrazione
L'avveramento della condizione non pregiudica la validità degli atti di amministrazione compiuti dalla parte a cui, in pendenza della condizione stessa, spettava l'esercizio del diritto.
Salvo diverse disposizioni di legge o diversa pattuizione, i frutti percepiti sono dovuti dal giorno in cui la condizione si è avverata (646).

존행위를 할 수 있다.
② 해제조건에 따르는 권리의 취득자는 조건이 미정인 동안에 그 권리를 행사할 수 있고, 계약의 상대방은 보존행위를 할 수 있다.

제1357조(조건의 성취 미정인 동안의 처분행위) 정지조건 또는 해제조건에 따르는 권리를 가진 자는 조건이 미정인 동안에 그 권리를 처분할 수 있다. 그러나 각 처분행위의 효과는 동일한 조건에 따른다.

제1358조(조건 성취가 미정인 동안의 당사자 행태) 정지조건부 채무를 부담하거나 권리를 양도한 자 또는 해제조건부로 권리를 취득한 자는 조건성취가 미정인 동안에 다른 당사자의 권리를 완전히 보전하기 위하여 성실하게 행동하여야 한다.

제1359조(조건의 성취) 조건은 그 조건의 성취에 반대이익을 가진 당사자에게 귀책시킬 수 있는 사유로 인하여 성취되지 아니한 때에는 성취된 것으로 본다.

제1360조(조건의 소급효) ① 조건성취의 효과는 계약을 체결한 때에 소급한다. 다만, 당사자 의사 또는 법률관계의 성질, 계약 내지는 그 해제의 효과로 다른 때로 정해진 경우에는 그러하지 아니한다.
② 해제조건이 계속적 또는 정기적 급부를 목적으로 하는 계약에 붙어 있는 경우에, 조건의 성취는 반대약정이 없는 한 이미 이행된 급부에는 영향을 주지 아니한다.

제1361조(관리행위) ① 조건의 성취는 그 조건이 미정인 동안에 권리행사를 할 수 있는 당사자에 의해 수행된 관리행위의 효력을 해하지 아니한다.
② 법률 또는 별단의 약정이 있는 경우를 제외하고는 수취한 과실은 조건이 성취된 날로부터 지급하여야 한다.

CAPO IV
Dell'interpretazione del contratto

Art. 1362 Intenzione dei contraenti
Nell'interpretare il contratto si deve indagare quale sia stata la comune intenzione delle parti e non limitarsi al senso letterale delle parole.
Per determinare la comune intenzione delle parti, si deve valutare il loro comportamento complessivo anche posteriore alla conclusione del contratto.

Art. 1363 Interpretazione complessiva delle clausole
Le clausole del contratto si interpretano le une per mezzo delle altre, attribuendo a ciascuna il senso che risulta dal complesso dell'atto (1419).

Art. 1364 Espressioni generali
Per quanto generali siano le espressioni usate nel contratto, questo non comprende che gli oggetti sui quali le parti si sono proposte di contrattare.

Art. 1365 Indicazioni esemplificative
Quando in un contratto si è espresso un caso al fine di spiegare un patto, non si presumono esclusi i casi non espressi, ai quali, secondo ragione, può estendersi lo stesso patto.

Art. 1366 Interpretazione di buona fede
Il contratto deve essere interpretato secondo buona fede (1337,1371,1375).

Art. 1367 Conservazione del contratto
Nel dubbio, il contratto o le singole clausole devono interpretarsi nel senso in cui possono avere qualche effetto, anziché in quello secondo cui non ne avrebbero alcuno (1424).

Art. 1368 Pratiche generali interpretative
Le clausole ambigue s'interpretano secondo ciò che si pratica generalmente nel luogo in cui il contratto è stato concluso.
Nei contratti in cui una delle parti è un imprenditore (2082), le clausole ambigue s'interpretano secondo ciò che si pratica generalmente nel luogo in cui è la sede dell'impresa.

Art. 1369 Espressioni con più sensi

제4절
계약의 해석

제1362조(계약자의 의도) ① 계약의 해석에 있어서는 당사자의 공통된 의사가 무엇인가를 탐구하여야 하며, 문자상의 의미에 제한되어서는 아니 된다.
② 당사자의 공통의 의사를 결정하기 위하여는 계약체결 후에 있어서도 당사자의 종합적 행태가 평가되어야 한다.

제1363조(계약조항의 종합적 해석) 계약의 조항은 행위 전체로부터 결과되는 의미를 각각 부여하면서 상호적으로 해석하여야 한다.

제1364조(일반적 표현) 계약에서 사용된 표현이 일반적인 것이더라도, 이러한 표현에는 당사자가 계약에서 체결하고자 한 목적 이외의 것은 포함되지 않는다.

제1365조(예시) 계약에 어느 조항을 설명하기 위하여 하나의 예시가 제시된 때에는 동일한 조항을 조리에 따라 확대 적용할 수 있는 다른 제시되지 아니한 예시를 배제하는 것으로 추정되지 아니한다.

제1366조(신의성실한 해석) 계약은 신의성실하게 해석되어야 한다.

제1367조(계약의 유지) 의심스러운 경우에 계약 또는 개별 조항은 아무런 효과도 갖지 않는다는 의미보다는 어떠한 효과를 가질 수 있다는 의미로 해석하여야 한다.

제1368조(해석상 일반적 관행) ① 모호한 조항은 그 계약이 체결된 장소에서의 일반적 관행에 따라 해석된다.
② 당사자 중 1인이 기업자인 계약에 있어서 모호한 조항은 기업 소재지의 일반적 관행에 따라 해석된다.

제1369조(다수의 의미를 가지는 표현) 다수의 의미를 가질 수 있는 표현은 의심스러운

Le espressioni che possono avere più sensi devono, nel dubbio, essere intese nel senso più conveniente alla natura e all'oggetto del contratto.

Art. 1370 Interpretazione contro l'autore della clausola
Le clausole inserite nelle condizioni generali di contratto (1341) o in moduli o formulari (1342) predisposti da uno dei contraenti s'interpretano, nel dubbio, a favore dell'altro.

Art. 1371 Regole finali
Qualora, nonostante l'applicazione delle norme contenute in questo capo (1362 e seguenti), il contratto rimanga oscuro, esso deve essere inteso nel senso meno gravoso per l'obbligato, se è a titolo gratuito, e nel senso che realizzi l'equo contemperamento degli interessi delle parti, se è a titolo oneroso.

CAPO V
Degli effetti del contratto

SEZIONE I
Disposizioni generali

Art. 1372 Efficacia del contratto
Il contratto ha forza di legge tra le parti.
Non può essere sciolto che per mutuo consenso o per cause ammesse dalla legge (1671, 2227).
Il contratto non produce effetto rispetto ai terzi che nei casi previsti dalla legge (1239, 1300 e seguente, 1411, 1678, 1737).

Art. 1373 Recesso unilaterale
Se a una delle parti è attribuita la facoltà di recedere dal contratto, tale facoltà può essere esercitata finché il contratto non abbia avuto un principio di esecuzione.
Nei contratti a esecuzione continuata o periodica, tale facoltà può essere esercitata anche successivamente, ma il recesso non ha effetto per le prestazioni già eseguite o in corso di esecuzione (1569, 1612 e seguenti, 1671, 2227).
Qualora sia stata stipulata la prestazione di un corrispettivo per il recesso, questo ha effetto quando la prestazione è eseguita.
E' salvo in ogni caso il patto contrario.

경우에는 계약의 성질 및 목적에 가장 적합한 의미로 해석하여야 한다.

제1370조(조항작성자에게 불이익한 해석) 계약의 일반적 조건 중에 또는 계약자 중 일방에 의해 미리 정한 예문이나 범례 중에 포함된 조항들은 의문이 있는 경우에는 상대방에게 유리하게 해석된다.

제1371조(최종규칙) 본 절에 포함된 규정의 적용에도 불구하고, 계약에 불명료한 표현이 남아 있는 때에는 무상계약인 경우에는 채무자에게 가장 부담이 적은 의미로, 유상계약인 경우에는 당사자의 이익을 동시에 공평하게 실현하는 의미로 이해되어야 한다.

제5절
계약의 효과

제1관
총칙

제1372조(계약의 효과) ① 계약은 당사자 사이에서 법률상 힘을 가진다, 그것은 상호간의 동의 또는 법률이 인정하는 사유에 의하지 아니하면 해소될 수 없다.
② 계약은 법률이 정하는 경우를 제외하고는 제3자에 대하여 효력이 생기지 아니한다.

제1373조(일방적 해약) ① 당사자의 일방에게 해약의 권능이 부여된 때에는 이러한 권능은 이행이 개시되지 않는 동안에 행사할 수 있다.
② 계속적 또는 정기적 이행의 계약에서 이런 권능은 그 후에도 행사될 수 있다. 그러나, 이러한 해약은 이행이 이미 행하여졌거나 행해지는 과정 중에 있는 경우에는 그 효력이 생기지 아니한다.
③ 해약에 대하여 대가를 지급하기로 약정된 때에는 해약은 급부가 이행되지 않는 때에는 그 효력이 생기지 않는다.
위 각 경우에 반대약정이 있으면 그러하지 아니한다.

Art. 1374 Integrazione del contratto
Il contratto obbliga le parti non solo a quanto e nel medesimo espresso, ma anche a tutte le conseguenze che ne derivano secondo la legge, o, in mancanza, secondo gli usi e l'equità.

Art. 1375 Esecuzione di buona fede
Il contratto deve essere eseguito secondo buona fede (1337,1358,1366, 1460).

Art. 1376 Contratto con effetti reali
Nei contratti che hanno per oggetto il trasferimento della proprietà di una cosa determinata, la costituzione o il trasferimento di un diritto reale ovvero il trasferimento di un altro diritto, la proprietà o il diritto si trasmettono e si acquistano per effetto del consenso delle parti legittimamente manifestato (1155, 1265, 1465, 1472, 1520 e seguenti, 2644, 2684, 2808-2).

Art. 1377 Trasferimento di una massa di cose
Quando oggetto del trasferimento è una determinata massa di cose, anche se omogenee, si applica la disposizione dell'articolo precedente, ancorché, per determinati effetti, le cose debbano essere numerate, pesate o misurate.

Art. 1378 Trasferimento di cosa determinata solo nel genere
Nei contratti che hanno per oggetto il trasferimento di cose determinate solo nel genere, la proprietà si trasmette con l'individuazione fatta d'accordo tra le parti o nei modi da esse stabiliti (1465). Trattandosi di cose che devono essere trasportate da un luogo a un altro, l'individuazione avviene anche mediante la consegna al vettore (1678 e seguenti) o allo spedizioniere (1737 e seguenti).

Art. 1379 Divieto di alienazione
Il divieto di alienare stabilito per contratto ha effetto solo tra le parti, e non è valido se non è contenuto entro convenienti limiti di tempo (965) e se non risponde a un apprezzabile interesse di una delle parti (1260).

Art. 1380 Conflitto tra più diritti personali di godimento
Se, con successivi contratti, una persona concede a diversi contraenti un diritto personale di godimento relativo alla stessa cosa, il godimento spetta al contraente che per primo lo ha conseguito.
Se nessuno dei contraenti ha conseguito il godimento, è preferito quello che ha il titolo di data certa (2704) anteriore.

第1374条(계약의 완결성) 계약은 표현된 것뿐만 아니라 법률, 그것이 없으면 관습과 형평의 원칙에 의하여 발생하는 모든 결과를 가지고 당사자들에게 의무를 부과한다.

第1375条(신의성실원칙에 의한 이행) 계약은 신의성실의 원칙에 따라 이행되어야 한다.

第1376条(물권적 효과를 가지는 계약) 특정물의 소유권의 이전, 물권의 설정 또는 이전 내지는 기타 권리의 이전을 목적으로 하는 계약에서는 그 소유권 또는 권리는 적법하게 표시된 당사자 합의의 효과에 의해 이전되고 취득된다.

第1377条(집합물건의 양도) 이전할 목적물이 비록 동일한 성질을 가져도 특정한 물건의 집단일 때는 그 특정의 효과에 대해서는 물건이 수를 세거나 무게를 날거나 양을 측정하여야 하는 경우에도 전조의 규정이 적용된다.

第1378条(종류에 있어서만 특정된 물건의 이전) 종류에서만 특정된 물건의 이전을 목적으로 하는 계약에서 소유권은 당사자 사이의 합의 또는 당사자가 정한 방법으로 특정화되었을 때 이전한다. 어느 장소에서 다른 장소로 운반해야 할 물건인 경우에 특정화는 운송인 또는 운송업자에게 인도한 때 발생한다.

第1379条(양도금지) 계약에 의해 설정한 양도금지는 당사자 사이에서만 효력을 가지며, 적절한 시간적 한계가 포함되지 않거나 당사자 일방의 이익으로서 평가될 수 있는 것에 상응하지 않는 경우에는 유효하지 않다.

第1380条(다수의 용익적 권리 사이의 충돌) ① 연속하는 계약으로 한 사람이 동일한 물건에 대한 상대적 대인적 용익권을 다수의 당사자들에게 양도한 경우에 그 용익권은 처음으로 양도한 사람에게 귀속한다.
② 계약 당사자 중 누구도 용익권을 취득하지 아니한 경우에는 먼저 확정일자 증서를 가진 자가 우선한다.
③ 이전등기의 효력에 관한 규정은 영향을 받지 아니한다.

Sono salve le norme relative agli effetti della trascrizione (2644 e seguenti).

Art. 1381 Promessa dell'obbligazione o del fatto del terzo
Colui che ha promesso l'obbligazione o il fatto di un terzo è tenuto a indennizzare l'altro contraente, se il terzo rifiuta di obbligarsi o non compie il fatto promesso.

SEZIONE II
Della clausola penale e della caparra

Art. 1382 Effetti della clausola penale
La clausola, con cui si conviene che, in caso d'inadempimento o di ritardo nell'adempimento (1218), uno dei contraenti è tenuto a una determinata prestazione, ha l'effetto di limitare il risarcimento alla prestazione promessa, se non è stata convenuta la risarcibilità del danno ulteriore (1223).
La penale è dovuta indipendentemente dalla prova del danno.

Art. 1383 Divieto di cumulo
Il creditore non può domandare insieme la prestazione principale e la penale, se questa non è stata stipulata per il semplice ritardo.

Art. 1384 Riduzione della penale
La penale può essere diminuita equamente dal giudice, se l'obbligazione principale è stata eseguita in parte ovvero se l'ammontare della penale è manifestamente eccessivo, avuto sempre riguardo all'interesse che il creditore aveva all'adempimento (1181, 1526-2, att. 163).

Art. 1385 Caparra confirmatoria
Se al momento della conclusione (1326) del contratto una parte dà all'altra, a titolo di caparra, una somma di danaro o una quantità di altre cose fungibili, la caparra, in caso di adempimento, deve essere restituita o imputata alla prestazione dovuta (1194).
Se la parte che ha dato la caparra è inadempiente (1218), l'altra può recedere dal contratto, ritenendo la caparra; se inadempiente è invece la parte che l'ha ricevuta, l'altra può recedere dal contratto ed esigere il doppio della caparra (1386,1826; att. 164).
Se però la parte che non è inadempiente preferisce domandare l'esecuzione o la risoluzione (1453 e seguenti) del contratto, il risarcimento del danno è regolato

제1381조(제3자에 대한 채무 또는 행위의 약속) 제3자에 대한 채무 또는 제3자에 대한 행위를 약속한 자는 그 제3자가 채무를 부담하는 것을 거부하거나 약속된 행위를 실행하지 않는 경우에 상대방에게 손해배상 책임을 진다.

제2관
위약금약정조항 및 계약금

제1382조(위약금약정조항의 효과) ① 불이행 또는 이행지체의 경우에 계약자의 일방이 일정한 급부를 하기로 합의한 조항은 다른 배상합의가 없는 한 그 약정한 급부에 배상을 한정하는 효과를 갖는다.
② 위약금은 손해의 입증과 관계없이 부담된다.

제1383조(병합의 금지) 채권자는 위약금이 단순한 지체에 대하여 약정된 것이 아닌 경우에는 주된 급부와 위약금을 동시에 청구하지 못한다.

제1384조(위약금의 감액) 위약금은 주된 채무가 일부 이행된 경우 또는 위약금액이 명백히 과다한 경우에는 채권자가 이행에서 얻는 이익을 고려하여 판사에 의해 공평하게 감액될 수 있다.

제1385조(계약보증금) ① 계약체결 당시 당사자의 일방이 상대방에게 계약보증금의 명목으로 일정액의 금전 또는 일정량의 기타 대체물을 제공한 경우에는 계약이 이행된 경우 계약금은 반환되거나 지급해야 할 급부에 충당하여야 한다.
② 계약금을 제공한 당사자가 불이행한 경우에는 상대방은 계약금을 유치하면서 계약을 해약할 수 있고 이에 반하여 불이행한 자가 보증금을 수령한 당사자인 경우에는 상대방은 그 계약을 해약하면서 계약금의 배액을 요구할 수 있다.
③ 그러나 불이행을 하지 않은 당사자가 이행 또는 계약의 해제를 선택한 경우에는 손해의 배상은 일반규정에 의한다.

dalle norme generali (1223 e seguenti; att. 164).

Art. 1386 Caparra penitenziale
Se nel contratto è stipulato il diritto di recesso per una o per entrambe le parti, la caparra ha la sola funzione di corrispettivo del recesso.
In questo caso, il recedente perde la caparra data o deve restituire il doppio di quella che ha ricevuta.

CAPO VI
Della Rappresentanza

Art. 1387 Fonti della rappresentanza
Il potere di rappresentanza è conferito dalla legge (48, 320, 357, 360, 424, 643; Cod. Proc. Civ.78) ovvero dall'interessato.

Art. 1388 Contratto concluso dal rappresentante
Il contratto concluso dal rappresentante in nome e nell'interesse del rappresentato, nei limiti delle facoltà conferitegli (19), produce direttamente effetto nei confronti del rappresentato.

Art. 1389 Capacità del rappresentante e del rappresentato
Quando la rappresentanza è conferita dall'interessato, per la validità del contratto concluso dal rappresentante basta che questi abbia la capacità di intendere e di volere (428,1425), avuto riguardo alla natura e al contenuto del contratto stesso, sempre che sia legalmente capace il rappresentato (1471).
In ogni caso, per la validità del contratto concluso dal rappresentante è necessario che il Contratto non sia vietato al rappresentato.

Art. 1390 Vizi della volontà
Il contratto è annullabile(1427 e seguenti,1441 e seguenti) se è viziata la volontà del rappresentante. Quando però il vizio riguarda elementi predeterminati dal rappresentato, il contratto è annullabile solo se era viziata la volontà di questo.

Art. 1391 Stati soggettivi rilevanti
Nei casi in cui è rilevante lo stato di buona o di mala fede, di scienza o d'ignoranza di determinate circostanze, si ha riguardo alla persona del rappresentante, salvo che si tratti di elementi predeterminati dal rappresentato.
In nessun caso il rappresentato che è in mala fede può giovarsi dello stato

第1386条(해약금) ① 계약에서 당사자 일방 또는 쌍방을 위한 해약권을 약정한 때에 계약금은 해약에 상응하는 기능만을 갖는다.
② 이 경우에 해약한 당사자는 제공한 계약금을 상실하거나 수령한 계약금의 배액을 반환하여야 한다.

제6절
대리

第1387条(대리의 근거) 대리의 권한은 법률 또는 이해관계인에 의하여 수여된다.

第1388条(대리인에 의해 체결된 계약) 대리인에게 수여된 권한의 범위 내에서 본인의 이름과 그의 이익을 위하여 대리인에 의해 체결된 계약은 본인에 대하여 직접적으로 그 효력이 생긴다.

第1389条(대리인 및 본인의 능력) ① 대리권이 이해관계인에 의해 수여된 때에 대리인에 의해 체결된 계약이 유효하기 위해서는 언제든지 본인이 적법한 행위능력이 있음을 조건으로 당해 계약의 성질 및 내용에 대한 의사능력을 갖추고 있는 것으로 족하다.
② 이 모든 경우에 대리인에 의해 체결된 계약이 유효하기 위해서는 본인에게 금지된 것이 아닐것을 요한다

第1390条(의사의 하자) 계약은 대리인의 의사에 하자가 있는 경우에는 취소할 수 있다(第1427-1441条). 그러나 하자가 본인에 의해 미리 지정된 중요한 요소에 관한 것이면 계약은 단지 본인의 의사에 하자가 있는 경우에 만 취소할 수 있다.

第1391条(고려되어야 할 주체적 상태) ① 사안에서 선의 또는 악의, 특정 상황을 알았거나 몰랐던 상태가 중요한 경우에는 대리인에 대하여 고려한다. 단 본인에 의해 미리 정해진 요소에 관한 때에는 그러하지 아니하다.
② 어떠한 경우라도 악의의 본인은 대리인의 부지 또는 선의를 이용할 수 없다.

d'ignoranza o di buona fede del rappresentante.

Art. 1392 Forma della procura

La procura non ha effetto se non è conferita con le forme prescritte per il contratto che il rappresentante deve concludere (1350 e seguenti, 1396 e seguenti).

Art. 1393 Giustificazione dei poteri del rappresentante

Il terzo che contratta col rappresentante può sempre esigere che questi giustifichi i suoi poteri e, se la rappresentanza risulta da un atto scritto, che gliene dia una copia da lui firmata.

Art. 1394 Conflitto d'interessi

Il contratto concluso dal rappresentante in conflitto d'interessi col rappresentato può essere annullato (1441 e seguenti) su domanda del rappresentato, se il conflitto era conosciuto o riconoscibile dal terzo.

Art. 1395 Contratto con se stesso

E' annullabile (1471 e seguenti) il contratto che il rappresentante conclude con se stesso, in proprio o come rappresentante di un'altra parte, a meno che il rappresentato lo abbia autorizzato specificatamente ovvero il contenuto del contratto sia determinato in modo da escludere la possibilità di conflitto d'interessi (1735).

L'impugnazione può essere proposta soltanto dal rappresentato (1471).

Art. 1396 Modificazione ed estinzione della procura

Le modificazioni e la revoca della procura devono essere portate a conoscenza dei terzi con mezzi idonei. In mancanza, esse non sono opponibili ai terzi, se non si prova che questi le conoscevano al momento della conclusione del contratto (19, 2266).

Le altre cause di estinzione del potere di rappresentanza conferito dall'interessato (1722 e seguenti) non sono opponibili ai terzi che le hanno senza colpa ignorate.

Art. 1397 Restituzione del documento della rappresentanza

Il rappresentante e tenuto a restituire il documento dal quale risultano i suoi poteri, quando questi sono cessati.

제1392조(수권행위의 방식) 수권행위는 대리인이 체결하여야 할 계약 소정의 방식으로 부여된 경우가 아니면 그 효과가 없다.

제1393조(대리권한의 입증) 대리인과 계약하는 제3자는 언제나 대리권한의 입증을 요구할 수 있고 그 대리권한이 서면에 의한 경우에는 대리인이 서명한 사본을 제출할 것을 요구할 수 있다.

제1394조(이해 충돌) 대리인에 의해 체결된 본인과 이해가 충돌되는 계약은 그 이해충돌에 대하여 제3자가 알았거나 알 수 있었던 경우에는 본인의 청구에 의해 취소될 수 있다.

제1395조(자기 계약) ① 대리인이 자기 자신의 사항에 대하여 또는 다른 당사자의 대리인으로서 자기가 체결한 계약은 본인이 이것을 특히 허용하거나 계약내용이 이해충돌이 배제되는 경우가 아닌 한 취소할 수 있다.
② 취소는 본인만 제기할 수 있다.

제1396조(대리권의 변경 및 소멸) ① 대리권의 변경 및 철회는 동일한 방법으로 제3자가 알 수 있도록 해야 한다. 그렇지 않으면 그 변경 및 철회는 제3자가 계약을 체결할 때 이것을 알고 있었다는 것이 입증되지 않는 한 제3자에게 대항할 수 없다.
② 이해관계인에 의해 수여된 대리권 소멸에 관한 그 밖의 원인들은 과실 없이 이것을 몰랐던 제3자에게는 대항하지 못한다.

제1397조(대리증서의 반환) 대리인은 대리권한이 소멸한 때에는 그 권한의 유래가 된 문서를 반환하여야 한다.

Art. 1398 Rappresentanza senza potere
Colui che ha contrattato come rappresentante senza averne i poteri o eccedendo i limiti delle facoltà conferitegli, è responsabile del danno che il terzo contraente ha sofferto per avere confidato senza sua colpa nella validità del contratto (1338, 1890, 2822).

Art. 1399 Ratifica
Nell'ipotesi prevista dall'articolo precedente, il contratto può essere ratificato dall'interessato, con l'osservanza delle forme prescritte per la conclusione di esso (1350, 2725).
La ratifica ha effetto retroattivo, ma sono salvi i diritti dei terzi.
Il terzo è colui che ha contrattato come rappresentante possono d'accordo sciogliere il contratto prima della ratifica.
Il terzo contraente può invitare l'interessato a pronunziarsi sulla ratifica assegnandogli un termine, scaduto il quale, nel silenzio, la ratifica s'intende negata (1712).
La facoltà di ratifica si trasmette agli eredi (588).

Art. 1400 Speciali forme di rappresentanza
Le speciali forme di rappresentanza nelle imprese agricole e commerciali sono regolate dal libro V (2138, 2150, 2203 e seguenti).

CAPO VII
Del contratto per persona da nominare

Art. 1401 Riserva di nomina del contraente
Nel momento della conclusione del contratto (1326) una parte può riservarsi la facoltà di nominare successivamente la persona che deve acquistare i diritti e assumere gli obblighi nascenti dal contratto stesso.

Art. 1402 Termine e modalità della dichiarazione di nomina
La dichiarazione di nomina deve essere comunicata all'altra parte nel termine di tre giorni dalla stipulazione del contratto, se le parti non hanno stabilito un termine diverso.
La dichiarazione non ha effetto se non è accompagnata dall'accettazione della persona nominata o se non esiste una procura anteriore al contratto.

Art. 1403 Forme e pubblicità

제1398조(무권대리) 대리인 권한 없이 또는 부여된 권한의 한계를 초과하여 계약을 한 경우는 제3자인 계약자가 과실 없이 계약의 유효를 믿음으로써 받은 손해에 대해 책임을 진다.

제1399조(추인) ① 전 조의 경우에 그 계약체결에 관한 소정의 방식에 따라서 이해관계인에 의하여 추인될 수 있다.
② 추인은 소급적 효력을 가지지만, 제3자의 권리를 해할 수 없다.
③ 제3자 및 대리인으로서 계약한 자는 추인 전에 합의로 계약을 해소할 수 있다.
④ 제3자인 계약 당사자는 이해관계인에게 일정한 기한을 정하여 추인에 대한 의사를 표시할 것을 최고할 수 있고, 이 기한이 경과하였는데도 회답이 없는 경우에는 추인을 거절한 것으로 본다.
⑤ 추인의 권한은 상속인에게 이전된다.

제1400조(대리의 특별한 방식) 농업회사 및 상업회사에서의 대리의 특별한 방식은 제5편의 규정에 의한다.

제7절
지명된 자를 위한 계약

제1401조(계약자 명의의 유보) 계약체결 시에 당사자는 당해 계약으로부터 발생하는 권리를 취득하고 의무를 부담하여야 할 자를 이후에 지명할 권한을 유보할 수 있다.

제1402조(지명표시의 기한 및 태양) ① 당사자가 별도의 기간을 정하지 않은 경우에는 지명의 표시는 계약의 성립일로부터 3일 이내에 상대방에게 통지해야 한다.
② 이 표시는 지명된 자의 승인이 없거나 그 계약에 선행하는 대리권한이 없는 경우에는 효력이 없다.

제1403조(방식 및 공시) ① 지명의 표시 및 수권행위 또는 지명된 자의 승인은 비록 법

La dichiarazione di nomina e la procura o l'accettazione della persona nominata non hanno effetto (2725) se non rivestono la stessa forma che le parti hanno usata per il contratto, anche se non prescritta dalla legge.
Se per il contratto è richiesta a determinati effetti una forma di pubblicità (2643 e seguenti), deve agli stessi effetti essere resa pubblica anche la dichiarazione di nomina, con l'indicazione dell'atto di procura o dell'accettazione della persona nominata.

Art. 1404 Effetti della dichiarazione di nomina
Quando la dichiarazione di nomina è stata validamente fatta, la persona nominata acquista i diritti e assume gli obblighi derivanti dal contratto con effetto dal momento in cui questo fu stipulato.

Art. 1405 Effetti della mancata dichiarazione di nomina
Se la dichiarazione di nomina non è fatta validamente nel termine stabilito dalla legge o dalle parti, il contratto produce i suoi effetti tra i contraenti originari (1762).

CAPO VIII
Della cessione del contratto

Art. 1406 Nozione
Ciascuna parte può sostituire a se un terzo nei rapporti derivanti da un contratto con prestazioni corrispettive, se queste non sono state ancora eseguite, purché l'altra parte vi consenta.

Art. 1407 Forma
Se una parte ha consentito preventivamente che l'altra sostituisca a se un terzo nei rapporti derivanti dal contratto, la sostituzione è efficace nei suoi confronti dal momento in cui le è stata notificata (Cod. Proc. Civ. 137) o in cui essa l'ha accettata (1264).
Se tutti gli elementi del contratto risultano da un documento nel quale è inserita la clausola "all'ordine" o altra equivalente, la girata (2009) del documento produce la sostituzione del giratario nella posizione del girante.

Art. 1408 Rapporti fra contraente ceduto e cedente
Il cedente è liberato dalle sue obbligazioni verso il contraente ceduto dal momento in cui la sostituzione diviene efficace nei confronti di questo.

률에 규정이 없더라도 당사자가 그 계약에서 사용한 것과 동일한 방식을 갖추지 않는 경우에는 효력이 없다.
② 계약의 특정한 효과를 위하여 일정한 공시방식이 요구된 경우에는 동일한 효과를 위하여 지명의 표시도 수권행위 또는 지명된 자의 승인의 지시와 함께 공시되어야 한다.

제1404조(지명표시의 효과) 지명의 표시가 유효하게 행해진 때에는 지명된 자는 계약체결 시부터 발생하는 계약상의 권리를 취득하고 의무를 부담한다.

제1405조(지명표시가 없는 경우의 효과) 지명의 표시가 법률 또는 당사자에 의해 정해진 기간 내에 유효하게 행하여지지 않은 경우에는 계약은 본래의 계약자 사이에서 효과를 발생한다.

제8절
계약의 양도

제1406조(개념) 각 당사자는 대가가 아직 이행되지 않은 경우에 상대방이 이에 동의하는 한 대가적 급부를 갖는 계약으로부터 발생하는 법률관계에 자기 대신 제3자를 교체시킬 수 있다.

제1407조(방식) ① 당사자의 일방이 계약으로부터 생기는 법률관계에 자기를 대신하여 제3자를 교체시키는 것에 미리 타방 당사자가 동의한 경우에는 그 교체는 교체의 통지를 받거나 교체를 승인한 때로부터 그에 대한 관계에서 유효하다.
② 계약의 모든 요소가 지도약관 또는 이에 준하는 약관이 상입된 문서에서 유래된 경우에는 그 문서의 배서는 배서인의 지위에서 피배서인의 교체를 발생한다.

제1408조(피양도인과 양도인 사이의 관계) ① 교체가 피양도인(계약상대방)과의 관계에서 유효하게 된 때로부터 양도인은 피양도인과의 계약상 채무관계에서 면제된다.
② 그러나 피양도인이 양도인을 면제시키지 않겠다는 표시를 한 경우에 양수인이 그가

Tuttavia il contraente ceduto, se ha dichiarato di non liberare il cedente, può agire contro di lui qualora il cessionario non adempia (1218) le obbligazioni assunte.
Nel caso previsto dal comma precedente, il contraente ceduto deve dare notizia al cedente dell'inadempimento del cessionario, entro quindici giorni da quello in cui l'inadempimento si è verificato; in mancanza è tenuto al risarcimento del danno (1223).

Art. 1409 Rapporti fra contraente ceduto e cessionario
Il contraente ceduto può opporre al cessionario tutte le eccezioni derivanti dal contratto, ma non quelle fondate su altri rapporti col cedente, salvo che ne abbia fatto espressa riserva al momento in cui ha consentito alla sostituzione.

Art. 1410 Rapporti fra cedente e cessionario
Il cedente è tenuto a garantire la validità del contratto (1325, 1266).
Se il cedente assume la garanzia dell'adempimento del contratto, egli risponde come un fideiussore per le obbligazioni del contraente ceduto (1936, 1942, 1944 e seguenti).

CAPO IX
Del contratto a favore di terzi

Art. 1411 Contratto a favore di terzi
E' valida la stipulazione a favore di un terzo (1875, 1920), qualora lo stipulante vi abbia interesse (1174).
Salvo patto contrario, il terzo acquista il diritto contro il promittente per effetto della stipulazione.
Questa però può essere revocata o modificata dallo stipulante, finché il terzo non abbia dichiarato, anche in confronto del promittente, di volerne profittare (1920 e seguenti).
In caso di revoca della stipulazione o di rifiuto del terzo di profittarne, la prestazione rimane a beneficio dello stipulante, salvo che diversamente risulti dalla volontà delle parti o dalla natura del contratto.

Art. 1412 Prestazione al terzo dopo la morte dello stipulante
Se la prestazione deve essere fatta al terzo dopo la morte dello stipulante, questi può revocare il beneficio anche con una disposizione testamentaria (587) e quantunque il terzo abbia dichiarato di volerne profittare, salvo che, in

부담한 채무관계를 이행하지 않는 때에는 양도인을 상대로 소송을 제기할 수 있다.
③ 전 항의 경우에 피양도인은 불이행이 발생한 날로부터 15일 이내에 양수인의 불이행을 양도인에게 통지할 것을 요하고 통지하지 않은 경우에는 손해배상책임을 진다.

제1409조(피양도인과 양수인 사이의 관계) 피양도인은 양도인과의 계약에서 발생하는 모든 항변을 양수인에게 대항할 수 있지만, 양도인과의 다른 관계에 기초한 항변으로는 대항할 수 없다. 단 교체에 동의한 때에 이에 대한 유보의 표시를 한 때에는 그러하지 아니하다.

제1410조(양도인과 양수인 사이의 관계) ① 양도인은 계약의 유효를 담보해야 할 책임이 있다.
② 양도인이 계약의 이행을 담보한 경우에는 피양도인과의 계약상 채무에 대하여 보증인으로서의 책임을 진다.

제9절
제3자를 위한 계약

제1411조(제3자를 위한 계약) ① 제3자를 위한 특약은 요약자가 이것에 이익을 가지는 때는 유효하다.
② 반대의 약정이 있는 경우를 제외하고 제3자는 그 특약의 효과에 의해 낙약자에 대한 권리를 취득한다.
③ 그러나 이 특약은 제3자가 낙약자에게도 이것으로부터 이익을 받고자 하는 의사를 표시하지 않는 동안에는 철회 또는 변경될 수 있다.
④ 특약의 철회 또는 제3자가 이로부터 이익을 얻는 것을 거절한 경우에는 급부는 요약자의 이익을 위하여 존속한다. 단, 당사자의 의사 또는 계약의 성질상 이와 다른 결과가 생기는 경우에는 그러하지 아니하다.

제1412조(요약자의 사망 후 제3자에 대한 급부) ① 급부가 요약자의 사망 후에 제3자에게 행하여져야 하는 경우에는 요약자는 제3자가 수익의 의사표시를 한 경우에도 유언으로 그 이익을 철회할 수 있다. 다만 요약자가 서면으로 철회권을 포기한 경우에는 그러하지 아니하다.

quest'ultimo caso, lo stipulante abbia rinunciato per iscritto al potere di revoca (1921).
La prestazione deve essere eseguita a favore degli eredi del terzo se questi premuore allo stipulante, purché il beneficio non sia stato revocato o lo stipulante non abbia disposto diversamente.

Art. 1413 Eccezioni opponibili dal promittente al terzo
Il promittente può opporre al terzo le eccezioni fondate sul contratto dal quale il terzo deriva il suo diritto, ma non quelle fondate su altri rapporti tra promittente e stipulante.

CAPO X
Della simulazione

Art. 1414 Effetti della simulazione tra le parti
Il contratto simulato non produce effetto tra le parti.
Se le parti hanno voluto concludere un contratto diverso da quello apparente, ha effetto tra esse il contratto dissimulato, purché ne sussistano i requisiti di sostanza e di forma.
Le precedenti disposizioni si applicano anche agli atti unilaterali destinati a una persona determinata, che siano simulati per accordo tra il dichiarante e il destinatario (164).

Art. 1415 Effetti della simulazione rispetto ai terzi
La simulazione (164) non può essere opposta né dalle parti contraenti, né dagli aventi causa o dai creditori del simulato alienante, ai terzi che in buona fede (1147) hanno acquistato diritti dal titolare apparente, salvi gli effetti della trascrizione della domanda di simulazione (2652).
I terzi possono far valere la simulazione in confronto delle parti, quando essa pregiudica i loro diritti (1372, 1417).

Art. 1416 Rapporti con i creditori
La simulazione non può essere opposta dai contraenti ai creditori del titolare apparente che in buona fede hanno compiuto atti di esecuzione sui beni che furono oggetto del contratto simulato (2910 e seguenti).
I creditori del simulato alienante possono far valere la simulazione che pregiudica i loro diritti, e, nel conflitto con i creditori chirografari del simulato acquirente, sono preferiti a questi, se il loro credito è anteriore (2704) all'atto

② 급부는 제3자가 요약자보다 먼저 사망한 경우에는 그 이익이 철회되지 않거나 요약자가 별단의 처분을 하지 아니한 경우에는 제3자의 상속인을 위하여 이행되어야 한다.

제1413조(낙약자의 제3자에 대한 항변) 낙약자는 제3자에 대하여 그 제3자의 권리가 유래한 계약에 근거한 항변으로 대항할 수 있지만 요약자와 낙약자 사이의 다른 관계에 근거한 항변으로는 대항할 수 없다.

제10절
가장행위

제1414조(당사자 사이에서의 가장행위의 효과) ① 가장된 계약은 당사자 사이에는 효력이 생기지 아니한다.
② 당사자가 그 외관과 다른 계약을 체결하고자 하는 경우에 진정한 계약(은닉계약)이 그 본질적인 요건과 방식상의 요건을 갖추고 있으면 이들 사이에서는 효력을 가진다.
③ 전 2항의 규정은 상대방 있는 단독행위에도 표의자와 상대방이 가장으로 요해(了解)한 경우에는 적용된다.

제1415조(제3자에 대한 가장행위의 효과) ① 가장행위는 당사자 또는 그 권리의 승계인 또는 가장양도인의의 채권자는 외관상 명의인으로부터 권리를 취득한 선의 제3자에게 대항할 수 없다. 단, 가장행위로 하게 된 등기의 효과를 방해하지 않는다.
② 제3자는 가장행위로 자신의 권리가 침해받은 때에는 당사자에 대하여 가장행위를 주장할 수 있다.

제1416조(채권자와의 관계) ① 가장계약 당사자는 선의로 가장계약의 목적물이 된 재물에 집행행위를 한 가장명의인의 채권자에게 가장행위를 주장할 수 없다.
② 가장양도인의 채권자는 그 권리를 해하는 가장행위를 주장할 수 있으며 또한 가장양수인의 무담보채권자와의 대항관계에서는 전자(가장양도인의 채권)가 가장행위에 선행한 경우에는 무담보채권에 우선한다.

simulato.

Art. 1417 Prova della simulazione

La prova per testimoni (2721 e seguenti) della simulazione è ammissibile senza limiti (164), se la domanda e proposta da creditori o da terzi e, qualora sia diretta a far valer l'illiceità del contratto dissimulato (1343 e seguenti, 1354), anche se è proposta dalle parti (164).

CAPO XI
Della nullità del contratto

Art. 1418 Cause di nullità del contratto

Il contratto è nullo quando è contrario a norme imperative, salvo che la legge disponga diversamente.

Producono nullità del contratto la mancanza di uno dei requisiti indicati dall'art. 1325, l'illiceità della causa (1343), l'illiceità dei motivi nel caso indicato dall'art. 1345 e la mancanzanell'oggetto dei requisiti stabiliti dall'art. 1346.

Il contratto è altresì nullo negli altri casi stabiliti dalla legge (190, 226, 458, 778 e seguente, 780 e seguente, 788, 794, 1261, 1344 e seguente, 1350, 1471, 1472, 1895, 1904, 1972).

Art. 1419 Nullità parziale

La nullità parziale di un contratto o la nullità di singole clausole importa la nullità dell'intero contratto, se risulta che i contraenti non lo avrebbero concluso senza quella parte del suo contenuto che è colpita dalla nullità.

La nullità di singole clausole non importa la nullità del contratto, quando le clausole nulle sono sostituite di diritto da norme imperative (1339, 1354, 1500 e seguente, 1679, 1815, 1932, 2066, 2077, 2115).

Art. 1420 Nullità nel contratto plurilaterale

Nei contratti con più di due parti, in cui le prestazioni di ciascuna sono dirette al conseguimento di uno scopo comune, la nullità che colpisce il vincolo di una sola delle parti non importa nullità del contratto, salvo che la partecipazione di essa debba, secondo le circostanze, considerarsi essenziale.

Art. 1421 Legittimazione all'azione di nullità

Salvo diverse disposizioni di legge, la nullità può essere fatta valere da chiunque vi ha interesse e può essere rilevata d'ufficio dal giudice.

제1417조(가장행위의 입증) 증인에 의한 가장행위의 입증은 채권자 또는 제3자가 청구하고 은닉계약의 불법성을 주장하려는 것일 때에는 비록 당사자에 의해 청구된 경우에도 제한없이 인정된다.

제11절
계약의 무효

제1418조(계약의 무효원인) ① 계약은 강행규정에 위반하면 무효다. 단, 법률에 다른 규정이 있는 경우에는 그러하지 아니하다.
② 제1325조의 요건 중 하나가 흠결되거나, 원인의 불법, 제1345조에 규정된 동기의 불법 및 제1346조 소정의 목적이 흠결된 계약은 무효다.
③ 계약은 법률에서 정한 기타의 경우(190, 226, 458, 778 이하, 780 이하, 788, 794, 1261, 1344 이하, 1350, 1471, 1472, 1895, 1904, 1972)에도 무효다.

제1419조(일부무효) ① 계약의 일부 또는 개별조항의 무효는 계약자가 무효로 된 부분이 없다면 계약을 체결하지 않았을 경우에는 전체 계약을 무효로 한다.
② 개별조항의 무효는 그 무효조항이 법률상 당연히 강행규정으로 대체된 경우에는 계약의 무효를 수반하지 아니한다.

제1420조(다수 당사자 계약의 무효) 당사자가 다수이고 각 급부가 공동이 목저을 달성하는 경우에 당사자 중 1인의 계약적 구속에만 영향을 주는 무효는 계약의 무효를 수반하지 않는다. 다만 이 당사자의 참가가 필수적이라고 여겨지는 사정이 있는 경우에는 그러하지 아니하다.

제1421조(무효소권의 적격성) 법률에 달리 규정된 경우를 제외하고, 무효는 누구든지 이해관계를 가진 자는 주장할 수 있고 판사에 의해 직권으로 채택될 수도 있다.

Art. 1422 Imprescrittibilità dell'azione di nullità
L'azione per far dichiarare la nullità non è soggetta a prescrizione, salvi gli effetti dell'usucapione (1158 e seguenti) e della prescrizione delle azioni di ripetizione (2934 e seguenti).

Art. 1423 Inammissibilità della convalida
Il contratto nullo non può essere convalidato (1444), se la legge non dispone diversamente (799).

Art. 1424 Conversione del contratto nullo
Il contratto nullo può produrre gli effetti di un contratto diverso, del quale contenga i requisiti di sostanza e di forma, qualora, avuto riguardo allo scopo perseguito dalle parti, debba ritenersi che esse lo avrebbero voluto se avessero conosciuto la nullità (1367).

CAPO XII
Dell'annullabilità del contratto

SEZIONE I
Dell'incapacità

Art. 1425 Incapacità delle parti
Il contratto è annullabile se una delle parti era legalmente incapace di contrattare (1441 e seguenti).
E' parimenti annullabile, quando ricorrono le condizioni stabilite dall'art. 428, il contrattostipulato da persona incapace d'intendere o di volere (1191, 1934 e seguente).

Art. 1426 Raggiri usati dal minore
Il contratto non è annullabile, se il minore ha con raggiri occultato la sua minore età (2); ma la semplice dichiarazione da lui fatta di essere maggiorenne non è di ostacolo all'impugnazione del contratto.

SEZIONE II
Dei vizi del consenso

Art. 1427 Errore, violenza e dolo
Il contraente, il cui consenso fu dato per errore (1428 e seguenti), estorto con

제1422조(소멸시효대상이 아닌 무효소권) 무효의 선언을 청구할 수 있는 소권은 시효에 걸리지 아니한다. 다만, 취득시효 및 반환청구 소권의 소멸시효의 효력에는 영향을 주지 아니한다.

제1423조(추인의 불허) 무효인 계약은 법률에 다른 규정이 없는 한 추인될 수 없다.

제1424조(무효계약의 전환) 무효인 계약은 당사자에 의해 추구된 목적을 고려했을 때 당사자가 그 무효를 알았더라면 다른 계약을 의욕하였으리라고 여겨지는 때에는 실질과 방식의 요건을 구비한 그 다른 계약의 효력을 발생시킬 수 있다.

제12절
계약의 취소

제1관
무능력

제1425조(당사자의 무능력) ① 계약은 당사자의 일방이 법적 무능력자인 경우에는 취소할 수 있다.
② 마찬가지로 제428조에서 규정된 조건들이 발생한 때에 의도 또는 의욕할 수 없는 자에 의해서 체결된 계약은 취소할 수 있다.

제1426조(미성년자가 사용한 사술) 계약은 미성년자가 사술에 의하여 그 미성년자임을 은폐한 경우에는 취소할 수 없다. 그러나, 성년에 달하였다는 미성년자의 단순한 선언은 계약에 대한 취소를 방해하지 아니한다.

제2관
동의의 하자

제1427조(착오, 강박과 사기) 동의가 착오에 의해 주어지거나, 강박에 의해 강요되거나, 사기로 편취당한 계약 당사자는 다음 규정에 따라 취소를 주장할 수 있다.

violenza (1434 e seguenti) o carpito con dolo, può chiedere l'annullamento del contratto (1439 e seguenti) secondo le disposizioni seguenti (122, 624).

Art. 1428 Rilevanza dell'errore
L'errore è causa di annullamento del contratto quando è essenziale ed è riconoscibile dall'altro contraente.

Art. 1429 Errore essenziale
L'errore è essenziale:
1) quando cade sulla natura o sull'oggetto del contratto;
2) quando cade sull'identità dell'oggetto della prestazione ovvero sopra una qualità dello stesso che, secondo il comune apprezzamento o in relazione alle circostanze, deve ritenersi determinante del consenso;
3) quando cade sull'identità o sulle qualità della persona dell'altro contraente, sempre che l'una o le altre siano state determinanti del consenso (122);
4) quando, trattandosi di errore di diritto, è stato la ragione unica o principale del contratto (1969).

Art. 1430 Errore di calcolo
L'errore di calcolo non dà luogo ad annullamento del contratto, ma solo a rettifica, tranne che, concretandosi in errore sulla quantità, sia stato determinante del consenso.

Art. 1431 Errore riconoscibile
L'errore si considera riconoscibile quando, in relazione al contenuto, alle circostanze del contratto ovvero alla qualità dei contraenti, una persona di normale diligenza (1176) avrebbe potuto rilevarlo.

Art. 1432 Mantenimento del contratto rettificato
La parte in errore non può domandare l'annullamento del contratto se, prima che ad essa possa derivarne pregiudizio, l'altra offre di eseguirlo in modo conforme al contenuto e alle modalità del contratto che quella intendeva concludere.

Art. 1433 Errore nella dichiarazione o nella sua trasmissione
Le disposizioni degli articoli precedenti si applicano anche al caso in cui l'errore cade sulla dichiarazione, o in cui la dichiarazione è stata inesattamente trasmessa dalla persona o dall'ufficio che ne era stato incaricato (2706).

제1428조(착오의 중요성) 착오는 본질적이고 타방 당사자가 인식할 수 있을 때에 계약의 취소원인이 된다.

제1429조(본질적 착오) 본질적인 착오는 다음과 같다.
1) 계약의 성질 또는 목적에 관한 때
2) 급부 목적의 동일성 또는 공통적인 평가나 주위사정에 의해 동의의 결정적 요인으로서 인정되어야 할 목적의 성질에 관한 때
3) 계약자가 동의의 결정적 요인이 되었던 다른 계약 당사자의 동일성이나 성질에 관한 때
4) 법률의 착오에서 그것이 계약의 유일하거나 주요한 근거가 된 때.

제1430조(계산의 착오) 계산의 착오는 계약의 취소를 생기게 하지 않고 양에 관한 착오로 구체화되어 결정적으로 동의를 하게 된 경우를 제외하고는 수정할 수 있을 뿐이다.

제1431조(인식할 수 있는 착오) 착오는 계약의 내용, 주위의 사정 또는 계약 당사자의 성질 등에 관하여 통상적인 주의을 기울이면 이를 알 수 있었을 경우에는 인식할 수 있는 것으로 본다.

제1432조(수정된 계약의 유지) 착오에 빠진 자가 손해가 발생하기 전에 다른 당사자가 착오자가 체결하고자 의도했었던 계약의 내용과 방식에 일치하는 계약을 이행하겠다는 것을 제의한 경우에는 취소할 수 없다.

제1433조(표시 또는 전달의 착오) 전 조 규정들은 착오가 표시에 관하여 또는 담당자나 담당 관청에 의해 부정확하게 전달된 경우에도 적용된다.

Art. 1434 Violenza

La violenza è causa di annullamento del contratto, anche se esercitata da un terzo.

Art. 1435 Caratteri della violenza

La violenza deve essere di tal natura da far impressione sopra una persona sensata è da farle temere di esporre se o i suoi beni a un male ingiusto è notevole. Si ha riguardo, in questa materia, all'età, al sesso e alla condizione delle persone.

Art. 1436 Violenza diretta contro terzi

La violenza è causa di annullamento del contratto anche quando il male minacciato riguarda la persona o i beni del coniuge del contraente o di un discendente o ascendente di lui.

Se il male minacciato riguarda altre persone, l'annullamento del contratto è rimesso alla prudente valutazione delle circostanze da parte del giudice.

Art. 1437 Timore riverenziale

Il solo timore riverenziale non è causa di annullamento del contratto.

Art. 1438 Minaccia di far valere un diritto

La minaccia di far valere un diritto può essere causa di annullamento del contratto solo quando è diretta a conseguire vantaggi ingiusti.

Art. 1439 Dolo

Il dolo è causa di annullamento del contratto quando i raggiri usati da uno dei contraenti sono stati tali che, senza di essi, l'altra parte non avrebbe contrattato.

Quando i raggiri sono stati usati da un terzo, il contratto è annullabile se essi erano noti al contraente che ne ha tratto vantaggio.

Art. 1440 Dolo incidente

Se i raggiri non sono stati tali da determinare il consenso, il contratto è valido, benché senza di essi sarebbe stato concluso a condizioni diverse; ma il contraente in mala fede risponde dei danni (2056).

제1434조(강박) 강박은 제3자에 의해 실행된 경우에도 계약의 취소원인이 된다.

제1435조(강박의 성질) 강박은 통상인(이성인)에게 그 자신 또는 그의 재산이 현저한 해악에 놓이게 될 것이라는 공포감를 갖도록 하는 성질을 가지고 있어야 한다. 여기에는 그 사람의 연령, 성별 그리고 조건이 고려된다.

제1436조(제3자에 대한 강박) ① 강박이 계약 당사자의 배우자나 그의 존속 내지는 비속의 인신 또는 재산에 관한 해악인 경우에도 취소원인이 된다.
② 해악이 위 이외의 사람에 대한 경우에는 계약의 취소는 주위 사정을 신중하게 판단한 판사에 의한다.

제1437조(외경) 단순한 외경은 계약의 취소원인이 아니다.

제1438조(권리를 주장하겠다는 위협) 권리를 주장하겠다는 위협은 부정한 이익을 취득하려는 것에 향해진 때에만 계약의 취소원인이 될 수 있다.

제1439조(사기) ① 사기는 계약 당사자 일방에 의한 기망행위가 없었다면 상대방이 계약을 체결하지 아니하였을 것인 때 계약의 취소원인이 된다.
② 기망행위가 제3자에 의한 경우에, 이 기망행위로 이익을 얻는 계약자가 이를 알고 있었던 때에는 계약은 취소할 수 있다.

제1440조(부수적 사기) 기망행위가 동의를 결정할 정도가 아닌 경우에는 비록 이러한 기망행위가 없었다면 다른 조건으로 체결되었을지라도 계약은 유효하다. 그러나, 이악의 당사자는 이로 인한 손해배상 책임을 진다.

SEZIONE III
Dell'azione di annullamento

Art. 1441 Legittimazione
L'annullamento del contratto può essere domandato solo dalla parte nel cui interesse è stabilito dalla legge.
L'incapacità del condannato (Cod. Pen. 32) in istato di interdizione legale può essere fatta valere da chiunque vi ha interesse.

Art. 1442 Prescrizione
L'azione di annullamento si prescrive (2962) in cinque anni (428, 761, 775).
Quando l'annullabilità dipende da vizio del consenso o da incapacità legale (1425 e seguenti), il termine decorre dal giorno in cui è cessata la violenza, è stato scoperto l'errore o il dolo, è cessato lo stato d'interdizione o d'inabilitazione (429), ovvero il minore ha raggiunto la maggiore età (2).
Negli altri casi il termine decorre dal giorno della conclusione del contratto (428, 775, 1326).
L'annullabilità può essere opposta dalla parte convenuta per l'esecuzione del contratto, anche se è prescritta l'azione per farla valere.

Art. 1443 Ripetizione contro il contraente incapace
Se il contratto è annullato per incapacità (1425) di uno dei contraenti, questi non è tenuto a restituire all'altro la prestazione ricevuta se non nei limiti in cui è stata rivolta a suo vantaggio (1190, 2039 e seguenti).

Art. 1444 Convalida
Il contratto annullabile può essere convalidato dal contraente al quale spetta l'azione di annullamento, mediante un atto che contenga la menzione del contratto e del motivo di annullabilità, e la dichiarazione che s'intende convalidarlo.
Il contratto è pure convalidato, se il contraente al quale spettava l'azione di annullamento vi ha dato volontariamente esecuzione conoscendo il motivo di annullabilità.
La convalida non ha effetto, se chi l'esegue non è in condizione di concludere validamente il contratto (1423,1451).

Art. 1445 Effetti dell'annullamento nei confronti dei terzi
L'annullamento che non dipende da incapacità legale non pregiudica i diritti

제3관
취소의 소권

제1441조(적격성) ① 계약의 취소는 법률에 의해 정해진 이해관계가 있는 당사자만이 청구할 수 있다.
② 금치산 선고를 받은 자의 무능력은 이해관계가 있는 자라면 누구라도 주장할 수 있다.

제1442조(소멸시효) ① 취소의 소권은 5년의 시효로 소멸한다.
② 취소가 동의의 하자 또는 법률상의 무능력에 관계된 때에는 강박이 중지되거나, 착오 또는 사기가 발견되거나, 금치산 또는 준금치산자의 상태가 종료되거나, 미성년자가 성년에 달한 날로부터 기간이 진행된다.
③ 기타의 경우에는 계약이 체결된 날로부터 기간이 진행한다.
④ 취소를 주장할 수 있는 소권이 시효로 소멸되었더라도 계약이행의 피고가 된 당사자에 의해 항변으로 주장될 수 있다.

제1443조(무능력자인 계약 당사자의 반환) 당사자 중 일방의 무능력을 이유로 계약이 취소된 때에 무능력자인 당사자는 수령한 급부 중 자기의 이익으로 돌린 한도 내에서 상대방에게 반환할 의무가 있다.

제1444조(추인) ① 취소할 수 있는 계약은 취소소권이 귀속하는 당사자에 의해 계약과 취소의 원인을 언급하고 추인하고자 하는 의사가 표시된 증서에 의하여 추인할 수 있다.
② 취소의 소를 제기할 수 있는 계약 당사자가 취소원인을 알면서도 임의로 이행한 경우에도 계약은 추인된 것으로 본다.
③ 추인을 한 자가 유효하게 계약을 체결할 수 있는 상태에 있지 않으면 추인은 효력이 없다.

제1445조(제3자에 대한 취소의 효과) 법률상 무능력에 근거하지 않는 취소는 선의의 제3자가 유상으로 취득한 권리를 해하지 못한다. 다만, 취소청구의 등기의 효력은 제외

acquistati a titolo oneroso dai terzi di buona fede, salvi gli effetti della trascrizione della domanda di annullamento (23, 25, 2377, 2652, 2824; att. 165).

Art. 1446 Annullabilità nel contratto plurilaterale
Nei contratti indicati dall'art. 1420 l'annullabilità che riguarda il vincolo di una sola delle parti non importa annullamento del contratto, salvo che la partecipazione di questa debba, secondo le circostanze, considerarsi essenziale.

CAPO XIII
Della rescissione del contratto

Art. 1447 Contratto concluso in istato di pericolo
Il contratto con cui una parte ha assunto obbligazioni a condizioni inique, per la necessità, nota alla controparte, di salvare sé o altri dal pericolo attuale di un danno grave alla persona (2045), può essere rescisso sulla domanda della parte che si è obbligata.
Il giudice nel pronunciare la rescissione, può, secondo le circostanze, assegnare un equo compenso all'altra parte per l'opera prestata.

Art. 1448 Azione generale di rescissione per lesione
Se vi è sproporzione tra la prestazione (att.166) di una parte e quella dell'altra, e la sproporzione è dipesa dallo stato di bisogno di una parte, del quale l'altra ha approfittato per trarne vantaggio, la parte danneggiata può domandare la rescissione del contratto.
L'azione non è ammissibile se la lesione non eccede la metà del valore che la prestazione eseguita o promessa dalla parte danneggiata aveva al tempo del contratto.
La lesione deve perdurare fino al tempo in cui la domanda è proposta.
Non possono essere rescissi per causa di lesione i contratti aleatori (1934, 1970).
Sono salve le disposizioni relative alla rescissione della divisione (761 e seguenti).

Art. 1449 Prescrizione
L'azione di rescissione si prescrive in un anno dalla conclusione del contratto; ma se il fatto costituisce reato, si applica l'ultimo comma dell'art. 2947.
La rescindibilità del contratto non può essere opposta in via di eccezione quando l'azione è prescritta.

한다.

제1446조(다수인의 계약의 취소) 제1420조의 규정에 의한 계약에서 당사자 중 단 1인만의 구속에 관한 취소는 계약의 취소를 수반하지 아니한다. 다만, 이 자의 계약참가가 본질적인 것이라고 보여지는 사정이 있는 경우에는 그러하지 아니하다.

제13절
계약의 파기

제1447조(위험한 상태에서 체결된 계약) ① 당사자의 일방이 중대한 신체적 상해로부터, 상대방도 알고 있는, 자기 또는 타인을 구제할 필요성 때문에 불공평한 조건의 채무를 부담하기로 한 계약은 채무를 부담한 당사자의 청구에 의하여 이를 파기할 수 있다.
② 판사는 파기를 선고함에 있어서 사정에 따라 다른 당사자에게 그가 제공한 노력에 대한 공정한 보상을 지급할 수 있다.

제1448조(손해파기의 일반 소권) ① 당사자 일방의 급부와 타방의 급부 사이에 불균형이 있고, 이런 불균형이 타방이 그의 이익을 위하여 이용한 일방의 궁박한 상태로 인한 경우에는 손해를 입은 당사자는 계약의 파기를 청구할 수 있다.
② 소권은 손해가 이행된 급부의 가액이나 손해를 입은 당사자가 계약 시 약속한 가액의 2분의 1을 초과하지 아니한 경우에는 인정되지 아니한다.
③ 손해는 청구가 제출된 때까지 계속되어야 한다.
④ 사행계약은 손해를 이유로 파기될 수 없다.
⑤ 분할의 파기에 관한 규정(제763조, 764조)들은 영향을 받지 않는다.

제1449조(소멸시효) ① 파기의 소권은 계약체결일로부터 1년이 경과하면 시효로 소멸한다. 그러나 소권의 근거가 되는 사실이 범죄를 구성하는 때에는 제2947조 제3항의 규정을 준용한다.
② 계약의 파기 가능성은 소권이 시효에 의하여 소멸한 때에는 항변으로써 주장하지 못한다.

Art. 1450 Offerta di modificazione del contratto
Il contraente contro il quale è domandata la rescissione può evitarla offrendo una modificazione del contratto sufficiente per ricondurlo ad equità.

Art. 1451 L'inammissibilità della convalida
Il contratto rescindibile non può essere convalidato.

Art. 1452 Effetti della rescissione rispetto ai terzi
La rescissione del contratto non pregiudica i diritti acquistati dai terzi (1757), salvi gli effetti della trascrizione della domanda di rescissione (2652).

CAPO XIV
Della risoluzione del contratto

SEZIONE I
Della risoluzione per inadempimento

Art. 1453 Risolubilità del contratto per inadempimento
Nei contratti con prestazioni corrispettive, quando uno dei contraenti non adempie le sue obbligazioni, l'altro può a sua scelta chiedere l'adempimento o la risoluzione del contratto (1878, 1976, 2652), salvo, in ogni caso, il risarcimento del danno (1223 e seguenti).
La risoluzione può essere domandata anche quando il giudizio è stato promosso per ottenere l'adempimento; ma non può più chiedersi l'adempimento quando è stata domandata la risoluzione.
Dalla data della domanda (Cod. Proc. Civ. 163) di risoluzione l'inadempiente non può più adempiere la propria obbligazione.

Art. 1454 Diffida ad adempiere
Alla parte inadempiente l'altra può intimare per iscritto di adempiere in un congruo termine, con dichiarazione che, decorso inutilmente detto termine, il contratto s'intenderà senz'altro risoluto (1662,1901).
Il termine non può essere inferiore a quindici giorni, salvo diversa pattuizione delle parti o salvo che, per la natura del contratto o secondo gli usi, risulti congruo un termine minore.
Decorso il termine senza che il contratto sia stato adempiuto, questo è risoluto di diritto.

제1450조(계약변경의 제의) 파기청구를 받은 계약 당사자는 계약을 공평하게 회복시킬 수 있는 계약의 수정을 제의함으로써 파기를 피할 수 있다.

제1451조(추인의 부정) 파기할 수 있는 계약은 추인하지 못한다.

제1452조(제3자에 대한 파기의 효과) 계약의 파기는 제3자가 취득한 권리를 해하지 못한다. 다만, 파기청구의 등기의 효력은 제외된다.

제14절
계약의 해제

제1관
불이행으로 인한 해제

제1453조(불이행으로 인한 계약의 해제) ① 대가적 급부를 가진 계약에서 당사자의 일방이 그 채무를 이행하지 아니한 때에는 타방은 그 선택에 따라 계약의 이행 또는 해제를 청구할 수 있다. 다만, 어떤 경우라도 손해배상에 영향을 주지 아니한다.
② 해제는 이행을 청구하는 소를 제기한 경우에도 이를 청구할 수 있다. 그러나, 해제가 청구된 때에는 이행은 요구될 수 없다.
③ 불이행한 자가 해제를 청구한 후에는 더 이상 채무를 이행할 수 없다.

제1454조(이행의 최고) ① 채무를 이행하지 않은 당사자에 대하여 타방 당사자는 서면에 의해 상당한 기간 내에 채무를 이행할 것과 이 기간이 도과되면 계약은 곧 해제된다는 뜻의 최고를 할 수 있다.
② 제1항에서 말하는 기간은 15일 이내로 하지 못한다. 다만, 당사자가 달리 합의하거나 계약의 성질 또는 관습에 의하여 더 짧은 기간이 상당하다고 인정되는 경우에는 그러하지 아니하다.
③ 계약의 이행이 없이 제2항의 기간이 경과한 때에는 계약은 법률상 당연히 해제된다.

Art. 1455 Importanza dell'inadempimento

Il contratto non si può risolvere se l'inadempimento di una delle parti ha scarsa importanza, avuto riguardo all'interesse dell'altra (1522 e seguenti, 1564 e seguente, 1668, 1901).

Art. 1456 Clausola risolutiva espressa

I contraenti possono convenire espressamente che il contratto si risolva nel caso che una determinata obbligazione non sia adempiuta secondo le modalità stabilite.

In questo caso, la risoluzione si verifica diritto (1517) quando la parte interessata dichiara all'altra che intende valersi della clausola risolutiva.

Art. 1457 Termine essenziale per una delle parti

Se il termine fissato per la prestazione di una delle parti deve considerarsi essenziale all'interesse dell'altra, questa, salvo patto o uso contrario, se vuole esigerne l'esecuzione nonostante la scadenza del termine, deve darne notizia all'altra parte entro tre giorni (2964).

In mancanza, il contratto s'intende risoluto di diritto anche se non è stata espressamente pattuita la risoluzione.

Art. 1458 Effetti della risoluzione

La risoluzione del contratto per inadempimento ha effetto retroattivo tra le parti, salvo il caso di contratti i esecuzione continuata o periodica, riguardo quali l'effetto della risoluzione non si estende le prestazioni già eseguite (1360).

La risoluzione, anche se è stata espressamente pattuita, non pregiudica i diritti acquistati dai terzi, salvi gli effetti della trascrizione della domanda di risoluzione (2652; att. 165).

Art. 1459 Risoluzione nel contratto plurilaterale

Nei contratti indicati dall'art. 1420 l'inadempimento di una delle parti non importa la risoluzione del contratto rispetto alle altre, salvo che la prestazione mancata debba, secondo le circostanze, considerarsi essenziale.

Art. 1460 Eccezione d'inadempimento

Nei contratti con prestazioni corrispettive, ciascuno dei contraenti può rifiutarsi di adempiere la sua obbligazione, se l'altro non adempie o non offre di adempiere contemporaneamente la propria, salvo che termini diversi per l'adempimento siano stati stabiliti dalle parti o risultino dalla natura del

제1455조(불이행의 중요성) 계약은 당사자 일방의 불이행이 타방의 이익에 비하여 중요하지 아니한 때에는 해제하지 못한다.

제1456조(명시적 해제약관) ① 계약 당사자는 어느 특정한 채무가 정해진 방법으로 이행되지 아니할 경우에는 계약이 해제된다는 것을 명시적으로 합의할 수 있다.
② 전항의 경우에 해제는 이해관계 있는 당사자가 상대방에게 해제약관을 주장하고자 하는 의사를 표시한 때에 법률상 당연히 발생한다.

제1457조(당사자 일방에게 본질적인 기한) ① 당사자 일방의 이행을 위하여 정한 기한이 타방의 이익에 본질적인 경우에는 후자는 반대의 특약이나 관습이 없는 한 기한이 경과하였음에도 불구하고 채무의 이행을 청구하려면 3일 이내에 전자에게 그 뜻을 통지하여야 한다.
② 제1항의 통지가 없는 때에는 해제가 명시적으로 합의되지 아니한 경우에도 계약은 법률상 당연히 해제된 것으로 본다.

제1458조(해제의 효과) ① 채무불이행으로 인한 계약의 해제는 당사자 사이에서는 소급적 효력이 있다. 다만, 계속적 또는 정기적 이행에 관한 계약에서는 해제의 효력이 이미 이행한 부분에까지 확대되지 아니한다.
② 해제는 명시적 특약이 있는 경우에도, 제3자가 취득한 권리를 해하지 않는다. 다만, 해제청구의 등기의 효과에는 영향을 주지 아니한다.

제1459조(다수인 계약에 있어서 해제) 제1420조에 의한 계약에서 당사자 1인의 불이행은 다른 당사자에 대한 계약해제를 수반하지 않는다. 다만, 사정에 따라 이행하지 않은 급부가 본질적인 것으로 보아야 하는 경우에는 그러하지 아니하다.

제1460조(불이행의 항변) ① 상호 반대 이행을 규정한 계약에 있어서, 각 당사자는 상대방이 그 채무를 동시에 이행하지 아니하거나, 동시이행을 제의하지 아니한 때에는 자기의 채무이행을 거절할 수 있다. 다만, 당사자가 서로 다른 이행시기를 정하거나, 계약의 성질상 서로 다른 시기에 이행하는 것이 적당한 경우에는 그러하지 아니하다.
② 이행의 거절이 사정을 참작하여 신의성실의 원칙에 반하는 때에는 제1항의 규정에

contratto.
Tuttavia non può rifiutarsi l'esecuzione se, avuto riguardo alle circostanze, il rifiuto è contrario alla buona fede .

Art. 1461 Mutamento nelle condizioni patrimoniali dei contraenti
Ciascun contraente può sospendere l'esecuzione della prestazione da lui dovuta, se le condizioni patrimoniali dell'altro sono divenute tali da porre in evidente pericolo il conseguimento della controprestazione, salvo che sia prestata idonea garanzia.

Art. 1462 Clausola limitativa della proponibilità di eccezioni
La clausola con cui si stabilisce che una delle parti non può opporre eccezioni al fine di evitare o ritardare la prestazione dovuta, non ha effetto per le eccezioni di nullità (1418 e seguenti), di annullabilità (1425 e seguenti) e di rescissione (1447 e seguenti) del contratto.
Nei casi in cui la clausola è efficace, il giudice, se riconosce che concorrono gravi motivi, può tuttavia sospendere la condanna, imponendo, se nel caso, una cauzione (att. 167; Cod. Proc. Civ.1 19).

SEZIONE II
Dell'impossibilità sopravvenuta

Art. 1463 Impossibilità totale
Nei contratti con prestazioni corrispettive, la parte liberata per la sopravvenuta impossibilità della prestazione dovuta (1256) non può chiedere la controprestazione, e deve restituire quella che abbia già ricevuta, secondo le norme relative alla ripetizione dell'indebito (2033 e seguenti).

Art. 1464 Impossibilità parziale
Quando la prestazione di una parte è divenuta solo parzialmente impossibile (1258), l'altra parte ha diritto a una corrispondente riduzione della prestazione da essa dovuta, e può anche recedere dal contratto qualora non abbia un interesse apprezzabile all'adempimento parziale (1181).

Art. 1465 Contratto con effetti traslativi o costitutivi
Nei contratti che trasferiscono la proprietà di una cosa determinata ovvero costituiscono o trasferiscono diritti reali (1376), il perimento della cosa per una causa imputabile all'alienante non libera l'acquirente dall'obbligo di eseguire la

불구하고, 이행을 거절하지 못한다.

제1461조(계약 당사자의 자산상태의 변경) 각 당사자는 상대방의 자산상태가 상대적 반대이행을 위태롭게 할 정도로 변경된 때에는 자기의 이행을 정지할 수 있다. 다만, 상당한 담보가 제공된 경우에는 그러하지 아니하다.

제1462조(항변제한약관) ① 당사자의 일방은 그 부담한 이행을 회피하거나 지연시키기 위한 항변을 주장할 수 없다고 규정한 약관은 계약의 무효, 취소 및 파기에 근거한 항변에 대하여는 그 효력이 생기지 아니한다.
② 제1항에서 말하는 약관이 유효한 경우에, 중대한 이유가 있다고 인정하는 때에는 판사는 선고를 보류하고, 사정에 따라 담보를 부과할 수 있다.

제2관
후발적 불능

제1463조(전부불능) 대가적 급부를 갖고 있는 계약에서, 부담한 급부의 후발적 불능으로 채무를 면하게 된 당사자는 상대방의 이행을 청구하지 못하며, 이미 수령한 것은 부당이득반환 규정에 의하여 반환하여야 한다.

제1464조(일부불능) 당사자 일방의 이행이 일부만 불능으로 된 때에는 상대방은 그가 부담한 이행에 상응하여 감액할 수 있는 권리를 가지며, 일부이행으로서 이익이 없는 경우에는 계약을 해제할 수 있다.

제1465조(이전적 또는 설정적 효과를 갖는 계약) ① 특정물의 소유권을 이전하거나, 물권을 설정 또는 이전하는 계약에서, 특정물이 양도인에게 귀책시킬 수 없는 사유로 인하여 멸실되어 인도할 수 없게 된 때에도 취득자의 반대급부 이행의무가 해방되지 않는다.

controprestazione, ancorché la cosa non gli sia stata consegnata.
La stessa disposizione si applica nel caso in cui l'effetto traslativo o costitutivo sia differito fino allo scadere di un termine.
Qualora oggetto del trasferimento sia una cosa determinata solo nel genere, l'acquirente non è liberato dall'obbligo di eseguire la controprestazione, se l'alienante ha fatto la consegna o se la cosa è stata individuata (1378).
L'acquirente è in ogni caso liberato dalla sua obbligazione, se il trasferimento era sottoposto a condizione sospensiva e l'impossilità è sopravvenuta prima che si verifichi la condizione (1360).

Art. 1466 Impossibilità nel contratto plurilaterale
Nei contratti indicati dall'art. 1420 impossibilità della prestazione (1256) di una delle parti non importa scioglimento del contratto rispetto alle altre, salvo che la prestazione mancata debba, secondo le circostanze, considerarsi essenziale.

SEZIONE III
Dell'eccessiva onerosità

Art. 1467 Contratto con prestazioni corrispettive
Nei contratti a esecuzione continuata o periodica ovvero a esecuzione differita, se la prestazione di una delle parti è divenuta eccessivamente onerosa per il verificarsi di avvenimenti straordinari e imprevedibili, la parte che deve tale prestazione può domandare la risoluzione del contratto, con gli effetti stabiliti dall'art. 1458 (att. 168).
La risoluzione non può essere domandata se la sopravvenuta onerosità rientra nell'alea normale del contratto.
La parte contro la quale è domandata la risoluzione può evitarla offrendo di modificare equamente le condizioni del contratto (962, 1623, 1664, 1923).

Art. 1468 Contratto con obbligazioni di una sola parte
Nell'ipotesi prevista dall'articolo precedente, se si tratta di un contratto nel quale una sola delle parti ha assunto obbligazioni, questa può chiedere una riduzione della sua prestazione ovvero una modificazione nelle modalità di esecuzione, sufficienti per ricondurla ad equità.

Art. 1469 Contratto aleatorio
Le norme degli articoli precedenti non si applicano ai contratti aleatori per loro natura (1879) o per volontà delle parti (1448, 1472).

② 제1항의 규정은 이전적 또는 설정적 효과가 기한이 도래할 때까지 연기되는 경우에도 적용된다.
③ 이전될 목적물이 종류물이고 양도인이 인도를 하거나 물건이 특정된 때에도 취득자의 반대급부이행의무가 해방되지 않는다.
④ 취득자는 이 모든 경우에 있어서도 이전이 정지조건부이고 불능이 조건의 성취 전에 발생한 때에는 자기채무로부터 해방된다.

제1466조(다수인 계약에서의 불능) 제1420조의 계약에서 당사자 1인의 이행불능은 다른 당사자에 대하여 계약의 해소를 수반하지 아니한다. 다만, 사정에 따라 이행하지 아니한 급부가 본질적인 것으로 보아야 하는 경우에는 그러하지 아니하다.

제3관
과중한 부담

제1467조(대가적 급부 계약) ① 계속적 또는 정기적 이행이나 연기된 이행에 관한 계약에서 당사자 일방의 이행이 특별히 예견하지 못한 사건으로 인하여 과중하게 된 때에는 이러한 이행을 부담하게 된 당사자는 제1458조의 규정된 바에 따라 계약의 해제를 청구할 수 있다.
② 해제는 후발적 과중부담이 통상적 위험의 범위 내인 경우에는 청구하지 못한다.
③ 계약의 해제를 청구받은 당사자는 공정한 계약조건의 수정을 제의함으로써 해제를 피할 수 있다.

제1468조(당사자 중 일방만이 채무를 부담하는 계약) 전 조에서 예정된 경우로 당사자 일방만이 채무를 부담하는 경우에는 공평한 이행이 될 수 있도록 그 이행의 감액이나 이행태양의 수정을 청구할 수 있다.

제1469조(사행계약) 전 조의 규정들은 계약의 성질 또는 당사자의 의사에 의한 사행계약에는 적용되지 아니한다.

찾아보기

D

E

L

M

N

O

U

V

이탈리아 채권법

초판발행 2011년 6월 30일
초판 1쇄 2011년 6월 30일

지은이 김민동
펴낸곳 고려대학교출판부
www.kupress.com
kupress@korea.ac.kr
136-701 서울특별시 성북구 안암동
02-3290-4230, 4232
Fax 923-6311
찍은곳 (주)동화인쇄공사

ISBN 978-89-7641-754-1 93360

값 17,000원